TIERE ESSEN DÜRFEN

Ethik für Fleischfresser

von Florian Asche

TIERE ESSEN DÜRFEN

Ethik für Fleischfresser

von Florian Asche

Neumann-Neudamm

1. Auflage 2015

ISBN 978-3-7888-1717-6

Schwalbenweg 1, 34212 Melsungen
Tel. 05661-9262-0, Fax 05661-9262-20
www.neumann-neudamm.de, info@neumann-neudamm.de

Printed in the European Community
Satz/Layout: J. Neumann-Neudamm AG
Titel: neueformen.net, Kassel
Bildernachweis: Siehe Bildbeschriftung
Druck und Weiterverarbeitung: CPI books GmbH, Ulm

Inhaltsverzeichnis

Vorwort

Der Kernbegriff, um den dieses Buch kreist, ist „Anthropomorphismus“. „Anthropos“ ist das griechische Wort für „Mensch“. Die Wissenschaft vom Menschen und seiner Entwicklung ist beispielsweise die Anthropologie. „Morphos“ ist das Wesen, die Bauart, die Struktur einer Sache und ein „Ismus“ ist das sprachliche Zeichen für einen Begriff.

Menschen, die einen Anthropomorphismus verwenden, übertragen Anlagen und Verhaltensweisen ihrer eigenen Artgenossen auf die Tiere. Wenn sie deren Verhalten beobachten, dann fragen sie nicht, was tatsächlich in ihrem Hund oder in ihrem Zwergkaninchen vorgeht. Sie glauben, im Tier die eigenen Gedanken und Gefühle wiederzuerkennen.

Ein Beispiel:

Zwei Guppys schwimmen in einem Aquarium im Kinderzimmer. Zum Reinigen werden sie in ein Goldfischglas ausquartiert. Eines Tages passt Mama nicht auf und eines der Fischlein fällt ihr aus dem Kescher direkt ins Waschbecken und verschwindet auf Nimmerwiedersehen im Abfluss. Großes Geschrei und Tränen. Das Kind, dem das Aquarium gehört, dreht sich vorwurfsvoll zu seiner Mutter um: „Schau mal, wie traurig Batman jetzt aussieht! Robin fehlt ihm.“ Wer so spricht, sieht den einzelnen Fisch im Aquarium und denkt daran, wie einsam er sich jetzt selbst in dieser Situation fühlen würde. Dabei zeigt Batman keinerlei Zeichen von Trauer. Wie sollte das auch möglich sein? Zunächst können Fische aufgrund ihrer Hirnstruktur keine Trauer empfinden. Außerdem haben sie keine Mimik, sodass sie auch keine Empfindungen nach außen deutlich machen können. Das Kind schließt vielmehr aus seinen eigenen Gefühlen auf den Zustand des Fisches. Es sieht sich im Geiste mit seiner Schwester oder seinem Freund im Aquarium schwimmen und stellt sich vor, wie einsam es sich fühlte, wenn der Spielgefährte auf einmal fehlte.

Ein Anthropomorphismus ist für sich genommen nichts Schlechtes. Unsere Welt ist voll von Vergleichen und Übertragungen zwischen Mensch und Tier. Wir brauchen sie, um unseren Gefühlen Ausdruck zu geben, wenn es um Lebewesen geht, zu denen wir eine Beziehung haben. Allein im Volksmund sind unzählige Anthropomorphismen zu finden. Da gibt es festgefügte Begriffe wie den „schlauen Fuchs" oder den „Hasenfuß", den „edlen Löwen" oder die „diebische Elster". Bei all diesen Bezeichnungen messen wir Tiere an unserer eigenen Welt. Ohne solche Vergleiche und Übertragungen wäre unsere Sprache ärmer, langweiliger, gefühlloser. In der Literatur finden wir zum Beispiel die schönen Gedichte, die uns Wilhelm Busch geschenkt hat. Wenn es um Tiere geht, dann sind es reine Anthropomorphismen, die aus seinen Zeilen sprechen:

Es sitzt ein Vogel auf dem Leim,
Er flattert sehr und kann nicht heim.
Ein schwarzer Kater schleicht herzu,
Die Krallen scharf, die Augen gluh.
Am Baum hinauf und immer höher
Kommt er dem armen Vogel näher.

Der Vogel denkt: Weil das so ist
Und weil mich doch der Kater frißt,
So will ich keine Zeit verlieren,
Will noch ein wenig quinquilieren
Und lustig pfeifen wie zuvor.
Der Vogel, scheint mir, hat Humor.

Dieses Gedicht ist einziger Anthropomorphismus. Humor gibt es nun einmal nicht in der Tierwelt. Schon bei den Menschen ist er selten. Der militante Tierschützer, der 2002 den niederländischen Politiker Pim Fortuyn ermordete, hatte auch keinen Humor. Doch davon später. Wilhelm Busch überträgt die Versöhnlichkeit des Menschen mit seinem Schicksal auf einen Piepmatz. Das Vögelchen sieht sein Ende nahen und zwitschert noch einmal besonders fröhlich. Schön ist das. Es erinnert an Martin Luther, der am Tag des Weltuntergangs noch ein Apfelbäumchen pflanzen wollte. Doch vergessen wir nicht, dass ein Vogel weder weiß, was lustig ist, noch einen Begriff von Zeit hat oder gar das Wort „quinquilieren" denken kann. All das entstammt ausschließlich dem klugen Kopf von Wilhelm Busch. Die Leser der letzten hundert Jahre hatten ihre Freude daran.

Doch Anthropomorphismen haben noch eine andere Seite und die steckt im gleichen Wort. Das „Ismus" bezeichnet nämlich nicht allein den Begriff, man kann es auch als Zeichen für eine Weltanschauung deuten. Typisch für den „Ismus" ist, dass er keine Einschränkungen duldet. Er ist immer eine reine Lehre, die für sich in Anspruch nimmt, eine absolute Wahrheit zu verkünden. Denken Sie an Faschismus, Kommunismus, Islamismus und so weiter.

Anthropomorphisten sind der Auffassung, dass Tiere im Wesentlichen genauso denken wie wir Menschen, ebenso fühlen und deshalb auch so behandelt werden müssen. Anthropomorphisten, wenn sie nicht hinreichend selbstkritisch mit ihrer Gleichheitsauffassung umgehen, neigen dazu, die Welt der menschlichen Rechte auf die Tiere zu übertragen. Sie werden deshalb Vegetarier, Veganer, Tierrechtler. Das allein wäre noch kein Problem, wenn Anthropomorphisten lediglich ihr eigenes Leben nach diesen Vorstellungen ausrichten würden. Doch hier spielt ihnen der „Ismus" in ihrer Lebenswelt einen Streich. Denken Sie noch einmal an Faschismus, Kommunismus oder Islamismus. Menschen mit einem Hang zu solchen „Ismen" können es nicht ertragen, dass andere Menschen einfach so weitermachen wie bisher, während sie selbst doch den Heiligen Gral der Wahrheit bereits gefunden haben. In ihnen wächst deshalb die fixe Idee, ihre Mitmenschen unbedingt davon überzeugen zu müssen, dass gerade ihr „Ismus" das einzig Richtige ist, die einzige denkbare Weltanschauung. Solange es dann mit dem Versuch zu überzeugen sein Bewenden hat, ist alles gut. Schwierig wird es aber, wenn derartige „Ismen" dazu verwendet werden, Menschen mit einem anderen Lebensstil zu verachten, sie zu beschimpfen oder sie zu zwingen, sich zu ändern.

Leider tendieren Anthropomorphisten mitunter genau dazu. Ihre Selbstgerechtigkeit, ihr Fanatismus, ihr Unverständnis für die Unterschiede zwischen Mensch und Tier sind es, die ihren Blick trüben. Aus dieser verzerrten Wahrnehmung entsteht dann zuweilen ein Selbsthass auf den „bösen Menschen“ gegenüber dem „guten Tier“. Nirgendwo wird das deutlicher als in den sogenannten „sozialen Medien“.

Am 28. Dezember 2013 titelte beispielsweise die BILD-Zeitung das Bekenntnis einer Studentin, die an einer besonders seltenen Erbkrankheit leidet und auf Facebook gepostet hatte: „Ohne Tierversuche wäre ich längst tot.“ Der Artikel berichtete vom „Shitstorm“, der sich über die offenherzige Patientin ergoss und mehr als 30 Todesdrohungen und 500 ausgewachsene Beschimpfungen mit sich brachte. So schrieb eine Tierfreundin namens Giovanna: „Meinetwegen kannst Du morgen sterben. Ich würde nicht mal meinen Goldfisch für eine Egoistin wie Dich opfern.“ Ein weiterer User meinte: „Wenn auch nur drei Mäuse gestorben sind, um Dein Leben um ein Jahr zu verlängern, hättest Du meinetwegen schon mit zwei sterben können.“

Die Reihe der Beispiele solch schriller Tierschutztöne ließe sich beliebig fortsetzen: Der Fußballer Zlatan Ibrahimović wird für seine Jagdleidenschaft abgestraft, der Hip-Hopper Marteria muss seine Freude am Angeln verteidigen, sogar Barack Obama spürt die Verstimmung der Tierfreunde, als er vor laufender Kamera eine Fliege fängt.

Anfang Februar 2014 gingen Fotos von den Löwen im Kopenhagener Zoo durch die Presse. Rund und satt sahen sie aus, eben wie Tiere, die gerade gefüttert worden waren. Doch dass zum Löwenfrühstück an diesem Tag nicht die üblichen Ziegen und Schafe serviert wurden, sondern eine getötete Junggiraffe, das brachte die Gemüter der Menschen weltweit auf. In kürzester Zeit erreichten Onlinepetitionen, in denen die Schließung des Zoos gefordert wurde, über 100.000 Unterschriften und der Zoodirektor Bengt Holst erhielt eine Anzahl ernst zu nehmender Morddrohungen. Weder der Konflikt in Syrien mit Hunderttausenden von Toten noch die NSA-Affäre mit Millionen ausgespähter Daten oder das Zittern um den Frieden in der Ukraine führten zu derartigen Manifesten der Besorgnis und Wut. „Ihr habt eine unschuldige Baby-Giraffe ermordet!" (Als ob es auch schuldige Baby-Giraffen gäbe). Dabei ist es für das einzelne Tier relativ unerheblich, ob es als Schaf oder als Junggiraffe, im Zoo oder in der freien Wildbahn zum Löwenfrühstück wird.

Die einzige gelassene Person blieb der Zoodirektor. Ja, zuckte er mit den Schultern, in Zoos werde nun einmal gestorben. Löwen seien Fleischfresser und könnten auch nur mit Fleisch ernährt werden. Man müsse das den Besuchern zeigen, damit sie kein falsches Bild von der Realität entwickeln.

Dieses Buch möchte einen Beitrag zu mehr Realitätsbewusstsein liefern. Es richtet sich an Leser, die noch Freude an einem Sonntagsbraten haben, an einem Zoobesuch oder an einem Pferderennen. Es ist für diejenigen, die gern ein Steak grillen, die angeln oder jagen. Es ist für alle, die sich nicht von moralinsauren vorwurfsvollen Gesichtern diktieren lassen wollen, was sie zu tun und zu lassen haben. Es ist ein Buch für Leser, für die der Umgang mit dem Tier auch etwas mit der Freiheit des Menschen zu tun hat.

Hamburg, Herbst 2015

Ihr seid alle Mörder!

Torsten und Maren haben zum Grillen eingeladen. Nichts Großes, nur ein paar gute Freunde, um den neuen Smoker auszuprobieren. Der Smoker ist das aktuelle Lieblingsbaby des Hausherrn. Am letzten Wochenende hat er dieses Wundergerät von der Gastro-Messe mitgebracht. Nun steht es auf der Terrasse und heizt seit vier Stunden vor sich hin. Imposant, schwarz, großräumig, professionell, wie eine kleine Lokomotive, ein Traum aus Gusseisen und Buchenholzglut. Wohlgefällig schweift Torstens Blick über den Koloss, der ein Drittel der Terrassenfläche einnimmt. Ein kleines Vermögen hat er für dieses Ding bezahlt, das man kaum noch als Grill bezeichnen kann. „Eine Weltanschauung aus Metall", hatte der Verkäufer geschwärmt und Torsten hatte das auch Maren gesagt als Begründung für das große Loch in der Haushaltskasse, das der Gigant riss. Weltanschauungen haben keinen Preis.

Maren kennt diese Geschichten bereits, diese Vorträge über Küchengeräte, die man „unbedingt" haben muss. Mit dem gleichen Blick hatte Torsten ihr die japanischen Messer und den Dampfdruckgarer angeschleppt, die Eismaschine, die so einen Lärm macht, und das Gerät mit dem Wasserbad, das einfache Steaks bei 57,5 Grad in kulinarische Wunderwerke verwandelt. Nun also ein Smoker. „Wenn es denn sein muss." Maren hatte im Geiste ergeben vor sich hin geseufzt und sich ihren Teil gedacht.

Eigentlich ist Torsten ja gar nicht der große Koch, als der er sich immer aufspielt. Große Köche wischen sofort alles ab, wenn sie Schmutz gemacht haben. Bei Torsten sieht die Küche dagegen immer aus wie ein Schweinestall und Maren muss dann selbst alles auf Vordermann bringen, während er völlig erledigt auf dem Sofa vor sich hin döst und den Abend seiner kulinarischen Großtaten an sich vorbeiziehen lässt. „Das Schnitzel war ja wirklich butterzart, besser kann es auch ein Profi nicht machen. Und hast du gesehen, dass Lia zweimal vom

Eis genommen hat? Das macht sie sonst nie. Na ja, ist eben doch ein Unterschied, wenn etwas selbst gemacht ist. Auch unser guter Gianni kriegt es nicht so cremig hin." Maren wischt währenddessen leicht entnervt die Fettspritzer von den Kacheln.

Große Köche würzen nicht alles so scharf und verbreiten auch nicht so eine wahnsinnige Hektik in der Küche. „Halt doch mal! Rühr das bitte! Aber nicht zu heftig! Langsamer, langsamer verdammt!" Solche Abende schaffen Maren mehr, als wenn sie sich selbst und ganz allein an den Herd stellt. Doch gerade, wenn seine Freunde kommen, besteht Torsten darauf, die Last des Kampfes am Herd allein zu tragen. „Das kommt nicht infrage, mein Schatz, dass Du dich heute Abend für uns aufreibst. Du genießt einfach das Essen, ich schmeiße die Küche und Du brauchst dann nur noch die Spülmaschine anzuwerfen." Er ist dann regelmäßig schon im Bett, während sie noch die letzten Gläser abräumt.

Aber Maren liebt Torsten und deshalb freut sie sich mit ihm über den Smoker, auch wenn die Terrasse jetzt nach Lummerland mit Torsten als Lokomotivführer aussieht. „Was hast du denn Schönes vorbereitet, Süßer?"

Er strahlt sie an: „Du wirst begeistert sein! Ich habe ein Roastbeef von Toni bestellt, der züchtet doch Limousin-Rinder. Die stehen fast das ganze Jahr draußen und werden behandelt wie rohe Eier. Das habe ich mit dieser tollen Kräutermarinade von Chichi-Food eingerieben und dann drei Tage stehen gelassen. Und seit vier Stunden liegt es jetzt in unserer Grill-Lok. Ich sage dir, das wird ein Gedicht!" Seine Augen bekommen etwas Verschwörerisches.

„Ein Paar, das zusammen kocht, das hält auch zusammen", sagen sie. Maren liebt diesen Gesichtsausdruck. Männer müssen halt um alles ein großes Gewese machen, doch wenn sie dabei so lieb und begeistert sind wie Torsten, dann gibt es wirklich Schlimmeres. Eigentlich sind sie alle noch immer Schuljungs mit der Freude am Experimentierkasten.

Es klingelt. Draußen stehen Ralf und Anja, alte Urlaubsfreunde. Ralf ist wie immer vollbepackt. In der linken Hand hält er einen

Bierkasten, in der rechten fünf Packungen Würstchen. Der massige rote Kopf mit dem Doppelkinn krönt den massiven Körper. Seine Frau sieht neben dem Riesen aus, als sei sie ein Schulkind. Begrüßungsküsschen. Ralf, der Gewaltmensch, schlägt seine Kraftpranke dem Hausherrn auf die Schulter. „Das ist also Dein neuer Grill? Ist ja irre, was für ein Riesengerät! Was sagst Du, hat er gekostet, 940? Ist ja ne Frechheit. Na schön, Alter, freut mich, dass Du uns einlädst, aber für die paar Würstchen reicht mir mein wackeliger Grilltisch vollauf. Das mache ich Dir nicht nach. Du hast ja überhaupt so einen kleinen Vogel mit deinem Essen."

Torsten grinst zurück. „Das wäre ja noch schöner, wenn Du in meinem Revier wildern würdest, so wenig Ahnung wie Du von guter Küche hast. Was bringst Du da überhaupt mit? Würstchen aus dem Supermarkt? Na, weil du es bist. Aber ich verabschiede mich immer mehr von solchen Sachen. Ist doch meistens nur drittklassig das Zeug."

„Also mir schmeckt's und dafür gebe ich kein Vermögen aus wie Du für deinen Braten da. Was ist das überhaupt? Rind? Sieht großartig aus, zugegeben. Doch dafür zum armen Mann zu werden, ich weiß ja nicht. Leben ist Geschmacksfrage und da sollten wir erst mal ein Bier …"

Es klingelt wieder. Vor der Tür stehen Andrea und Markus mit einem riesigen Blumenstrauß. Maren hebt die Hände. „Och, ihr seid ja verrückt geworden! So schöne Blumen! Da hättet ihr doch lieber … Maja?"

Hinter dem Blumenstrauß steht ein Mädchen, vielleicht sechzehn oder siebzehn Jahre alt. Es ist so mager, dass die Blumen ihren Körper fast vollständig verdecken. Jetzt tritt es nach vorn und geht an Maren vorbei in das Wohnzimmer. „Tag, Maren!"

Ihre Mutter lächelt nachsichtig. „Maja muss hier in der Nähe zu einem Spiel und da haben wir sie mitgenommen. In einer halben Stunde wird sie abgeholt."

„Klar, äh, kein Problem, willst Du eine Coke, Maja?"

Markus nimmt Maren beiseite. „Lass das mal mit der Cola", raunt er ihr zu. „Sie trinkt keine zuckerhaltigen Getränke mehr, seit sie damals, Du weißt doch, diese Diät gemacht hat." Maren nickt. Sie erinnert sich noch genau daran, dass die Tochter ihrer Freunde vor einem Jahr noch ziemlich anders aussah. Sie war so dick, dass ihre Eltern sie zu einem Ernährungskurs schickten. Damals hätte sie sich nicht hinter einem Blumenstrauß verstecken können. „Vielleicht ein Mineralwasser?", flüstert sie zurück und fragt sich sofort, warum sie eigentlich in ihrem eigenen Haus mit ihren Freunden so leise spricht.

„Besser nicht", sagt nun Andrea. „Ihr habt doch diese Flaschen aus Weichplastik und Maja meint, dass diese Weichmacher auf Dauer sehr schädlich sind."

„Was ist mit Saft?", fragt Maren leicht lauernd, weil sie ahnt, dass es auch bei diesem Getränk ernährungspolitische Vorbehalte geben könnte.

„Der wird doch aus Konzentraten gewonnen und soll versteckte Zuckerzusätze haben."

„Leitungswasser?" Andrea und Markus schauen sich an.

„Das geht. Sie hat neulich ein Gutachten über das hiesige Wasser gelesen und das soll ziemlich gut sein."

„Ok, schon unterwegs." Maren füllt ein Glas und stellt es auf ein Tischchen neben den kritischen Gast. Maja deutet auf den Smoker. „Neuer Grill? Mama und Papa haben mir davon erzählt. Soll ja voll viel Geld gekostet haben. Krass."

Es sind Momente wie diese, in denen Maren ganz dankbar ist, einen trägen Eierstock zu haben, der die Frage „Familie oder Beruf?" für sie entschieden hat. Als Lektorin hätte sie es schwer ertragen, dieses Grunzen unvollständiger Sätze als dauernde Geräuschkulisse zu akzeptieren. Sie nickt nur und überlässt die Erklärung der technischen Details Torsten, der auch sofort mit Gewichten und Maßen aufwartet und das Prinzip des Langzeitgarens bei niedrigen Temperaturen erläutert. „Was machst'n da drin?", fragt Maja misstrauisch.

Statt einer Antwort hebt Torsten die Smokerklappe. Eine warme Wolke aus Bratenduft und Kräutern, Knoblauch, Buchenholz und Gewürzen wallt aus dem Inneren der Gusseisentrommel und hüllt die beiden in ein Aroma, auf das jeder amerikanische Grillmaster stolz wäre. Maja tritt unwillkürlich einen Schritt zurück. „Puuh, ich glaub, ich muss kotzen, das ist ja ne halbe Kuh“, stößt sie hervor. „Machst Du denn nichts Vernünftiges?“

Torsten hasst es, wenn man seine Kochkünste infrage stellt. „Was, liebe Maja“, fragt er gequält höflich, „wäre denn nach Deiner Ansicht etwas Vernünftiges?“

„Na, alles Mögliche! Kartoffeln, Pilze, Zucchini, Tofu! Kann man alles essen. Schmeckt voll geil und dafür muss man auch kein Tier killen.“ Nun ist es Torsten, der einen Schritt zurücktritt. Tofu hat er vor Jahren einmal im Reformhaus gekauft, nur so aus Neugierde. Da gab es kleine Würstchen „Nürnberger Art“, die absolut geschmacksidentisch sein sollten. Damals hatte er es noch nicht einmal geschafft, eines dieser Dinger herunterzuschlucken. Sandig, pastenartig, geschmacklos hatte es auf seiner Zunge gelegen wie ein Stück Fensterkitt. Allein der Gedanke an dieses Grauen schaudert ihn noch heute. „Das soll etwas Vernünftiges sein? Das kann doch kein Mensch essen! Schmeckt wie eingeschlafene Füße.“

Doch Maja ist ungerührt: „Das sagst Du nur, weil Du Dir in den ganzen Jahren als Leichenfresser den Geschmack völlig verdorben hast. Dass dafür Tiere sterben, das machst Du Dir gar nicht klar.“ Sie spricht auf einmal in ganzen und grammatikalisch korrekten Sätzen.

Andrea und Markus lächeln Torsten zu. „Maja will sich ab jetzt vollständig vegan ernähren. Das ist ihre neue Lebenseinstellung.“

Maja nickt. „Tiere sind meine Freunde und meine Freunde esse ich nicht.“

Ralf hat in der Zwischenzeit die Vorspeisenplatte entdeckt und lädt sich mit Rollgriff eine Handvoll Käsestückchen auf. „Siehst Du, Kleines, ich bin solidarisch, ich ernähre mich jetzt auch vegan. Na ja, für fünf Minuten.“ Er lacht wohlig-feist.

Maja funkelt den Dicken böse an: „Das ist Käse. Der ist nicht vegan, sondern laktovegetarisch. Vielleicht informierst Du Dich mal, bevor Du so einen Scheiß laberst.“ Ralf schaut beleidigt in die Runde. „Für Milch werden Kühe ausgebeutet. Erst nimmt man ihnen ihre Kinder weg und dann tötet man die männlichen Kälber, weil die keine Milch geben. Und nach ein paar Jahren sind die Mütter selbst dran, wenn sie nicht mehr produktiv genug sind." Bei dem Wort „produktiv" fährt sie mit ihren Fingern durch die Luft, als setze sie Anführungsstriche.

„Ich gehe mal an die Tür", sagt Ralf, dem das ganze Tribunal zu unangenehm wird, und macht sich davon. Es hat wieder geklingelt. Draußen stehen Wiebke und Rüdiger. „Tut uns leid, wir sind etwas verspätet", sagt Rüdiger und wedelt mit einem Kühlbeutel. „Wir haben noch rasch ein Gastgeschenk organisiert. Was hast du denn? Ist was?"

„Ach, wir haben da gerade einen kleinen Streit mit der heiligen Johanna der Schlachthöfe", wendet sich Ralf ab. „Maja, die Tochter von Andrea, kennt ihr ja, die will uns allen am liebsten nur noch Tofu auftischen. Wenn das so weitergeht, dann sind in diesem Land alle bald am Kiffen, aber ein Würstchen wird zur Eintrittskarte in den Knast. Kommt rein!"

Er wendet sich um und geht voran in Richtung Terrasse. Draußen hat die Lautstärke der Gerichtsverhandlung leicht zugenommen. „Du bildest Dir doch auch nur etwas darauf ein, dass Dein Superbraten ein tolles Leben hatte, nur weil Du ihn im Ökoladen kaufst!" Majas Stimme wird leicht schrill, als sie Torsten anzischt. „Aber getötet bleibt getötet. Wir könnten alle bestens ohne Eure Leichen leben, ihr müsstet nur etwas mehr nachdenken. Diese Kuh hatte auch ein Recht auf Leben. Und nun ist sie für euren geilen Grillabend krepiert."

Der Appetit auf den langsam gegarten Rinderbraten ist mittlerweile allseits vergangen. Nur Torsten versucht noch zu retten, was zu retten ist. „Ganz ehrlich Maja, ich finde es ja toll, dass Du Dich engagierst und Tiere so liebst. Aber meinst Du nicht, dass sie auch für unsere Ernährung da sind? Schließlich essen wir seit Jahrtausenden Fleisch."

Hohngelächter. Maja wirft den Kopf in den Nacken. „Ja, genau das haben die Sklavenhalter in den Südstaaten auch gesagt: Wir haben doch schon seit Jahrhunderten Sklaven. Es geht gar nicht ohne sie. Wir haben ein Recht auf Sklaven und was sonst noch für einen Scheiß. Du bist genau wie einer dieser Sklavenhalter. Du behandelst

Deine Sklaven vielleicht etwas besser, doch schließlich müssen sie auch dran glauben, nur damit Du Deine Freiheit hast! Weißt Du was? Du kannst mich mal!"

„Aber Maja!" Andrea schaut vorwurfsvoll und kraftlos zugleich. „Ist das denn jetzt nicht etwas hart ausgedrückt? Immerhin sind wir hier Gäste."

„Du! Ich nicht. Ich warte hier nur auf mein Hockeyspiel. Und ihr könnt euch ja den Bauch mit diesen Leckereien vollschlagen!" Sie zeichnet wieder Anführungsstriche in die Luft.

„Genau, Markus, das wollte ich ohnehin gerade fragen. Wenn Maja so milit…, so entschieden ist, dann stelle ich mir die Frage, wie die Eltern es halten." Wiebke legt Markus die Hand auf die Schulter und begrüßt Torsten mit einem Küsschen.

„Wir, ähm, wir versuchen das auch so zu machen wie Maja. Natürlich nicht ganz vegan, aber fast. Wir essen Käse und auch, äh, Fisch und Krustentiere. Aber Fleisch, das kann man sich und der Natur ja eigentlich nicht mehr antun." Markus denkt daran, dass seine Tochter ihn letzte Woche um ein Haar mit einer Currywurst ertappt hätte. Er konnte den Teller gerade noch rechtzeitig seinem Nachbarn zuschieben.

„Das ist auch nicht in Ordnung, Papa! Lies mal bei PETA nach. Fische sind hochsensible Lebewesen. Du musst endlich lernen, konsequent zu sein."

Wiebke wedelt mit der Kühltüte. „Also Maja, ich bin ganz dankbar, dass Dein Vater noch nicht so konsequent ist, sonst könnte er unsere wunderbaren Forellen gar nicht probieren. Gerade eben selbst gefangen. Aus dem Wasser direkt auf den Tisch!" Sie nimmt eine Platte und leert die Tüte aus. Sechs kaltäugige Forellenleichen starren in die Runde. „Einfach den Bauch mit Knoblauch ausstreichen, mehlieren und in Butterschmalz braten. Guten Appetit, Torsti!"

Maja tritt einen Schritt zurück. Ihre Augen quellen aus den Höhlen. „Ihr seid alle Mörder! Mörder! Und Du bist auch noch stolz darauf! Selbst gefangen! Du bist ein SS-Mann, der stolz darauf ist, seinen eigenen Juden erschossen zu haben. Ich muss hier raus." Maja stürmt durch das Haus. An der Tür hält sie noch einmal inne. „Ihr könnt euch auf den Kopf stellen, ihr Mörder, doch die Zukunft ist vegan!"

Grillabende wie dieser sind heute keine Seltenheit mehr. Sie enden zwar nicht unbedingt im Streit, jedoch im gegenseitigen Unverständnis der Generationen und ein Generationenkonflikt ist es, um den es hier geht. Von ungefähr 7.000.000 Vegetariern und annähernd 500.000 Veganern in Deutschland ist der größte Teil unter 35, weiblich und stammt aus einem städtischen Umfeld. In den USA, Frankreich und England sieht diese Demographie ähnlich aus. Und überall nimmt der Anteil der Vegetarier und Veganer laufend zu. Das verwundert auch nicht, wenn man die schier unglaubliche mediale Präsenz bedenkt, die das neue Lebensgefühl der Tierethik in Anspruch nimmt.

Unsere Buchhandlungen sind randvoll mit veganer Literatur. „Vegan for fit", „Vegan for youth", „Peace Food" oder „Kleine Veganer-Bibel" lauten die Titel. Sie versprechen ein besseres, ein ethischeres Leben. Der vegane Koch Attila Hildmann ist der neue Popstar dieser Szene junger Menschen. Organisationen wie PETA (People for Ethical Treatment of Animals), Animal Liberation Front oder Animal Peace genießen eine noch nie gekannte Unterstützung. Auch klassische Umweltschutzorganisationen wie NABU oder BUND entdecken mehr und mehr den Tierschutz für sich. Auf der traditionellen Agrarmesse „Grüne Woche" demonstrieren von Jahr zu Jahr mehr junge Menschen gegen Massentierhaltung und für Tierrechte.

Doch auch in der breiten Bevölkerung rückt die Kreatur zunehmend in den Fokus der Wahrnehmung. Noch nie gab es so viele Tiersendungen im Fernsehen. „Hund, Katze, Maus", „Tiere suchen ein Zuhause", „Menschen, Tiere und Doktoren" oder „Der Hundeflüsterer" heißen die Formate, die täglich Millionen von Zuschauern anlocken. Gleichzeitig verzehren die Einwohner der reichen Industrieländer zwischen 60 und 90 kg Fleisch pro Jahr und damit doppelt so viel wie 1965. Und auch diese Lebenseinstellung hat ihre mediale Präsenz: So vergeht keine Fußball-WM ohne breite Billigangebote für Grill-Sets. Ständig begeben sich Reporter im Fernsehen auf die

Suche nach dem „dicksten Burger“ oder dem „größten Schnitzel“ und die Berichte über internationale Grillmeisterschaften gehören ebenso zum TV-Kalender wie Reportagen zum Oktoberfest, inklusive der sich am Grill drehenden Ochsen. Gleichzeitig läuft der Vertrieb von Junkfood durch die großen Burgerketten wie McDonald's und Burger King nach wie vor auf Hochtouren.

Es wirkt, als gehe ein Riss durch die Gesellschaft, eine unsichtbare Grenze von Ablehnung und Sprachlosigkeit, wenn es um den Umgang mit Tieren geht, insbesondere mit Tieren als Teil unserer Nahrung.

Warum ist das so?

Es gibt für diese gesellschaftliche Entwicklung zunächst eine ganz simple und ziemlich kurzfristige Erklärung:

Innerhalb der vergangenen 50 Jahre hat es in den Industrieländern dieser Welt drei tiefgreifende Konflikte zwischen der Jugend und ihrer Elterngeneration gegeben. In den Sechzigerjahren kämpften junge Menschen gegen die bürgerliche Betulichkeit der Nachkriegsgesellschaften. Sie riefen: „Ho-Ho-Ho Chi Min!“, lebten in Kommunen und wünschten sich eine klassenlose Gesellschaft. In Paris, Berlin oder Berkeley strebten sie nach freier Liebe und einer Zukunft ohne die lähmende Ignoranz ihrer Eltern. Schließlich radikalisierten sich einige dieser Erneuerer und fanden den Weg in den Terrorismus der RAF oder der Roten Brigaden. Die Übriggebliebenen marschierten durch die Institutionen und sitzen heute im Bundestag, in den Gerichten und in der Kommunalverwaltung.

Danach kam die Umweltschutzdebatte der Siebzigerjahre mit dem Slogan „Atomkraft? Nein Danke!“. Die Jugend trug nicht mehr die engen Lederjacken eines Andreas Baader, sondern Palästinensertuch und Bundeswehrparka, wünschte sich „Jute statt Plastik“ und fand – anstatt den Weg in den Terrorismus zu suchen – die persönliche Erfüllung bei den Grünen und in den Medien.

Nahtlos fügte sich in den Achtzigern der Kampf der jugendlichen Friedensbewegung gegen die Stationierung von Mittelstreckenraketen in Europa an. Wir erinnern uns noch an den Heißen Herbst, an Franz Alt und sein Buch „Frieden ist möglich“, an Petra Kelly, Gerd

Bastian und an Hunderttausende, die sich in Menschenketten für „Frieden schaffen ohne Waffen" zusammenschlossen.

Wie unendlich glücklich all diese Auseinandersetzungen für die Jugend dieser Jahrzehnte waren, erkennt man, wenn die Veteranen von damals über die großen Anti-Springer-Demos erzählen, über die Friedenscamps, über Wackersdorf, Startbahn West oder die Blockade von Mutlangen. Die verklärten Gesichter zeigen noch heute die Begeisterung für die großen Ideale. Es war das pure Wohlgefühl, für etwas kämpfen zu können, gegen etwas zu sein und dabei mit anderen das Schicksal zu teilen. Und dann kam das Unglück:

Anfang der Neunzigerjahre scheiterte der Kommunismus. Die Mauer fiel. Europa fand den Weg zu Frieden, Demokratie und wirtschaftlicher Prosperität. Und was passierte mit der Jugend? Nichts. Wofür sollte sie noch kämpfen?

Oscar Wilde schreibt:

„Es gibt im Leben zwei Tragödien: Die eine ist die Nichterfüllung eines Herzenswunsches. Die andere ist dessen Erfüllung."

In einer Welt, in der die konservativen Regierungen sozialdemokratische Politik machen und sozialdemokratische Regierungen die wirtschaftsliberalen Reformen durchsetzen, muss sich ein junger Mensch zwangsläufig fragen, gegen wen und für was es sich noch zu kämpfen lohnt. Er blickt sich um und findet: Nichts.

Die großen politischen Systeme haben als Feindbilder ausgedient. Militärische Konflikte sind zwar noch zahlreich, doch sie sind so unübersichtlich, dass man kaum eine Partei findet, für oder gegen die man kämpfen kann. Der Vietkong war als kommunistischer Gegenentwurf zum „imperialistischen Westen" noch eine Kriegspartei, für die man demonstrieren konnte. Der Islamische Staat hingegen ist ein amorphes, gesichtsloses Etwas, ebenso die Opposition in Syrien, von der man nicht glauben kann, dass sie Besseres bringt als der Diktator Assad. Wofür oder gegen wen sollte eine neue Generation hier demonstrieren?

Auch in den eigenen Ländern gibt es für die Jugend Europas keine lohnenden Antitypen mehr. Wie glücklich waren die Deutschen noch mit einem Franz-Josef Strauß als Feindbild oder die Briten mit ihrer Eisernen Lady. Helmut Kohl konnte man wenigstens noch als „Birne" beschimpfen und mit Eiern bewerfen, doch diese Zeiten sind lange vorbei. Angela Merkel ist jedenfalls die netteste sozialdemokratische Bundeskanzlerin, die Deutschland je hatte, und Gerhard Schröder war der entschlossenste neoliberale Reformer, den das Land aufbringen konnte. Eine große bürgerlich-soziale Harmoniegesellschaft schreitet in Europa Hand in Hand in die Zukunft. Niemals existierte in den Industriestaaten ein Wohlstand, der mit dem heutigen Lebensstandard nur im Mindesten vergleichbar wäre.

Kann man denn wenigstens für die Umwelt kämpfen? Auch das ist leichter gesagt als getan, wenn es um Gesellschaften geht, in denen der Umweltschutz nicht mehr die Domäne von Jutesackträgern ist, sondern zum guten Ton jeder Regierungskoalition gehört.

Fischsterben? Waldsterben? Ausrottung von Arten?

Noch nie gab es so viele Nationalparks auf der Welt, über 6.000 an der Zahl. Noch nie waren die Flüsse und Seen in den Industrieländern so sauber und die Luft so rein. Der deutsche Wald stirbt nicht, wie 1985 angekündigt, sondern ist so vorratsreich wie noch nie. Ausgestorben geglaubte Tiere wie Biber, Luchs, Seeadler und Wolf besiedeln wieder das Land. Es gibt mehr Eisbären als vor 50 Jahren, dem Klimawandel zum Trotz. Der Bestand indischer Tiger erholt sich zusehends. Die Population der Wale gilt weltweit als gesichert.

Wo bleibt da ein Schlachtfeld für die Jugend der Industriestaaten?

„Es ist alles so langweilig", sollen die letzten Worte des britischen Kriegspremiers Winston Churchill gewesen sein. Kein Wunder, wenn man es mit Hitler und der Deutschen Luftwaffe zu tun hatte und nun dazu verdammt war, zweitklassige Ölgemälde auf die Leinwand zu kratzen. Doch wenn das Leben für einen Krieger wie Churchill zum Ende hin langweilig war, in welchem Fegefeuer der Nutzlosigkeit muss dann die Jugend der Welt heute schmoren? Smartphones, Google, WhatsApp und Facebook lindern diese Selbsterkenntnis durch das

Opium der virtuellen Welt. Solange die „Freunde" vierundzwanzig Stunden pro Tag virtuell neben ihnen stehen, wird den Jugendlichen von heute die Entbehrlichkeit ihres Lebens ein Stück weniger bewusst. Das gefällt ihnen.

Doch Opium betäubt nur und heilt nicht. Das ist der Grund für die Sinnsuche junger Menschen, die in dem Kampf um das Tierwohl mündet. In einer Gesellschaft der Satten und Gewärmten, der Gesicherten und Befriedeten schaut der Mensch sich um und fragt, wen zum Teufel er denn noch beglücken kann. Sein Blick fällt dabei auf die Tiere. Diese ausgebeuteten, geschundenen Kreaturen sind für ihn die „Sklaven des 21. Jahrhunderts" und die Verfolgten der demokratischen Welt. Nicht umsonst lautete die große Kampagne von PETA aus dem Jahr 2003 „Der Holocaust auf Ihrem Teller". Doch dazu später.

Die Tiere sind die letzten, für die sich der Kampf lohnt. Wenn es um sie geht, dann wird nicht über Kleinigkeiten diskutiert, über ein wenig mehr Integration, verbesserte Mitbestimmung oder etwas weniger Staatsverschuldung. Wenn es um die Tiere geht, dann geht es um Leben und Tod, um Freiheit oder Sklaverei. Es geht ums Ganze. Die Suche nach dem Kampf um die großen Fragen ist die Eintrittskarte in die Welt der Veganer und der Tierrechtler.

Das wäre eine kurzfristige Erklärung für den Erfolg des Veganismus. Um dessen Idee zu verstehen, reicht es jedoch nicht aus, die vergangenen fünfzig Jahre Revue passieren zu lassen. Die Entwicklung vom Steinzeitmenschen bis zum sinnsuchenden Zivilisationswesen ist ein Prozess von Jahrtausenden und ein Blick zurück lohnt sich.

Von Pythagoras bis PETA

Haben Sie schon einmal in den Spiegel geschaut und sich gefragt: „Wer bin ich eigentlich?“ Als Antwort auf diese Frage haben Sie mit Sicherheit an Ihren Beruf und Ihre Familie gedacht, an verpasste Chancen und gesuchte Risiken. Sie haben sich Gedanken über Ihr Leben gemacht und Bilanz gezogen. Doch machen Sie sich nichts vor. Auf die Frage „Wer bin ich?“ gibt es nur eine korrekte Antwort: Sie sind ein Trockennasenprimat.

Der Trockennasenprimat ist eine Unterordnung der Primaten, zu der alle „echten“ Affenarten und nach neuerer Forschung auch Koboldmakis gehören. Trockennasenprimaten sind, was ihre Ernährung angeht, außerordentlich vielfältig. Sie fressen so ziemlich alles, was ihnen in die Quere kommt, abhängig vom Lebensraum, den sie bewohnen. Koboldmakis nehmen beispielsweise ausschließlich tierisches Protein zu sich, und zwar in Form kleiner Wirbeltiere, Insekten, Spinnen oder Ameisen. Paviane ernähren sich hingegen überwiegend vegetarisch, also von Wurzeln, Blättern, Samen oder Früchten, obwohl ihr beeindruckendes Gebiss sie durchaus befähigt, Wild bis zur Kleingazelle zu reißen.

Für den Menschen und seine Vorgängerformen (Homo habilis, Homo erectus, Homo heidelbergensis und Homo neanderthalensis) wird aufgrund von Knochenfunden mit Schnittrillen allgemein vertreten, dass schon im Frühstadium vor über einer Million Jahren Fleisch zur wesentlichen Nahrungsquelle wurde. Blickt man bei dieser Erkenntnis auf unser schwächliches Gebiss und die geringe Schnelligkeit, die unser Körper erreichen kann, so liegt der Schluss nahe, dass der Mensch nicht gerade als Jäger geboren wurde. Seine ersten tierischen Proteine wird er, dem Affen gleich, in Form von Insekten und Kleintieren zu sich genommen haben. Nach den Erkenntnissen des Historikers Harari kam er schließlich darauf, dass in den Knochen gerissener Tiere ein wertvoller Inhalt steckte. Das Knochenmark war der Rest, den Löwen und Bären dem Menschen übrig ließen. Es war allerdings so energiereich, dass sein Verzehr unser Gehirnwachstum beförderte und dadurch zum Ausgangspunkt für neue Techniken der Nahrungssuche wurde. Das könnte zunächst so geschehen sein, dass der Mensch großen Raubtieren das von ihnen gerissene Wild abjagte, nachdem diese den ersten Hunger gestillt hatten. Doch schon für den Zeitraum ab 500.000 v. Chr. belegen Waffenfunde, dass der Mensch vom opportunistischen Aasfresser zum Jäger wurde, der seine Nahrung vornehmlich auf Wild und Fisch ausrichtete und daneben Pflanzen, Wurzeln und Früchte sammelte.

Heute gilt es als gesichert, dass vor allem die proteinreiche Tiernahrung des frühzeitlichen Menschen ein Hirnwachstum ermöglichte, das zu seiner weltweiten ökologischen Hegemonie führte. Seine Hirnmasse wuchs von ca. 400 auf knapp 1.400 Gramm. Die Ausbildung des Großhirns, des Neocortex, ermöglichte es dem Menschen, Werkzeuge herzustellen, strategisch zu denken, zu planen, das eigene Leben zu verorten und in ein Verhältnis zur Welt zu setzen, zum Beispiel im Hinblick auf die Ernährungsgewohnheiten. Es wirkt paradox, doch der moderne Veganismus hat seine physiologischen Grundlagen in der Fleischnahrung der vergangenen Jahrtausende.

Das moderne Hirn des Homo sapiens, für das er täglich ein gutes Viertel seiner gesamten Energiezufuhr verwendet, ist die schärfste Waffe der Welt. Das Gehirn und das damit verbundene Bewusstsein gleicht alle physischen Nachteile des Menschen gegenüber anderen Lebewesen aus und ermöglichte es ihm, sich über das tierische Eiweiß andere Nahrungs- und Zubereitungsformen zu erschließen, die sein Überleben vom Zustand seiner Umwelt unabhängig machten.

Der Mensch ist also von seiner Entwicklung her ein Omnivore, ein Allesfresser, mit einem starken Bezug zur Fleischnahrung. Tatsächlich wäre es einem Mitglied der frühen Jägergesellschaft kaum möglich gewesen, zu überleben, ohne zu jagen und Fleisch zu essen. Dafür waren die urzeitlichen Kälteperioden schon deshalb nicht geeignet, da landwirtschaftliche Nutzpflanzen aus klimatischen Gründen nicht gediehen. Die Wahlmöglichkeit zwischen einer vollwertigen pflanzlichen und der bisherigen fleischlichen Ernährung entstand erst mit der großen Revolution der warmen Frühzeit, dem Beginn des Ackerbaus.

Erst seit ungefähr 10.000 Jahren bieten uns das planvolle Bestellen des Bodens, das Säen und Ernten von Ackerfrüchten, deren Lagerung und der Handel mit ihnen die Grundlage der menschlichen Hochkultur und schließlich auch die Basis für den Vegetarismus.

Auf den ersten Blick wirkt diese Veränderung besonders friedlich, weg von der blutigen Jagd, hin zum Ackerbau. Im Geiste summen wir vor uns hin: „Im Märzen der Bauer die Rösslein einspannt" und sehen idyllische Bilder vom pflügenden Landwirt vor uns. Die Sense des Schnitters gleitet durch das sommerliche Feld. Aufgestellte Korngarben trocknen in der untergehenden Sonne und in den Scheunen wird das Korn gedroschen. Märchenatmosphäre.

Doch dieses Bild ist trügerisch. Tatsache ist nämlich, dass der Mensch, erdhistorisch gesehen, mit dem Ackerbau aus der Reihe aller anderen großen Raubtiere heraustrat und erstmals zu dem wurde, was er heute ist: zur beherrschenden Tierart dieser Welt.

Die ursprünglichen Jägergesellschaften waren in ihrer Existenz an das Vorhandensein einer ausreichenden Zahl von Beutetieren gebunden. Nahm der Wildbestand in einer Gegend ab, z. B. durch Seuchen oder strenge Winter, so sah es auch für den Jäger schlecht aus. Ganze Familien und Stammesverbände verhungerten schlichtweg. Andere folgten den großen Tierherden und gaben damit ihr Territorium auf, das sich ohne Jagddruck wieder vom Menschen erholen konnte. Auf diese Weise blieben die frühen Jägergesellschaften stets in einem angepassten Größenverhältnis zu ihrer Nahrungsquelle, dem Wild. Es fällt auf, dass sich kein einziges der heute noch existierenden archaischen Jägervölker, seien es Inuit, San oder Evenki, besonders zahlreich entwickelt hat. Blickt man auf die nordamerikanischen Indianerstämme, so stellt man fest, dass deren Zahl trotz jahrtausendelanger Besiedelung des Kontinents kaum die Grenze von drei bis fünf Millionen überstiegen hatte. Entsprechend hoch waren die Wildbestände. Als 1620 die Pilgerväter in Neuengland landeten, gab es auf dem Gebiet Kanadas und der heutigen USA über 30 Millionen Weißwedelhirsche und 25 Millionen Bisons. Um 1900 waren davon noch eine halbe Million Weißwedelhirsche und 23 Bisons übrig. Diese fast vollständige Vernichtung wurde erst möglich durch die dauerhafte Erschließung und Besiedelung durch Farmer, der die verkehrstechnische Anbindung des Westens mittels Postkutschen und Eisenbahnen folgte.

Mit der Revolution des Ackerbaus war außerdem eine weitere Neuerung verbunden, die zum Kennzeichen aller entwickelten Kulturen werden sollte: die Entstehung des Eigentums. Die archaischen Jägergesellschaften hatten sich niemals so lange an einem Ort aufgehalten, dass eine Beziehung zu diesem entstehen, geschweige denn sich zu einem Rechtsanspruch auf den alleinigen Besitz an Grund und Boden hätte verdichten können. Erst der Bauer, der seinen Acker tagein, tagaus pflegte, bestellte, erweiterte und nutzte, baute eine derart enge Bindung an sein Land auf, dass er erstmals andere von dessen Nutzung ausschließen wollte, ja musste, um seine Lebensgrundlage nicht zu verlieren. Der Schweizer Philosoph Jean-Jaques Rousseau (1712–1778) beschreibt diesen Vorgang sehr plastisch, wenn auch ein wenig vereinfacht:

> *„Der erste, der ein Stück Feld einzäunte und sich dabei einfallen ließ, zu sagen: „Dieses ist mein!“, und auch Leute fand, die einfältig genug waren, es ihm zu glauben – dieser ist der eigentliche Stifter der bürgerlichen Gesellschaft gewesen.“*

Ganz richtig stellt Rousseau fest, dass es der Ackerbau war, mit dem die „Erfindung“ des Eigentums einherging und nicht die Jagd oder der Fischfang. Die Erfindung des Eigentums schuf aber nicht nur eine Grenze unter den Menschen, also zwischen Besitzenden und Besitzlosen, sondern auch zwischen den Menschen und der Natur. Ein Bauer musste schließlich sein Feld gegen Nahrungskonkurrenten verteidigen, wollte er es nicht umsonst bestellt haben. Wildschweine wühlten im Acker, Hirsche fraßen das Getreide, der Fuchs stahl die Hühner, der Wolf die Schafe. Der Mensch musste diese Tiere von seinem Besitztum ausschließen. Seine Flächen standen damit nicht mehr als Siedlungsgebiet und Nahrungsquelle für diese Lebewesen zur Verfügung.

Es hört sich seltsam an, doch die Abkehr von der reinen Fleischernährung der Jäger und Fischer hat mehr Tiere ihren Lebensraum und ihr Leben gekostet, als die Jagd aller Jahrtausende davor.

Mit dem Beginn des Ackerbaus und der Viehzucht war es, als habe der Mensch erstmals eine Grenze zwischen sich und der Natur gezogen. Erstmals wurde er durch das von ihm produzierte Getreide und die von ihm gezüchteten Tiere unabhängig vom Spiel der Naturkräfte. Erstmals entwickelte sich die menschliche Population frei vom Bestand nutzbarer Wildtiere. Erstmals wurde die unverfügbare Natur vom Bauern zur gestalteten Kultur gemacht. In der Folge entstanden aus Bauernhöfen Dörfer und aus Dörfern Städte. Und dieser Prozess hält an. Nicht durch die „blutige" Jagd und das „grausame" Angeln werden ganze Arten in ihrem Bestand bedroht, sondern durch die Ausbreitung des menschlichen Lebensraumes mit seinen vielfältigen Formen der Bodennutzung – sie mögen noch so friedlich erscheinen.

Dort, wo ein beschauliches Dörfchen oder friedliche Äcker liegen, ist die Welt für einen Großteil der Natur verschlossen.

Mit dem sich vergrößernden Graben zwischen Mensch und Natur stieg die Sehnsucht nach Einklang mit der Welt und nach mehr Frieden. Das ist der Grund dafür, dass wir in der Heckwelle der beginnenden Kulturlandschaft Europas erstmals auf den Vegetarismus treffen.

Erinnern Sie sich an Ihren Mathematikunterricht in der achten Klasse? Die Summe der Quadrate über den Katheten eines rechtwinkligen Dreiecks ergibt stets die Fläche des Quadrats über der Hypotenuse. Oder kürzer:

$$a^2 + b^2 = c^2.$$

Der Urheber dieser Erkenntnis, Pythagoras, wurde 570 v. Chr. auf der griechischen Insel Samos geboren, berühmt für ihren Wein und ihre Ziegen. Er starb 510 v. Chr. in Metapont. Pythagoras gilt als mathematischer und philosophischer Pionier des abendländischen Denkens. Nach Studien in Ägypten und Babylonien kehrte er auf

seine Heimatinsel zurück, die vom Tyrannen Polykrates beherrscht wurde. Pythagoras akzeptierte dessen diktatorische Regierung nicht und verließ die Insel wieder, um sich in Unteritalien niederzulassen. Dort begründete er eine philosophische Gemeinschaft, deren vornehmliches Kennzeichen eine außerordentlich bedürfnislose, bescheidene, ja asketische Lebensweise war. Diese Weltabgeschiedenheit der Pythagoreer führte bald zu allerlei Mythen und Legenden, die sich um ihren Gründer und seine Gefolgschaft sponnen. Wunderheilungen wurden berichtet, Bilokationen (also das gleichzeitige Erscheinen eines Menschen an zwei verschiedenen Orten), goldene Beine und allerlei andere seltsame Phänomene. Mit derartigen Schilderungen steht eine der Welt entrückte, nach Vergeistigung strebende Lebenshaltung im Einklang.

Die Pythagoreer unterwarfen sich einem radikalen Schweigegelübde, tranken keinen Alkohol und lebten als eine Art Brudergemeinde auch weitestgehend sexuell enthaltsam. Ganz offensichtlich haben der gute Wein aus Samos und die berühmten Ziegen Pythagoras nicht dauerhaft geprägt. Nach überschäumender Lebensfreude klingt seine Hausordnung jedenfalls nicht.

Was für Alkohol, Plaudereien und Sex galt, war auch Teil der Ernährungsphilosophie. Für Pythagoras und seine Anhänger war ein Sonntagsbraten viel zu diesseitig, um Teil ihrer Lebensgestaltung zu werden. Überhaupt ist die Askese – sowohl in religiöser als auch in philosophischer Hinsicht – die wesentliche Triebfeder für alle frühen Vegetarier. Es wird als Entsagung aufgefasst, kein Fleisch zu essen, und damit als Vorteil einer bescheidenen und genusskritischen Lebenshaltung. Nur durch Askese, so meinten die Pythagoreer, sei eine sittliche Lebensweise zu gewährleisten. So berichtet der Philosoph Montaigne von Pythagoras, er habe Fischern und Viehhändlern die Ware abgekauft und die Tiere dann freigelassen.

Diese Verbindung von ethischem Anspruch und Fleischverzicht scheint sich bis heute erhalten zu haben. Jedenfalls enden Gespräche mit Veganern häufig im Streit um gutes oder schlechtes Gewissen.

Es ist erstaunlich, dass zeitgleich mit Pythagoras, jedoch Tausende von Kilometern entfernt, ein ähnlicher Ansatz für eine vegetarische Ernährungsweise entstand.

© philipus – fotolia.com

Siddhartha Gautama, sprich Buddha (ca. 560–480 v. Chr.), entstammte der berühmten Familie der Shakyas aus dem Grenzgebiet des heutigen Nepal. Man kennt Buddha vornehmlich als lustig lachende Figur mit einem gemütlichen Bauch, die im Eingangsbereich chinesischer Restaurants aufgestellt wird. Doch dieser Mann entwickelte nicht mehr und nicht weniger als die religiösen Grundlagen, nach denen heute ungefähr 450 Millionen Menschen leben.

Früh verheiratet, entschloss sich Siddhartha, in die Welt hinauszugehen, um nach der Wahrheit zu suchen. Auf dieser Wanderung begegnete er einem Greis, einem Kranken und einem Leichnam, die für ihn die Versinnbildlichung des Leidens waren. Darum kreiste fortan sein Denken. Siddhartha entwickelte die Auffassung, dass Leiden kein Ausnahmezustand im menschlichen Leben sei, sondern die Regel:

„Geburt ist Leiden. Alter ist Leiden. Tod ist Leiden. Mit Unliebem vereint sein, ist Leiden. Von Liebem getrennt sein, ist Leiden. Nicht erlangen, was man begehrt, ist Leiden.“

Bereits über diese grundlegende Feststellung kann man trefflich streiten. Ist Alter immer Leiden? Sieht man sich die vielen fröhlichen Senioren an, die bei bester Gesundheit ihre Renten verfrühstücken, dann zweifelt man schon an dieser Erkenntnis. Zum Tod hat bereits Epikur die Auffassung vertreten, er habe mit ihm nichts zu schaffen:

„Wenn ich bin, dann ist der Tod nicht da und ist der Tod da, dann bin ich nicht mehr.“

Doch wollen wir an dieser Stelle keinen vorgezogenen religiösen Diskurs führen, sondern uns auf die Suche nach den Wurzeln des Vegetarismus bei Buddha machen.

Wenn das Leiden die Grundlage des Lebens war, dann stellte sich für Siddhartha eine Kernfrage: Wie kann man diesen Zustand beenden?

Daraus ergab sich für ihn zwangsläufig das Problem, wie ein Leiden entsteht und wie man diesen Prozess unterbinden kann. Sieben Jahre später, unter einem Baum sitzend, soll Buddha schließlich zur Erleuchtung gelangt sein, was es mit dem Leiden auf sich hat. Dieses Credo fasste er in seiner Predigt von Benares zusammen, die Ausgangspunkt einer der fünf Weltreligionen werden sollte.

Vier Wahrheiten verkündete Buddha:

1. *dukkha*

   Das Haften am Leben ist Leiden.

2. *samudaya*

   Der Durst nach Sein führt zur Wiedergeburt und zwar durch
   - den Durst nach sinnlichen Freuden,
   - den Durst nach Dasein,
   - den Durst nach Nichtmehrdasein.

3. *nirodha*
Die dauernde Verbindung von Leben, Leiden, Durst und Wiedergeburt kann nur durch vollständige Aufhebung des Begehrens gelöst werden.

4. *magga*
Die Aufhebung des Begehrens erfolgt durch den achtteiligen Pfad:
– rechtes Glauben,
– rechtes Entschließen,
– rechtes Wort,
– rechte Tat,
– rechtes Leben,
– rechtes Streben,
– rechtes Gedenken,
– rechtes Sichversenken.

Das Ziel Buddhas ist der Eintritt ins Nirwana, in die Auflösung des ewigen Kreises von Leben und Leiden. Dieser Höhe- und Endpunkt allen Lebens steht auch allen Lebewesen offen, jedoch nicht zum gleichen Zeitpunkt. Es ist die Sache des Gläubigen, sich durch ein ethisch-moralisch einwandfreies Dasein so zu entwickeln, dass er schließlich in einem ferneren Leben die Vollkommenheit des Mönchs erreicht, die ihn ins Nirwana führt. Auf dem Weg dorthin hängen die religiösen Pflichten des Einzelnen stark von seinem freien Entschluss zur Selbstbindung, seiner religiösen Rolle und der buddhistischen Schule ab, der er anhängt.

Einfache Laienregeln sind beispielsweise,
– nicht zu töten,
– nicht zu stehlen,
– keine Unzucht zu treiben,
– nicht zu lügen und
– keine Rauschmittel zu nehmen.

Über das einfache Wohlverhalten des Laien gehen die Pflichten des Mönchs zur Weltflucht weit hinaus. Er darf deshalb unter anderem

- nicht außerhalb der Mittagszeit essen,
- nicht an Tanz, Gesang, Musik und Schauspiel teilnehmen,
- keine Kränze oder Schmucksachen tragen und kein Parfum verwenden,
- nicht in einem hohen oder breiten Bett schlafen,
- keine Gold- oder Silbersachen annehmen.

Es ist ihm verboten,

- Geschlechtsverkehr zu haben,
- die Erde umzugraben oder
- ein anderes Lebewesen zu töten.

Gerade das Verbot zu töten ist ein zentraler Bestandteil der buddhistischen Lehre. Das Töten widerspricht dem Mitgefühl, der *karuna*. Im „Dhammapada", einer buddhistischen Spruchsammlung, heißt es dazu:

> *„Alle Lebewesen fürchten den Tod und Schmerzen, Leben ist allen das Nächste; deswegen tötet ein Weiser nicht, noch ist er die Ursache davon, dass ein Lebewesen getötet wird."*

Diese strenge Auffassung gilt allerdings nur dem Weisen, also dem Mönch, und auch für ihn nicht ohne Einschränkungen. Er darf zum Beispiel Fleischnahrung essen, wenn sie ihm geschenkt wird. Buddha selbst soll kurz nach dem Verzehr einer Schale Schweinefleisch das Zeitliche gesegnet haben. Das Essen von Fleisch ist dem Mönch lediglich verboten, wenn er bei der Schlachtung zusah, ihr zustimmte und dabei wusste, dass das Tier speziell für ihn getötet wurde.

Diese Idee mutet uns seltsam an, denn sie führt den Mönch zu einem „Schreibtischtäterdasein", bei dem lediglich die Verantwortlichkeit für den Tod der Kreatur dem zugeschoben wird, der tötet und nicht dem, der davon den Nutzen hat. Der Verzehr jeder anonym hergestellten Bratwurst wäre mit dieser Begründung dem selbst hergestellten Ökobraten vorzuziehen. Mit dieser Idee ließe sich sogar die Massentierhaltung rechtfertigen, wenn die solchermaßen hergestellten Produkte den Mönch ohne sein Wissen ernähren.

Tatsächlich muss man beim Buddhismus streng zwischen dem freundlich-harmonischen Marketingauftritt und der realen Lebenswelt unterscheiden, in der sich Laien und Mönche befinden. Im westlichen Denken herrscht regelmäßig die Auffassung, dass Buddhisten von vornherein freundlich, harmonisch und gewaltfrei seien, eben weil sie Buddhisten sind. Der SPIEGEL (16/1998) schrieb dazu:

> *„Ein Bekenntnis, mit dem man nichts falsch machen kann: Zweieinhalbtausend Jahre Friedfertigkeit statt Inquisition, stets heiter wirkende Mönche statt präpotenter Kirchenfürsten, Nirvana-Hoffnung statt Dschihad-Drohung – der Buddhismus tut keinem weh und ist trendy geworden.“*

Das gilt insbesondere für unsere Ernährung, so denkt der Westen und glaubt an einen Buddhismus friedlicher Gläubiger, die sich von Bambussprossen ernähren.

Doch machen wir uns nichts vor. Die soziale Entwicklung der Religionen nimmt Teil an der kulturellen Entwicklung ihrer Gläubigen. Jesus konnte die Inquisition und die Glaubenskriege ebenso wenig verhindern wie Mohammed den 11. September. Ähnlich sieht es beim Buddhismus aus.

Dessen Zen-Schule zeigte sich zum Beispiel durchaus militärisch und unterstützte im Zweiten Weltkrieg die Japaner bei der Invasion in China, die Hunderttausende von Toten bedeutete. Auch der Kampf gegen die Alliierten wurde von buddhistischen Geistlichen gefördert. Einer der führenden buddhistischen Mönche Chinas, Xindao, sprach sich noch im Koreakrieg 1951 für das Töten der imperialistischen Barbaren, der Amerikaner, als akzeptable Verteidigung aus.

Insbesondere der Mönchsstaat Tibet war durchaus nicht so harmonisch, wie man heute gern glauben möchte. Sein Oberhaupt war bis zur Annexion durch China der XIV. Dalai Lama, ein immer freundlicher Herr mit Kassengestellbrille und rotem Mönchsgewand, der heute in der Öffentlichkeit ein Musterbeispiel für Liebenswürdigkeit, Ausgeglichenheit und Mitgefühl ist. Sieht man ihn mit dem Schauspieler Richard Gere zusammensitzen, dann hat man das Gefühl, erst durch die Erleuchtung zum wahren und gutaussehenden Menschen zu werden. Der Dalai Lama vertritt den tibetischen Buddhismus mit so viel Erfolg, dass die Öffentlichkeit schon vergessen hat, was für eine gnadenlose Mönchsdiktatur in seinem Heimatland herrschte. Unter der Regierung dieses freundlich lächelnden Mannes gab es in Tibet keine demokratischen Wahlen, keine Gewaltenteilung und keine unabhängige Justiz. Stattdessen herrschten die Klöster mit Zwangsarbeit, Leibeigenschaft und einem adligen Feudalsystem. Die Kindersterblichkeit lag noch Anfang der Fünfzigerjahre bei 50 % und das Durchschnittslebensalter betrug 35 Jahre.

Die chinesische Regierung hat zur Rechtfertigung ihrer Annexion diese Zustände möglichst übertrieben dargestellt und von gezielten Folterungen und Todesstrafen gesprochen. Doch auch unverdächtige Tibetologen wie Robert Barnett von der Columbia University bestätigen das wenig harmonische Zwangssystem im Mönchsstaat Tibet.

Besonders seltsam mutet die gute Beziehung des tibetischen Buddhismus zu Nazideutschland an, die vom Forscherpaar Trimondi beschrieben wurde. Die von Frederick Hilscher im Jahr 1935 auf Befehl Hitlers gegründete SS-Organisation „Ahnenerbe“ sollte Tibet als den möglichen Ursprungsort der „arischen Rasse“ untersuchen. In der Folge wurden mehrere Expeditionen in den Mönchsstaat durchgeführt. Bekannt wurde vor allem das SS-Forschungsprojekt unter Heinrich Harrer, der später über seine Erfahrungen in Lhasa das mit Brad Pitt verfilmte Buch „7 Jahre in Tibet“ schrieb.

Man trug sich in Berlin sogar mit dem Gedanken, die Tibeter nach dem „Endsieg“ als arische Führungsrasse in Ostasien zu installieren. Das buddhistische Haus in der Reichshauptstadt wurde während des Zweiten Weltkriegs bewusst in Betrieb gehalten und der SS-Standartenführer Wüst propagierte den Buddhismus als

„... eine echt indogermanische-arische Leistung, der Buddha eine großartige Gestalt mit unverkennbar tiefen nordischen Einschlägen."

Wüst, der Chefethnologe des Dritten Reiches, wünschte sich nichts mehr, als die tiefe innere Verwandtschaft zwischen nationalsozialistischer Weltanschauung und Buddhismus zu beweisen.

„Ein persönliches Anliegen wäre mir der Nachweis der nordischen Bestandteile im Buddhismus und in der Gestalt des Buddha selbst."

In einem Vortrag an der Universität München zog er schließlich einen Vergleich zu Hitlers Leidenserfahrungen in dessen Wiener Obdachlosenzeit und zitierte den „Führer":

„Damals wurde ich gewarnt, entweder in der Theorie zu ersticken oder in der Wirklichkeit zu verflachen."

Er erkannte in diesem „genialen Führerwort" die Verwandtschaft zum Buddha:

„Ich kenne kein erschütternderes Beispiel für diese erbverwandte Dauerüberlieferung, als diese geniale Zusammenschau, die in dem kurzen Wort des Führers liegt und in einem längeren Bekenntnis der großen arischen Persönlichkeit der Vorzeit, des Buddha, gelegen hat."

Warum dieser Ausflug ins Braune, wenn es in diesem Buch doch um Tierrechte gehen soll? Gedulden Sie sich bis zum Abschnitt über den Vegetarier Hitler und den Tierschutz im Dritten Reich.

An dieser Stelle soll es erst einmal reichen festzustellen, dass es schwierig ist, den Buddhismus ohne Weiteres als besonders friedlich und vegetarisch hinzustellen. Dazu braucht man nicht die Mönchsdiktatur von Tibet zu bemühen. Auch ein Blick in das moderne Myanmar zeigt, dass der Begriff von Harmonie und Mitgefühl in diesem buddhistischen Staat durchaus auslegungsfähig ist. So werden in Myanmar die muslimischen Rohingyas derart brutal verfolgt, dass Buddha sicher nicht zufrieden gewesen wäre. Als mitfühlend kann man diese Politik jedenfalls nicht beschreiben. Die Muslime werden zwangsumgesiedelt, ihre wirtschaftlichen Grundlagen zerstört und die Höchstgeburtenquote wurde auf zwei Kinder pro Ehepaar festgesetzt.

Also: So einfach ist es mit der Harmonie und dem Mitgefühl offenbar doch nicht.

Das gilt auch für das Töten und Essen von Tieren.

In der ersten der fünf buddhistischen Ethikregeln heißt es zwar, dass der Gläubige sich darin üben soll, kein fühlendes Wesen zu schädigen oder gar zu töten. Das betrifft jedoch nur, wie bereits gesagt, das unmittelbar eigene Töten, speziell für, mit oder durch den Gläubigen. Bestellt also ein Buddhist im Restaurant ein Steak, das bereits dort auf einen Gast wartete, so ist es nicht speziell für ihn getötet worden und damit „karmisch" unbedenklich. Dementsprechend nimmt auch der Fleischkonsum im gesamten ostasiatischen Raum stark zu. Im buddhistischen Thailand ist er nach Angabe der FAO in den letzten Jahren um 200 % gestiegen.

Stellen wir also fest, dass auch im Buddhismus der vegetarische Gedanke weniger von der breiten Masse der Gläubigen als vom Lebensziel der Mönche ausgeht. Insofern sind die Ähnlichkeiten des Mönchsideals Buddhas und der Lebensgemeinschaft der Pythagoreer beeindruckend:

Ebenso wie ein buddhistischer Mönch auf Alkohol, Tanzen, Musik, Theater, Sex und Schmuck verzichten muss, gestalteten die Pythagoreer ihren Alltag karg und anspruchslos. Bei ihnen kam noch das Schweigen hinzu, insgesamt keine besonders attraktive Lebensweise. Bei beiden Ansätzen spielt das Mitleid gegenüber dem Lebewesen eine Rolle und beide Ideen entspringen dem Wunsch nach Vervollkommnung durch Entsagung. Sie geben die Beschäftigung mit wesentlichen Kulturgütern der Menschheit zugunsten der Weltabkehr auf. Schade.

Erotik, Leidenschaft, der überschäumende Becher, das gemeinsame Lachen und Feiern, all das scheint in der Welt der Mönchsethik eines Pythagoras oder Buddha keine Rolle zu spielen. Für die Kultur, die Freude und den Genuss kann man von Glück reden, wenn die Welt nur zu einem winzigen Teil aus buddhistischen Mönchen und Pythagoreern besteht. Wer nämlich zum Ziel seines Daseins erklärt, sich davon zu lösen, der wird seinen Mitmenschen nicht allzu viel Freude bereiten. Werden wir deutlich: Die Welt der Entsagenden ist stinklangweilig.

Kehren wir zurück nach Europa. Dort blieb Pythagoras mit seinem mönchischen Vegetarismus eine Randerscheinung. Die übrigen Philosophenschulen Griechenlands waren weniger dogmatisch.

Die Kyniker zum Beispiel, zu denen unter anderem Diogenes von Sinope (410–323 v. Chr.) zählte (der in der Tonne), empfahlen zwar auch einen besonders bedürfnislosen Lebensstil, machten allerdings aus dem Fleischverzicht keine Entscheidung über Wohl und Wehe des Menschen. Die Kyniker sahen als Lebensziel nämlich das persönliche Glück durch innere Unabhängigkeit an. Materiellen Reichtum verachteten sie, da er die Freiheit beeinträchtige. Ein aufgezwungener Vegetarismus nach der Art von Pythagoras kam für die Kyniker deshalb ebenso wenig in Betracht wie das Hängen am Fleischkonsum. Sie argumentierten pragmatisch: Fleisch war ein Lebensmittel. War es vorhanden, dann konnte es gegessen werden, wenn nicht, dann nicht. Das Essen machte den Menschen weder besser noch schlechter.

Auch im Buddhismus begegnet man einer solchen Schule. So gibt es Zen-Meister, die einen militanten Vegetarismus mit der Begründung ablehnen, dass der Gläubige, der so entschieden auf eine bestimmte Ernährungsform besteht, sich zu sehr mit dem Leben verhaftet.

Die Stoiker waren die führende Philosophenschule der griechischen Antike. Ihr Begründer war Zenon von Kiton (ca. 333–262 v. Chr.). Zenon war der Auffassung, das Leben müsse von Tugend und Vernunft geprägt sein. Die damit verbundenen Leiden solle der Mensch in vollem Umfang und wissend, eben „stoisch“, hinnehmen. Für die Stoiker stellte sich die Frage des Fleischverzichts ebenso wenig wie für die Kyniker. Fleisch war ein Lebensmittel wie jedes andere und konnte folglich auch verzehrt werden. Da sie eine besonders hohe

Meinung von der menschlichen Vernunft hatten, lehnten sie eine Gleichberechtigung von Tier und Mensch geradezu zwangsläufig ab.

Eine weitere wichtige Schule gründete Epikur von Samos (341–270 v. Chr.). Er lebte mit seinen Schülern in einem Garten, in dem er sich in geistreichen Gesprächen und gesellschaftlichem Austausch erging. Epikur war der Auffassung, das Leben des Menschen sei in erster Linie ein Vergnügen und er tue gut daran, wenn er die Nachteile für sich selbst möglichst gering halte. Für Epikur war Fleisch ein Geschenk der Götter, das man nicht verschmähen sollte. Sein Prinzip war: Was Freude macht, das ist gottgefällig und was gottgefällig ist, das nutzt auch den Menschen.

Dabei war Epikur keinesfalls ein Philosoph des sinnlichen Übermaßes. Sein Ziel war die „Ataraxia", ein Zustand des seelischen Gleichgewichts, das durch keine äußeren Einflüsse gestört werden kann.

Heute werden die klassischen Schulen der griechischen Antike mit Vorliebe von Vegetariern und Veganern als Vorbild für eine pflanzliche Ernährung herangezogen. Es gibt regelrechte Hitlisten bedeutender Denker, die als intellektuelle Gründungsväter des Vegetarismus herausgestellt werden. Empedokles wird für das 5. Jahrhundert vor Christus bemüht, Xenokrates für die Akademie des Platon im 3. Jahrhundert vor Christus und Theophrastos für die Peripatetiker.

Blickt man auf die antike griechische Philosophie, dann fällt allerdings auf, dass kein einziger griechischer Philosoph auf den Gedanken gekommen ist, den Tieren könnte gegenüber den Menschen ein Recht auf Leben oder auch nur ein Interesse daran zustehen, das zu beachten wäre. Die antike Philosophie war auf die Freiheit und Unabhängigkeit des Menschen zugeschnitten und entsprach damit dem Anthropozentrismus, der die Welt um dessen Wahrnehmung herum aufbaut. Wenn der Mensch sich für oder gegen Fleisch entschied, dann war das nach seiner eigenen Entscheidung für ihn persönlich gut oder schlecht, mit den Tieren und ihrem Wohl hatten diese Gedanken aber nichts zu tun.

Zwar forderte selbst Pythagoras das Mitleid mit den Tieren und begründete es mit der Verwandtschaft aller Lebewesen. Damit meinte er aber lediglich, man solle Tiere nicht zum Scherz quälen, sondern gut behandeln, ebenso wie die Sklaven, deren Freilassung ihm dagegen überhaupt nicht in den Sinn kam. Insofern unterschied er sich nicht wesentlich von Aristoteles, der sehr deutlich meinte, man könne sich nicht falsch gegen sein Eigentum verhalten und das seien Tiere und Sklaven nun einmal. Ähnlich muss man die Barmherzigkeitsgebote von Heraklit und Plutarch lesen. Für sie war es einfach ein Teil des gelungenen Lebens, einem anderen, sei es Mensch oder Tier, nicht aus reiner Freude Schaden zuzufügen.

Wir sehen, dass der Vegetarismus im antiken Europa eine außerordentlich kleine Rolle spielte. Fleisch war aus rein ökonomischen Gründen ein seltenes Festessen, Fische hingegen wurden häufig und gern verzehrt, ebenso wie Milch und Käse.

Der frühmittelalterliche Mensch (500–1000 n. Chr.) verzehrte nach heutiger Kenntnis eher mehr als weniger Fleisch im Vergleich zu uns, den heute Lebenden. Vom Fränkischen Hof (500–800 n. Chr.) berichtet man, dass der Durchschnittskonsum einer Person bei ca. 80 bis 100 Kilogramm pro Jahr lag. Im Verlauf des Hochmittelalters (1100–1300 n. Chr.) verlagerten sich die Essgewohnheiten verstärkt auf pflanzliche Produkte, da in dieser Zeit besonders günstige klimatische Bedingungen herrschten, die zu einem guten Getreidewachstum führten. Der Fleischkonsum sank deshalb auf ca. 40 Kilogramm pro Jahr.

Im Spätmittelalter und in der Renaissance nahm der Verbrauch wieder zu. Das Weltbild der Menschen im 14. und 15. Jahrhundert war auf die reiche Kultur der Antike ausgerichtet, sie waren leidenschaftlich, sinnenfroh und jederzeit zum Feiern bereit. Der Fleischverzehr stieg auf beachtliche 120 Kilogramm pro Jahr an. Die ersten Formen der Massentierhaltung entstanden. So wird aus dem England Elisabeths I. von Schweineställen berichtet, in denen mehr als 2.000 Tiere gehalten wurden. Von Entsagung und Askese war zu dieser Zeit weniger zu spüren denn je. Die Frauen trugen ihre Dekolletés zur Schau, Wein und Bier wurden schon deshalb bevorzugt, weil das Quellwasser meist durch Fäkalien verunreinigt war, und die Sexualität war laufender Begleiter des Alltags. Hinzu kamen handfeste agrarökologische Gründe, die die Viehzucht begünstigten. In der Zeit ab 1300 begann das Klima sich laufend abzukühlen, ein Prozess, der bis ins 19. Jahrhundert andauerte und „Kleine Eiszeit“ genannt wird. Die Ernten waren in der Folge schlecht, Hungersnöte wurden beinahe zur Regel und das einzige Mittel der Bauern bestand darin, ihre Schweine vom Feld in den Wald zu treiben, um durch Eicheln und Würmer, die sogenannte „Waldweide“, das ausgefallene Futter zu ersetzen. Es ist die Zeit der tiefen Armut auf dem Lande. Die Zeit, in der Märchen wie „Hänsel und Gretel“ entstehen, die von den Eltern ausgesetzt werden, ebenso wie „Sterntaler“ und andere Volksmythen des Hungers. Das Tier ist in dieser Zeit weit mehr als die Pflanze Nahrungszuflucht des Menschen. Weder im allgemeinen Konsumverhalten noch in der philosophischen Rechtfertigungslehre spielt der Vegetarismus deshalb eine besondere Rolle. Tiere, so glaubte man damals, hätten keine Seele und seien von Gott ausschließlich zu dem Zweck geschaffen worden, dem Menschen als Nahrung zu dienen.

Doch dann trat ein Denker auf, der sich erstmals mit dem Geist der nichtmenschlichen Kreaturen, ihren Fähigkeiten und ihrem Verstand beschäftigte. Es war Montaigne.

Michel Eyquem de Montaigne wurde 1533 auf dem gleichnamigen Schloss im Périgord/Frankreich geboren und starb auch dort, im Jahr 1592. Er war ein vielfältig gebildeter Mann, zugleich Philosoph, Jurist, Politiker und Publizist. Neben einige Übersetzungen und einem reichen Briefschaffen stellen die sog. „Essais“ (veröffentlicht 1580) sein Hauptwerk dar. In ihnen widmet er sich so ziemlich allem, was den Menschen der späten Renaissance interessierte. Sein Werk gibt uns einen intellektuellen Querschnitt des 16. Jahrhunderts, indem es sich religiösen und medizinischen Fragen widmet, gesellschaftlichen Diskursen, dem Tanzen, Reisen, der Liebe und Freundschaft, aber auch kleinen Verrücktheiten wie dem richtigen Umgang mit Hexen und Aberglaube.

In einem dieser Artikel, der den etwas irreführenden Titel „Verteidigung des Raimond Sebond" trägt, geht Montaigne auf den Geist der Tiere ein und widmet sich damit einem Thema, das bislang noch kein Denker des Abendlandes bearbeitet hatte. Dabei wird allerdings Montaignes Wesen als humanistischer Skeptiker deutlich, der über seine eigene Spezies schreibt:

„Das unglückseligste und gebrechlichste aller Geschöpfe ist der Mensch, gleichzeitig jedoch das hochmütigste."

Sind Sie überrascht? Tatsächlich hätte sich so etwas weder der antike noch der mittelalterliche Mensch sagen lassen. Selbst die antiken Denker, die zum Mitgefühl gegenüber dem Tier aufriefen, begründeten das mit der Seele des Menschen, die um der Tugend willen geformt werden sollte, nicht jedoch mit einer wie auch immer gearteten Gleichheit zwischen Mensch und Tier.

Montaigne wendet sich gegen diese klassische antik-christlich-mittelalterliche Auffassung von der Hierarchie aller Lebewesen, unter denen der Mensch als Ebenbild Gottes eine Spitzenstellung einnehmen soll. Er nimmt sich vor, diesen Hochmut und Stolz seiner eigenen Spezies

„... zuschanden zu machen und zu zertreten."

Dabei war Montaigne kein Menschenfeind. Im Gegenteil. Sein Werk ist durchdrungen von echtem Humanismus, dem Mitgefühl für Schwächere und der Demut gegenüber den Wundern der Welt. Gerade deshalb fühlte sich dieser moderne Denker von der menschlichen Überheblichkeit gestört, die er durch Vergleiche mit den Fähigkeiten der Tiere relativieren wollte. Leider krankt das Gedankengebäude Montaignes an den damals sehr geringen neurologischen und biologischen Kenntnissen. So glaubte zu seinen Zeiten noch die ganze Welt, dass sich der Charakter und die Fähigkeiten eines Menschen aus dem Verhältnis bestimmter Körpersäfte ergäben. Die Menschheit hatte weder Ahnung vom Gehirn noch von Genetik. Es gab weder Verhaltensforschung noch eine strukturierte Zoologie.

So verwundert es nicht, dass Montaigne in seinem Essay über den Geist der Tiere nicht mit wissenschaftlicher Gründlichkeit arbeitet, sondern mit einem wilden Sammelsurium an Geschichten und Geschichtchen, die er von antiken und zeitgenössischen Autoren übernimmt. Der Großteil dieser Berichte hält einer kritischen Überprüfung nicht stand.

Montaigne schreibt beispielsweise von einem Elefanten, dem sein Wärter immer nur die Hälfte des Futters in die Krippe schüttet. Als sein Besitzer, der niemand anderes ist als der König, den Elefanten einmal selbst füttert, da schiebt das geniale Tier die Hälfte des Futters dem Wärter zu und verklagt ihn so beim Herrscher. Eine nette Geschichte, doch sie stammt zu sehr aus der Welt der Mythen und Märchen, als dass man darauf eine wissenschaftliche Bewertung des Tiergeistes aufbauen könnte.

Hier beobachten wir ein typisches Stilmittel der Anthropomorphisten und Tierrechtler: Wo ihnen die wissenschaftliche Basis fehlt, stellen sie einfach Annahmen in den Raum. So war ich einmal Gast in der Talkshow „Nachtcafé" von Wieland Backes. Dort trat eine Frau auf, die für ihr Schoßhündchen Kleider schneiderte und sich besondere Mühe bei der Farbauswahl gab. Als ich schonend erklärte, ihr Hund sei nach allen biologischen Erkenntnissen farbenblind, da meinte sie nachsichtig, der kleine Fellfreund könne Farben „fühlen", das sei auch „wissenschaftlich anerkannt". Was will man dazu sagen? Gegen den Bauch helfen keine Argumente.

Montaigne ging es ebenso. Er beginnt beispielsweise seinen Essay mit einer Kritik an der für Frankreich typischen Hirschjagd zu Pferde:

„Ich für meinen Teil habe nicht ohne Unmut ansehen können, wie man ein unschuldiges Tier, das wehrlos ist und das uns nichts zuleide getan hat, verfolgt und tötet. Und wenn der Hirsch, wie es sich gemeinhin zuträgt, da er den Atem und die Kraft schwinden fühlt und keinen anderen Ausweg mehr sieht, sich uns entgegenwirft und ergibt, die wir ihn verfolgen, und durch seine Tränen um Gnade bittet, das hat mir immer als ein sehr trauriges Schauspiel erschienen."

Solche Bemerkungen sind für einen rational denkenden Wissenschaftler, der Montaigne ja sein wollte, mehr als unüblich. Erinnern Sie sich an den Anthropomorphismus? Montaigne beschreibt den Hirsch nicht, wie er wirklich ist, sondern wie er selbst sich an seiner Stelle fühlen würde. Er sieht sich gehetzt von den Hunden, den Jägern ausgeliefert, weinend und um Gnade bittend. All das überträgt er auf den Hirsch.

Doch Hirsche bitten weder um Gnade noch weinen sie. Sie wissen gar nicht, was Gnade ist. Sie wissen auch nicht, was eine Bitte ist. Montaigne aber kümmert das nicht. Seine Form der „Zoophilie", der Tierliebe, geht mitunter so weit, dass er sich die Frage stellt, ob seine Katze, wenn er mit ihr spielt, nicht eigentlich ihn als Spaßobjekt gebraucht, während er doch glaubt, sich mit ihr zu amüsieren. Angesichts der Tatsache, dass Montaignes Katze weder weiß, was Spiel ist, noch einen Begriff dafür hat oder eine Idee vom Verhältnis zu ihrem Besitzer mit sich herumträgt, ist so eine Vorstellung – wissenschaftlich betrachtet – ein wenig gewagt.

Demut ist gut, doch Fehlverständnis ist falsch. Montaignes Kritik am menschlichen Verstand geht so weit, dass er den eigenen Intellekt seiner Spezies als grundsätzlich zerstörerisch begreift und deshalb einen bewussten Verzicht auf Forschung und Streben nach Erkenntnissen fordert. Aus der Feder eines Philosophen liest sich ein derartiger Vorschlag besonders absurd, denn er selbst bedient sich ja der Wissenschaft, deren Abschaffung er vorschlägt.

Doch kommen wir zur Tierphilosophie Montaignes zurück. Seine Idee war es, den Unterschied zwischen Tier und Mensch nach Möglichkeit einzuebnen. Es sei falsch, bei der Bewertung des Menschen komplexe Handlungen mit ebenso komplexen geistigen Leistungen zu begründen, beim Tier jedoch mit Instinkt und Trieb. Um seine Idee zu untermauern, schildert Montaigne einen Fuchs, der einen zugefrorenen Fluss überqueren möchte und dazu am Eis auf die Strömung des darunter fließenden Wassers lauscht. An der Stelle, an der die Geräusche gering sind, schließt der Fuchs auf dickeres Eis, ebenso wie der Mensch es tut. Dort überquert er den Fluss.

Montaigne wird mit dieser Ableitung zum Opfer seines Wunsches nach Gleichstellung von Mensch und Tier, denn er lässt nur eine mögliche Erklärung für das Verhalten von Fuchs und Mensch zu, nämlich das Nachdenken.

Tatsache ist jedoch, dass es bei beiden Spezies ganz andere Gründe für ihr Verhalten geben kann. Der Fuchs ist an der Stelle, die er meidet, vielleicht selbst einmal eingebrochen oder hat gesehen, wie andere Tiere dort eingebrochen sind. Denkbar ist auch, dass er den von ihm gewählten Ort zum Überqueren des Flusses nutzt, weil er dort die Duftspur eines Artgenossen wittert. Es gibt so viele verschiedene Möglichkeiten, die als Entscheidungsgrundlage für Mensch und Tier herangezogen werden können, dass eine Ableitung komplexer geistiger Leistungen aus komplexen Handlungen sich von selbst verbietet.

Doch das interessiert Montaigne nicht. Er erzählt eine Geschichte aus der griechischen Antike, in der der Hund eines Philosophen seinem Herrn nachläuft. Der Hund gelangt an eine Kreuzung mit drei Wegen. Er schnüffelt am ersten Weg, dann am zweiten und stellt bei beiden fest, dass sein Herr dort nicht entlanggelaufen ist. Er läuft dann ohne zu zögern den dritten Weg entlang. Montaigne leitet daraus eine Art Negativausschluss ab und meint, der Hund habe eine intellektuelle Leistung erbracht, da er aus der nicht vorhandenen Duftspur geschlossen habe, dass sein Herr ohne Zweifel auf dem dritten Weg gelaufen sein muss. Wer jedoch weiß, wie schnell ein Hund den Geruch des ihm vertrauten Menschen erfasst, ohne einen Begriff davon zu haben, erkennt die Sinn- und Instinktleistung des Tieres und nichts anderes. Montaigne ist mit seiner Ableitung komplexer Gedankenleistungen aus dem äußeren Verhalten schlicht auf dem Holzweg.

Um das deutlich zu machen, müssen wir das Beispiel nur ein wenig extremer wählen:

Sie wissen sicher noch aus der Schule, dass Ameisen Blattläuse auf Pflanzen tragen, deren Saft diese Insekten saugen. Ameisen „melken" dann ihrerseits die Blattläuse, da sie vom fermentierten Pflanzensaft leben. Wird eine Blattlausherde zu groß für eine „Farm", tragen die Ameisen Läuse und Eier zu anderen Pflanzen, die noch keinen Blattlausbestand haben. Aus einer solchen Form tierischer „Milchwirtschaft" ließe sich mit Montaigne nicht nur auf eine komplexe geistige Leistung, sondern geradezu auf geniale intellektuelle Fähigkeiten der Ameisen schließen.

Tatsache ist aber, dass Ameisen überhaupt kein Gehirn haben, das zu einer eigenständigen Ableitung nach der Formel „Blattlaus + Transportleistung + Pflanze = Nahrung" in der Lage wäre. Die moderne Biologie geht davon aus, dass sie vornehmlich über bestimmte Düfte kommunizieren, für ein eigenes Handlungsermessen jedoch keinen Spielraum haben. Die Intelligenz einer Ameise bildet sich ausschließlich aus dem Schwarm, dessen koordiniertes Verhalten lediglich genetisch vorgegeben ist, ohne Teil eines individuellen Erkenntnisprozesses zu sein.

Hier zeigt sich das Hauptproblem vieler tierphilosophischer Ansätze, nämlich die Vergleichbarkeit von Tier und Mensch aus dem objektiv feststellbaren Verhalten abzuleiten, obwohl es für eben dieses ganz andere Gründe geben kann, die mitunter durch die Anlagen, quasi den „mechanischen Bauplan" des Tieres, von vornherein festgelegt sind.

Beschäftigt man sich mit Montaigne näher, dann scheint sich ein Grund für diese unwissenschaftliche Gleichstellung zu ergeben. Montaigne war geprägt von einem tiefgreifenden Skeptizismus gegenüber seiner eigenen Spezies und vor allem gegenüber seiner eigenen Kultur. In seinem Essay über die „Menschenfresser", also die Kannibalenstämme in Übersee, vertrat er die Auffassung, dass diese zivilisatorisch nicht deshalb niedriger stünden, weil sie ihre Feinde auffräßen, vielmehr sei der moderne Mensch grausamer und unzivilisierter. Anscheinend verbindet sich der Hang zum Anthropomorphismus häufig mit der Unzufriedenheit gegenüber der eigenen Spezies. Wir werden noch Gelegenheit haben, diese These zu überprüfen.

Zunächst wollen wir uns aber die Frage stellen, welche greifbaren Schlüsse der Tierfreund Montaigne aus seinen Beobachtungen zog. Es liegt eigentlich nahe, einen Denker, der den Hirsch *„weinend um Gnade bitten"* sieht, als Protagonisten einer rein pflanzlichen Ernährung zu begreifen. Wer will schon ein Wesen essen, das vorher weinend um Gnade gebettelt hat? Und tatsächlich schreibt Montaigne sehr deutlich, dass

> *„Menschen, die blutrünstig gegenüber Tieren sind, einen angeborenen Hang zur Grausamkeit haben."*

Doch was bedeutete dies für das eigene Verhalten des Tierfreundes? War Montaigne der einzige Vegetarier der Renaissance? Es ist gut, dass der große Denker uns auch einen Essay über den Genuss bei Tisch hinterlassen hat. Wer nun in dem Philosophen einen Veganer vermutet, der wird bei diesen Zeilen herbe enttäuscht werden. Da heißt es nämlich:

> *„Ich bin weder auf Salate noch auf Obst sonderlich erpicht, außer auf Melonen."*

Und an einer anderen Stelle:

> *„Sämtliche Fleischarten, die es vertragen, liebe ich schwach gebraten, und ich liebe sie gut abgehangen, bei manchen sogar, bis sie schon stark riechen […]. Geradezu versessen bin ich auf Fisch, dadurch werden mir die mageren Tage zu fetten, die Fasten- zu Festtagen. Ich teile die Meinung mancher Leute, die sagen, Fisch sei leichter zu verdau'n als Fleisch. Und wie mir mein Gewissen verbietet, an Fischtagen Fleisch zu mir zu nehmen, so mein Geschmack, Fisch und Fleisch durcheinanderzuessen, ihr Unterschied erscheint mir zu groß."*

Solche Zeilen erinnern an Partygäste, die erst kräftig ins Gänseleberbrötchen beißen und dann von ihrem chinesischen Faltenhund erzählen, der ja „jedes Wort versteht“. Dann verurteilen sie den Stierkampf als archaische Grausamkeit, schlürfen währenddessen Austern und nehmen noch ein Hühnerbeinchen. „Huhn macht nicht so dick ..., aber bitte nur die Bresse-Poularde. Was anderes kann man ja heute schon aus ethischen Gründen gar nicht mehr kaufen ...“

Montaigne war also in der Lage, das Tier einerseits intellektuell zu überhöhen und es sich andererseits schmecken zu lassen. Damit steht er durchaus im Einklang mit der modernen Gesellschaft heutiger Tage. Verlassen wir an dieser Stelle den fleischfreudigen Anthropomorphisten Montaigne. Er hat uns nichts zu sagen.

Zur Frage nach dem Bewusstsein der Tiere wenden wir uns seinem intellektuellen Gegenspieler zu, René Descartes (1596–1650).

Man hat diesen Mann über Jahrhunderte falsch verstanden und als kaltherzigen Mechaniker des Lebens geschmäht, sehr zu Unrecht, wie wir gleich sehen werden.

Kennen Sie den Satz *„Ich denke, also bin ich – cogito, ergo sum“*? Er stammt von diesem klugen Kopf, der zunächst Jurist wurde, dann Soldat, um sich schließlich ganz der wissenschaftlichen Karriere zu widmen. Wir verdanken ihm die Entwicklung der analytischen Geometrie, Beiträge zum Trägheitsgesetz und die Förderung der Physiologie als eigenständige Wissenschaftsdisziplin.

Vor allem aber hat Descartes die Wissenschaft als solche verändert, denn er gilt als der Begründer der rationalistischen Erkenntnismethode. Während im Mittelalter die Wissenschaft stets im

Wechselverhältnis zum Glauben stand, lehnte Descartes die Verquickung von Weltanschauung und Erkenntnisfindung strikt ab. Mittelalterliche Wissenschaftler hatten überhaupt keine Scheu davor, unverständliche Phänomene mit der Gnade Gottes zu erklären. Ein kleiner Witz schildert einen Dominikanermönch beim Tierversuch. Er setzt einen Floh auf den Tisch und sagt zu ihm: „Spring!" Der Floh springt. Darauf schneidet der Pater ihm die Beine ab und sagt wieder: „Spring!" Der Floh bleibt sitzen. Was soll er auch tun? Darauf notiert der Mönch als Forschungsergebnis: „Schneidet man einem Floh die Beine ab, so schlägt Gott ihn mit Taubheit."

Descartes ging anders an die Wissenschaft heran. Für ihn musste der Forscher permanent zweifeln, ob seine Beobachtungen vielleicht auch auf eine andere Weise erklärbar sein könnten, als es den ersten Anschein hat. Diese strenge Auffassung setzt den Rationalisten Descartes geradezu zwangsläufig in Widerspruch zum Anthropomorphisten Montaigne. Während Montaigne seine Verhaltensbeispiele von Anfang an dazu nutzt, den Geist der Tiere zu belegen, überlegt Descartes in „Meditationes de prima philosopia" und „Discours de la méthode" sehr genau, auf welchem Grad sich das Bewusstsein der Tiere und damit ihr Geist entwickelt.

Descartes billigt Tieren durchaus Gefühle zu, etwa für Schmerzen, Triebe oder Leidenschaften. Auch gewisse geistige Leistungen spricht er ihnen nicht ab. So erwähnt er beispielsweise Papageien, die Worte nachsprechen können. Hört man diesen Tieren zu, dann ist die Versuchung groß, von „Verstand" zu sprechen. Allerdings stellt Descartes fest, dass der Papagei lediglich das jeweilige Wort phonetisch wiedergibt, ohne eine Vorstellung vom Begriff zu haben. Tatsächlich wird ein Papagei das Wort „Demokratie" ebenso lernen können wie „Mittagessen". Das bedeutet jedoch nicht, dass er vom Inhalt dieser beiden Begriffe eine Ahnung hat. Wir alle kennen Hunde, die ein Stöckchen bringen, das wir weggeworfen haben. Was geschieht da wirklich? Sieht der Hund das Holzstück fliegen und versteht dann unseren Satz: „Hol's Stöckchen!"? Nein, denn wenn wir mit der gleichen Betonung rufen: „Spring aufs Deckchen!", dann wird er trotzdem das Stöckchen holen. Hunde haben keinen analytischen Verstand, der fragt, was wir sagen und warum wir es sagen. Sie kommunizieren auf einer Gefühlsebene, die davon abhängt, wie wir etwas sagen.

Derartige Empfindungen und die davon abhängenden Verhaltensweisen siedelt Descartes beim mechanischen Bauplan des Tieres an, nicht in seiner Seele. Auch der Mensch ist in seiner Theorie auf Basis eines solchen mechanischen Prinzips gemacht. Anders als das Tier verfügt er jedoch über Gefühle höherer Ordnung, die Descartes als die „wahren oder wirklichen Gefühle" bezeichnet. Die wirklichen Gefühle sind nach seiner Vorstellung nicht denkbar ohne Sprache.

Tatsächlich müssen wir uns fragen, ob Leid, Freude, Liebe oder Glück ohne die ihnen zugrunde liegenden Begriffe denkbar sind.

Stellen Sie sich wieder einen Hund vor. Er sitzt vor seinem Herren, der stolz erzählt: „Schauen Sie, wie er den Kopf schief legt, ich sage Ihnen, er versteht jedes Wort. Wenn ich zu meiner Frau sage, dass ich spazieren gehe, dann sitzt er schon vor der Tür und freut sich." Herrchen hat natürlich vergessen, dass er jeden Abend spazieren geht und sich seit Jahren von seiner Frau mit den gleichen Worten verabschiedet. Auch der dümmste Hund weiß dann, was geschieht.

Die Freude, die Herrchen in seinem Vierbeiner zu erkennen glaubt, kann der noch nicht einmal denken. Er weiß nicht, warum er gern draußen ist, er weiß nicht, was Freude bedeutet oder gar „Vorfreude". Er kennt keine Unlust und hat auch keine Idee von einem Spaziergang. Durch Gewohnheit verknüpft der Hund allerdings die Welt des Spaziergangs mit den Worten seines Herrchens und spürt deshalb, dass nun eine Vielzahl von geruchlichen und körperlichen Lusterlebnissen auf ihn wartet. Mit einem wie auch immer gearteten Bewusstsein hat das nichts zu tun. Wie wesentlich das Bewusstsein und die Sprache für das Sein schlechthin sind, bemerken wir, wenn sie einmal da waren und abhanden kommen.

Machen wir deshalb die menschliche Gegenprobe: Stellen wir uns einen Rentner im Altenheim vor. Vor wenigen Jahren war er noch Generaldirektor eines mittelständischen Unternehmens. Dienstwagen, Chauffeur, 800 Mitarbeiter, Privatsekretärin, Vizepräsident der

Handelskammer, Bundesverdienstkreuz. Jetzt sitzt er nur noch im Stuhl und schaut aus dem Fenster ins Leere. Er weiß nicht mehr, wie er heißt, er kann sich nicht anziehen, kein Wort mehr sprechen, nicht schreiben, nicht mehr denken. Wenn man ihm Essen gibt, dann führt die Pflegerin den Löffel an seinen Mund. Er lächelt leicht, wenn es ihm schmeckt.

Und nun stellen wir uns vor, durch ein schreckliches Virus wären alle Menschen dieser Welt in einen solchen Zustand versetzt. Niemand wäre mehr auf diesem Planeten, der seine Schönheit erkennt, die Tiere und Pflanzen beim Namen nennt, die Sonne und die Sterne beobachtet, die Geheimnisse der Natur verfolgt.

Wäre es nicht so, als existiere die Welt nicht?

Bewusstsein ohne Sprache, ohne die Möglichkeit, sich in ein Verhältnis zur Welt zu setzen, gibt es nicht. Das meinte Descartes, wenn er schrieb: *„Cogito, ergo sum.“* In dieser Hinsicht war er offensichtlich ein schärferer Beobachter als Montaigne, der nur vom Verhalten eines Tieres auf das Bewusstsein schloss, Sprache und damit Reflexionsfähigkeit jedoch völlig ausgrenzte. Für Descartes waren die Reflexionsfähigkeit des Menschen und damit seine Begabung zur freien und flexiblen Entscheidung wesentlich, wenn es um die Abgrenzung zum Tier ging. Man wird ihm diesbezüglich auch Recht geben müssen. Tiere sind insofern mechanistisch zu erklären, als dass ihre Anlagen ihnen kaum oder keinen Raum zur Schicksalsgestaltung lassen.

Wird beispielsweise ein Bienenstock angegriffen, dann koordiniert das Volk seine Verteidigung unter anderem durch Gerüche. Sticht nämlich eine Biene zu, so wird an der Stelle, wo der Stachel herausgerissen wurde, noch über einen längeren Zeitraum Gift gepumpt und dabei eine Art Balgdrüse in Gang gesetzt, die einen Duftstoff absondert, der die übrigen Bienen alarmiert. Das einzelne Insekt hat dabei keinerlei Gestaltungsspielraum für individuelle Flexibilität. Es folgt ausschließlich den mechanischen Vorgaben seiner Anlagen.

Ähnlich sieht es auch bei den sogenannten „höheren Tieren“ aus. Legt eine Hirschkuh ihr Kalb ab, um nach Nahrung zu suchen, so hält es über eine Duftdrüse am Auge Kontakt mit der Mutter. Droht

Gefahr, so kneift das Kalb instinktiv die Drüse zu und das Geruchsband reißt ab. In diesem Moment kehrt die Mutter zum Kalb zurück, ohne diese Entscheidung zu bedenken oder in irgendeiner Weise abzuwägen, ob es nicht gefährlich sein könnte, dem Kalb zu helfen. Die Entscheidung ist Teil des Bauplans und nicht Teil eines intellektuellen Prozesses.

Dringt beispielsweise ein Rothirsch während der Brunft in das Terrain eines Artgenossen ein, so läuft regelmäßig das gleiche Ritual ab: Die beiden Konkurrenten marschieren entlang einer unsichtbaren Grenze nebeneinander her und entlang dieser wieder zurück. Überschreitet einer der Konkurrenten die Grenze, dann wird der andere kämpfen. Es gibt keinen Raum für Verhandlungen oder gar für eine Abweichung vom Ritual.

Auch der Mensch kennt solche automatisierten Verhaltensabläufe, z. B. als Autofahrer. Kommt er an eine Kreuzung und die Ampel springt auf Rot, dann wird er in der Regel – ohne viel nachzudenken – anhalten. Doch genau hier liegt der Unterschied zwischen Mensch und Tier, denn ein Tier würde nicht freiwillig von seinen erlernten Normen abweichen, während der Mensch – z. B. nachts an einer Kreuzung ohne Verkehr – bewusst und reflektiert den Automatismus hinter sich lassen und das Gesetz übertreten kann.

Wenn wir erkennen, dass Tiere kein Bewusstsein im menschlichen Sinne haben, dann stellt sich die Frage, welche Folgen man daraus zieht, wenn es um das Verhalten ihnen gegenüber geht. Montaigne hat diese Frage umgangen. Er wollte zwar nicht „blutrünstig sein", doch Salat war seine Sache nicht. Den von blutrünstigen Schlachtern gewonnen Braten ließ er sich schmecken.

Descartes wich als Rationalist dem Tötungsproblem nicht aus. Dennoch lieferte er eine wenig überzeugende Lösung: Da Tiere keine Seele hätten, so schrieb er, könne man sie auch töten, denn man schädige sie damit nicht. Dabei ließ er sich nicht von *„der Grausamkeit gegen die Tiere"* leiten, sondern vielmehr von *„der Nachsicht gegen den Menschen"*, weil es ihm darum ging, seine eigene Spezies vom Verdacht des Verbrechens loszusprechen, wenn sie Tiere tötet oder isst.

Aus rationalistischer Sicht ist diese Idee Descartes' nicht ganz befriedigend, denn er verstößt damit gegen seine eigene Überzeugung, dass nicht nachweisbare Phänomene vom Wissenschaftler anzuzweifeln sind. Ob Menschen und Tiere eine Seele haben, dürfte jedoch dem Nachweis durch uns minderbemittelte Naturen verschlossen sein und deshalb eine Frage des Glaubens bleiben.

Für die Frage, ob man ein Tier töten darf, ist dessen Seelenlosigkeit hingegen mit Sicherheit unbedeutend. Entweder hat ein Tier nämlich keine Seele, dann kann man auch keine Seele schädigen. Oder ein Tier hat eine Seele, dann ist diese nichts anderes als der unzerstörbare Wesenskern seines Ichs, der erst recht nicht durch physische Einwirkungen geschädigt werden kann. Im Gegenteil müsste man davon ausgehen, dass die Tötung die Seele von ihrer irdischen Anhaftung befreit.

Vermutlich hat Descartes die Seelenlosigkeit der Tiere als Grund für das Tötungsrecht aus Angst vor der Inquisition beschworen. Er konnte es sich nicht leisten, die Differenz zwischen Mensch und Tier ausschließlich auf dem Bewusstsein aufzubauen, denn das Bewusstsein ist Teil unserer Physis und stirbt mit dem Körper, die Seele hingegen ist unvergänglich. Eine Veröffentlichung, die den Unterschied zwischen Mensch und Tier auf dem Diesseits und nicht auf dem Jenseits aufbaut, hätte die Kirche mit Sicherheit nicht gern gesehen. Tatsächlich hat sich Descartes zu seinen Lebzeiten geweigert, einzelne seiner Bücher zu veröffentlichen, aus Angst, in Konflikt mit der katholischen Strafverfolgung zu geraten. Auch der große Rationalist hatte also seine Grenzen. Richtig und von Descartes wohl auch gemeint ist, dass Tiere kein Lebensbewusstsein haben, weshalb ihnen der Tod auch keinen Verlust bringt. Wir werden später auf diesen Ansatz zurückkommen.

Während Descartes die Möglichkeit, Tiere zu töten, schlicht aus ihrer fehlenden Seele ableitete, spielte ihre Empfindungsfähigkeit in seiner Philosophie noch keine wesentliche Rolle. Es bedurfte eines neuen Ansatzes, um diesen Gedanken zu entwickeln.

Der Brite Thomas Tryon (1634–1703) leitete erstmals aus der Empfindungsfähigkeit der Tiere eine Verpflichtung des Menschen ab, diese Lebewesen nicht grundlos zu schädigen.

Er nimmt insofern eine Sonderrolle unter allen Vordenkern der Tierrechtsdebatte ein, als er über keinerlei akademische Bildung verfügte. Er verdiente sich sein erstes Geld als Schafhirte, wurde schließlich Kaufmann und betrieb sehr erfolgreich den Überseehandel. Von einer „inneren Stimme" geweckt, entschied er sich zu einem Leben in vollständiger Askese, ohne Alkohol, Fleisch oder Tabak. Er bezog sich bei diesem Ansatz ausdrücklich auf Pythagoras, den er – ähnlich wie den Hinduismus – für seinen Fleischverzicht als Ideengeber heranzog.

Schon bei der Überzeugung seiner eigenen Ehefrau, diesen Lebenswandel zu übernehmen, scheiterte Tryon allerdings. Die „innere Stimme" empfahl ihm daraufhin, durch möglichst viele von ihm veröffentlichte Selbsthilfebücher, darunter eines über die menschliche Behandlung von Sklaven, die Welt besser zu machen.

Tryon ergänzte Montaignes Gedanken der Wesensgleichheit durch die Vorstellung, dass Tiere gegenüber dem Menschen eigene Rechte und Privilegien haben sollen. Insofern kann man ihn als den ersten Tierrechtler überhaupt bezeichnen, denn anders als alle seine Vorgänger hat er Tiere nicht nur als prinzipiell ähnlich oder gleich erkannt, sondern daraus für sie auch greifbare Rechte abgeleitet. So weit Tryons Vorstellung vom Tierrecht in seiner Zeit auch ging, ihr fehlte der Hintergrund eines allgemeinen philosophischen Systems. Dieses Gedankengebäude schuf erst hundert Jahre nach seinem Tod kein geringerer als der radikalste Staatsdenker dieser Zeit.

Im University College von London kann man in einem Schrank einen dort sitzenden Herrn in schwarzem Rock mit breitrandigem Strohhut besichtigen. Es handelt sich dabei nicht um eine Wachspuppe, sondern um eine „Auto-Ikone" (eine Art Mumie) des bedeutendsten britischen Denkers der Aufklärung, Jeremy Bentham. Bentham wurde 1748 in Spitalfields/London geboren und starb am 6. Juni 1832 in seiner Geburtsstadt. Da er einen reichen Vater hatte und selbst als hochbegabtes Wunderkind galt, begann er bereits mit 12 Jahren das Studium der Rechtswissenschaften und der Philosophie in Oxford. Von seiner Anwaltstätigkeit hatte er rasch genug und verbrachte sein Leben als Philosoph, Politiker und freier Denker. Nach seinem Tod

wurde sein Körper plastiniert und im College ausgestellt. Sein Kopf befindet sich im Archiv.

Es ist einerseits bemerkenswert und andererseits geradezu zwangsläufig, dass der erste grundlegende Denker über Tierrechte ein wohlhabender Stadtmensch war, der sich selbst kaum mit dem Leben der Tiere befasste. Bentham betrachtete schon früh das Tier als Inhaber von Rechten, wenn es um das persönliche Leiden ging. Philosophisch vertrat er den sogenannten „Utilitarismus". Diese Denkrichtung sieht das Ziel menschlichen Handelns darin, für möglichst viele Individuen möglichst viele Vorteile bei möglichst wenigen Nachteilen zu erreichen. Das liest sich zunächst sehr einfach und nachvollziehbar, stößt jedoch an viele Grenzen, vor allem bei der Frage, wer denn festlegen soll, was überhaupt Vor- und Nachteile sind.

Als beispielsweise im Jahr 1919 in den USA beschlossen wurde, den Alkoholkonsum zu verbieten, glaubten die Politiker, durch dieses Gesetz einen wichtigen Schritt hin zu weniger Alkoholismus, weniger Verbrechen und mehr Gesundheit getan zu haben. Im Jahr 1933, als die Prohibition fiel, hatten die Menschen erkannt, dass durch ihr Verbot des Alkohols nicht nur ein wahres Kriminalitätsförderprogramm, sondern auch eine katastrophale Verschlechterung der Gesundheitslage durch die vielen Schwarzbrennereien erzeugt worden war. Der schwarz gebrannte Alkohol war minderwertig und die Vergiftungen durch Methylverbindungen mit Todesfällen und Erblindungen ließen die Krankheitszahlen in die Höhe schnellen. Es ist das Problem der Utilitaristen, dass die Bewertung, für wie viele Menschen eine Maßnahme gut und für wie viele eine Maßnahme schlecht ist, so große Schwierigkeiten bereitet. Das gilt auch für den Umgang mit dem Tier.

Das Tier, so meinte Bentham, sei leidensfähig, deshalb habe es ein automatisches Interesse, Leiden zu vermeiden. Der Umstand, dass Tiere keinen Intellekt haben, war für Bentham unwesentlich. Mit der gleichen Argumentation, so schlussfolgerte er, könne man ja ansonsten Schwachsinnigen oder Säuglingen Leid zufügen. Für die Berechtigung der Tiere gegenüber den Menschen sei vielmehr ausschließlich ihre Leidensfähigkeit entscheidend. In seinem Buch „Einführung in die Prinzipien von Moral und Gesetzgebung" liest sich das so:

„Der Tag könnte kommen, an dem die übrigen Kreaturen jene Rechte erlangen werden, die man ihnen nur von tyrannischer Hand vorenthalten konnte. Die Franzosen haben bereits entdeckt, dass die Schwärze der Haut kein Grund dafür ist, jemanden schutzlos der Laune eines Peinigers auszuliefern. […]

Es kommt der Tag, an dem man begreift, dass die Anzahl der Beine, die Behaarung der Haut oder das Ende des Kreuzbeins gleichermaßen ungenügende Argumente sind, um ein empfindendes Wesen dem gleichen Schicksal zu überlassen. Warum soll sonst die unüberwindbare Grenze gerade hier liegen? Ist es die Fähigkeit zu denken oder vielleicht die Fähigkeit zu reden? Aber ein ausgewachsenes Pferd oder ein Hund sind unvergleichlich vernünftigere sowie mitteilsamere Tiere als ein einen Tag, eine Woche oder gar einen Monat alter Säugling. Aber angenommen, diese wären nicht so, was würde das ausmachen? Die Frage ist nicht: Können sie denken?

Oder: Können sie reden? Sondern: Können sie leiden?"

Und in einer späteren Veröffentlichung lesen wir:

„Die Zeit wird kommen, da die Menschheit alles, was atmet, unter ihren Schirm und Schild nehmen wird."

Diese Worte klingen berührend und einfühlsam. Erst wenn man sich mit dem weiteren staatstheoretischen Gebilde ihres Schöpfers befasst, merkt man, welcher Charakter hier schreibt.

Die Beglückungsvision Benthams gilt nämlich einem Staat, der seinen „Schutz und Schirm" nicht nur über den Tieren ausbreiten sollte. Bentham wünschte sich vielmehr eine allgegenwärtige Rechts- und Kontrollinstanz. Dafür war er bereit, die Freiheit des Einzelnen auf diesem Altar zu opfern. So sah sein Staatskonzept zwar umfangreiche Sozialrechte vor, aber auch eine ebenso umfangreiche Sicherheits- und Kontrollstruktur.

Der Mensch sollte dauernd überwacht, erzogen und durch den Staat zu einem moralisch und ethisch unantastbaren Bürger gemacht werden. Diese Mischung zwischen Huxleys „Schöner neuer Welt" und Orwells „1984" beinhaltete auch, dass die Bürger, die mit Benthams System nicht einverstanden waren, erkennungsdienstlich tätowiert, laufend bespitzelt und von „inoffiziellen Mitarbeitern" überprüft werden sollten. Im regulierenden Tugend- und Wohlfahrtsstaat eines Bentham war für die Freiheit des Einzelnen, das Querdenken, das Scheitern oder das große Drama unseres Lebens kein Platz mehr. Sein Ideal war eine Existenz in einer alles umgebenden Schaumstoffkugel, in der wir zwar unbeweglich, aber unfallfrei eingebettet werden. Doch wir sind ihm heute näher, als wir denken.

Eine noch nie gekannte Vielzahl von Gesetzen, Verordnungen, Verwaltungsrichtlinien und Dienstanweisungen regelt unser Leben vom Hundeführerschein über die Raucherzonen bis hin zum Mitarbeiterspind. Das Bundesarbeitsministerium hielt die Benutzung von Paternostern für so gefährlich, dass es eine Pflichteinweisung plante. Doch all diese Maßnahmen scheinen noch nicht ausreichend, um das Verhalten des Einzelnen im Sinne des Staates zu optimieren. Durch das sogenannte „Nudging", eine informelle Beeinflussung der Bürger, soll der Staat zu einem weisen Vater mutieren, der in einem Anerkennungs- und Lenkungsverhältnis zu seinen Kindern steht. Freundlich klopft uns dieser staatliche Vater auf die Schulter und hilft uns bei der Entscheidung, wie wir für das Alter vorsorgen, welches Dessert wir in der Betriebskantine wählen und wie wir unser Haus wärmeisolieren. Bentham wäre glücklich.

Doch ähnlich wie bei Montaigne lohnt sich auch ein Blick auf das reale Leben des großen Tierrechtlers, um die Frage zu beantworten, ob Benthams grausig-schöne Ideen am Mittagstisch haltmachten. Tatsächlich wurde der radikale Reformer niemals zum Vegetarier und hatte dafür auch eine einleuchtende Begründung:

„Wenn es nur um das Essen von Tieren geht, gibt es einen sehr guten Grund, warum es uns erlaubt sein soll, dass wir sie essen, wie es uns beliebt; es gereicht uns zum Vorteil und ihnen niemals zum Nachteil. Sie haben keine jener langfristigen Erwartungen zukünftigen Unglücks, die wir haben … [und] haben niemals einen Nachteil davon, tot zu sein."

Letztlich vertrat also auch Bentham lediglich das Verbot, Tieren aus Grausamkeit Schmerzen zuzufügen, ein Grundsatz, der im Volksmund schon seit Jahrhunderten in einfacher Formel bekannt ist:

„Quäle nie ein Tier zum Scherz, denn es fühlt wie du den Schmerz."

Während Intellektuelle wie Montaigne, Tryon und Bentham noch Einzelmeinungen vertreten hatten, begann auf Basis dieser breiten Erkenntnis – unabhängig von der philosophischen Diskussion – der vegetarische Gedanke Anfang des 19. Jahrhunderts eine erste reale Wirkung zu erzielen.

1801 wurde in London der erste Vegetarierverein gegründet. Es folgte 1824 der erste Tierschutzbund, die „Royal Society for the Prevention of Cruelty to Animals". Ihr Gründer Lewis Gompertz (1783-1861) war dann auch der erste Tierrechtler, der die Schlussfolgerung zog, sich nur durch ein veganes Leben ethisch eiwandfrei zu verhalten. Seine Ideen wurde schließlich von Henry Salt (1851–1939) in der ersten Tierrechtsabhandlung überhaupt, „Animal Rights", umgesetzt und weiterentwickelt.

Nachdem es in der ersten Hälfte des 19. Jahrhunderts zu weiteren vegetarischen Zusammenschlüssen in anderen englischen Städten gekommen war, vereinten sich diese 1847 zur „Vegetarian Society“, zum ersten nationalen Verbund, mit dem Ziel, eine vegetarische Ernährung zu fördern. Das damals prominenteste Aushängeschild dieser Bewegung war Mary Shelley, die Schöpferin der Romanfigur Frankenstein. Das von ihr erfundene Monster, das von einem Arzt aus Leichenteilen zusammengeschustert wird, sollte ein Idealmensch werden und war folglich ebenfalls Vegetarier. Dass diese Kunstfigur schließlich am zwischenmenschlichen Kontakt scheitert und zum Mörder wird, wirkt wie ein Blick in die Kristallkugel der Zukunft, wie eine vorweggenommene Mischung von Genetik, Mensch und Maschine.

Es ist auffällig, dass der Vegetarismus ausgerechnet in der europäischen Nation eine erste Verbreitung erreichte, die seinerzeit den höchsten Fleischverzehr für sich in Anspruch nehmen konnte. Nicht umsonst sprach man im Rest Europas von den Briten als „Beefeaters“. Offensichtlich hatte der Erfolg dieser ersten Bewegung weniger mit tierphilosophischen als mit gesundheitlichen Gründen zu tun, da der enorme Fleischverzehr in der Ober- und Mittelschicht Englands mitunter zu erheblichen Wohlstandskrankheiten wie Gicht und Kreislauferkrankungen führte.

Bezogen auf die Gesamtzahl der Bevölkerung blieb jedoch der Vegetarismus eine absolute Randerscheinung der Oberschicht, ebenso wie in anderen Ländern. Die philosophische Tierrechtsdebatte sprang jedoch im 19. Jahrhundert nach Deutschland über.

Der bedeutendste deutsche Philosoph des 18. Jahrhunderts, Immanuel Kant (1724–1804), hatte sich noch sehr an Descartes orientiert und deshalb die

Auffassung vertreten, Mensch und Tier seien durch die Vernunft voneinander getrennt. Folglich gäbe es zwischen ihnen auch keine vernunftmäßig begründeten Pflichten. Zugleich war er aber der Meinung, der Mensch müsse sich um seiner selbst willen den Tieren gegenüber gut verhalten, weil er ansonsten sittlich verrohen und sich auch seinen Mitmenschen gegenüber grausam verhalten würde. Damit orientierte sich Kant an der Stoa und an Plutarch, der den Menschen die Barmherzigkeit gegen den Menschen an der Barmherzigkeit gegen das Tier lernen lassen wollte.

Gegen die Nutzung von Tieren, also auch gegen das Töten und Essen, hatte Kant hingegen nichts einzuwenden. Da dem Tier das Bewusstsein fehle, sei es ein für den Menschen bestimmtes Mittel und kein für sich stehender Zweck.

Ähnlich argumentierte der Berliner Philosoph Georg Wilhelm Hegel (1770–1831). Allerdings legte er das Gewicht weniger auf die Vernunft als intellektuelle Fähigkeit zur Abstraktion, sondern richtete seine Überlegungen mehr am Willen des Tieres aus. Auch Hegel stellte fest, dass Tiere aufgrund ihrer vorgegebenen Verhaltensmuster und nicht als Ausdruck einer freien Entscheidungsfindung handeln. Zugleich erkannte er, dass diese Verhaltensmuster, zum Beispiel bei der Flucht oder der Verteidigung, sehr stark sein können. Wir alle kennen das fliehende Reh und den an der Angel kämpfenden Fisch. Aus ihrem Verhalten folgern Anthropomorphisten, dass da ein starker Wille sei zu leben. Starker Überlebenswille bei fehlender freier Entscheidung, wie geht das zusammen?

Hegel brachte es auf die treffende Formel, das Tier wolle es nicht wollen zu leben. Damit drückte er aus, dass es über den naturgegebenen

Impuls des Augenblicks keine grundlegende Willensbildung des Tieres für das Leben gibt.

Hatte Hegel Recht? Können wir den fehlenden Lebenswillen des Tieres beweisen?

Wir können. Dazu müssen wir nur einen Blick darauf werfen, was geschieht, wenn der Lebenswille verloren geht.

In Deutschland nehmen sich ungefähr 11.000 Menschen pro Jahr das Leben. Sie erhängen sich, erschießen sich oder nehmen Gift. Ihr frei gewählter Tod ist Ausdruck einer Entscheidung, ihr Leben nicht länger leben zu wollen. Die Gründe dafür sind vielfältig und liegen meist in Krankheit, Alter oder schlichtem Lebensüberdruss. Der Kunstfreund und Fotograf Gunter Sachs (1932–2011) fühlte seine intellektuellen Kräfte schwinden und der Literat Fritz J. Raddatz (1931–2015) seine Lebensfreude. Allen diesen Personen ist gemeinsam, dass sie nicht mehr leben „wollen wollten". Das ist etwas ganz anderes, als der Augenblicksimpuls zu überleben. Ein Selbstmörder kann auf dem Weg in die Schweiz sein, um sich dort bei einer Sterbehilfeorganisation seinen Giftcocktail abzuholen. Kommt er wegen einer Windböe von der Fahrspur ab und fährt auf einen Brückenpfeiler zu, wird er instinktiv das Steuer herumreißen und ausweichen, um sich dann, einige Kilometer weiter, das Leben zu nehmen.

Der Selbstmord ist im Tierreich hingegen völlig unbekannt. Jeder weiß zwar von den Lemmingen, die sich angeblich ins Meer stürzen oder von den Walen, die stranden. Doch der „Selbstmord der Lemminge" ist eine Filmente, die von den Walt Disney Studios in die Welt gesetzt wurde, und das Stranden der Wale keine individuelle Entscheidung gegen das Leben, sondern Folge einer Fehlfunktion ihrer Navigationsmechanismen. Der Delfintrainer O'Barry berichtet zwar über den Tod eines der Filmtiere aus der Serie „Flipper" und meint, dass es freiwillig die Atmung eingestellt habe. Gleichzeitig wird dieser Delfin jedoch als schwer krank beschrieben, sodass von einem natürlichen Tod ausgegangen werden muss.

Selbst Tiere, die sich in Extremsituationen befinden, die zum Beispiel regelmäßig geschlagen oder unzureichend gefüttert werden, suchen nicht nach Möglichkeiten, ihr Leben zu beenden. Sie „wollen es nicht wollen" zu leben, also können sie diesen Willen auch nicht aufgeben.

Hegel lag also richtig.

© orion_eff – fotolia.com

Das war kein Grund für seinen größten Konkurrenten, sich mit dem Willen der Tiere rational zu beschäftigen. Arthur Schopenhauer (1788–1860) hasste Hegel ganz persönlich und tat ihn als *„geistlosen, platten, ekelhaft-widerlichen Scharlatan"* ab. Der wirkliche Hintergrund lag wohl weniger in Hegels Philosophie als in seinem großen akademischen Erfolg. Als Schopenhauer nämlich seine Studien in Göttingen und Jena abgeschlossen hatte und nach Berlin kam, war Hegel schon der prominente Vertreter des Deutschen Idealismus, angesehen und bewundert. Seine Vorlesungen waren gerammelt voll. Schopenhauer, der Anfänger, glaubte von sich, dieser intellektuellen Null zeigen zu müssen, wie richtiger akademischer Anspruch aussieht. Er legte deshalb seine eigenen Lehrveranstaltungen bewusst auf die gleichen Termine. Die Folge war, dass sein Hörsaal leer blieb. Er war über diesen Misserfolg ebenso verbittert wie später über die anfänglich miserablen Verkaufszahlen seines Hauptwerkes „Die Welt als Wille und Vorstellung". Schopenhauer gab seinen Lehrstuhl auf, zog nach Frankfurt und führte dort ein Leben als gesellschaftlicher Niemand.

Persönlich muss dieser Mann unausstehlich gewesen sein, ein Menschenfeind und Frauenverächter, zugleich sexuell verklemmt und cholerisch. Jahrzehntelang zahlte er einer kleinen Arbeiterin Schmerzensgeld, die er in einem Wutanfall die Treppe heruntergeworfen hatte. Seinen Pudel, der eigentlich den Namen „Atman" trug, nannte er immer dann „Mensch", wenn er wütend auf ihn war.

Das ändert nichts daran, dass Schopenhauers „Die Welt als Wille und Vorstellung“ zu den wichtigsten philosophischen Büchern des 19. und 20. Jahrhunderts wurde. Seine Idee wurde bahnbrechend, alles auf der Welt sei Ausdruck eines kosmischen und allumfassenden Willens und nur die menschliche Vorstellung von der angeblichen Realität dieser Welt und vom Individuum störe dieses harmonische Prinzip. Jeder Intellektuelle hatte auf einmal den Wunsch, harmonischer Teil von allem zu sein. Familien, Städte und Nationen lösten sich auf und der Einzelmensch wurde lediglich ein Funke des großen Ganzen. Schopenhauer musste man einfach gelesen haben.

Der junge Thomas Mann zum Beispiel widmet ihm in seinem Roman „Buddenbrooks“ ein ganzes Kapitel. Er lässt den alternden Senator Thomas Buddenbrook in der Ahnung seines künftigen Todes Schopenhauer lesen:

> *„Ich werde leben! […] Wo ich sein werde, wenn ich tot bin? Aber es ist so leuchtend klar, so überwältigend einfach! In allen denen werde ich sein, die je und je Ich gesagt haben, sagen und sagen werden: besonders aber in denen, die es voller, kräftiger, fröhlicher sagen. Irgendwo in der Welt wächst ein Knabe auf, gut gerüstet und wohlgelungen, begabt, seine Fähigkeiten zu entwickeln […] Das ist mein Sohn. Das bin ich, bald … bald … sobald der Tod mich von dem armseligen Wahne befreit, ich sei nicht sowohl er wie ich …“*

Schopenhauers Vorstellung vom kosmischen Willen erinnert stark an den buddhistischen Gedanken von der Allverwandtschaft des Lebens. Tatsächlich war Schopenhauer ein glühender Bewunderer dieser Lehre, ohne viel davon zu verstehen. Er war niemals in Ostasien, hatte keinen buddhistischen Lehrmeister und kannte wenig Literatur über diese Religion. Das führte bei ihm zu Fehlvorstellungen über den höheren Kulturzustand des Buddhismus, die schließlich in einer scharfen Ablehnung des Christentums und seiner jüdischen Wurzeln mündeten. Autodidakten übertreiben immer.

Bei Schopenhauer drängt sich der Gedanke auf, dass Menschen, die besonders große Probleme mit ihrer eigenen Spezies haben, die größte Bereitschaft zeigen, Tiere zu idealisieren. Das wird vor allem deutlich, wenn es um seine Tierethik geht.

Im Jahr 1837 hatte die Königlich Dänische Gesellschaft der Wissenschaften einen Preis zur philosophischen Beantwortung der Frage ausgesetzt:

> *„Ist die Quelle und Grundlage der Moral zu suchen in einer unmittelbar im Bewusstsein (oder Gewissen) liegenden Idee der Moralität und in der Analyse der übrigen, aus diesen entspringenden, moralischen Grundbegriffen, oder in einem anderen Erkenntnisgrunde?"*

Schopenhauer bewarb sich mit einer umfangreichen Schrift zur „Grundlage der Moral" als einziger Bewerber um diesen Preis. Man sollte jetzt glauben, dass bei diesen Voraussetzungen die Chancen nicht schlecht standen, als Gewinner aus dem Rennen hervorzugehen. Doch die Gesellschaft der Wissenschaften weigerte sich, seine Schrift auszuzeichnen. In der knappen Stellungnahme heißt es:

> *„Wenn aber der Verfasser versucht, die Grundlage der Moral in dem Mitleide nachzuweisen, so hat er uns weder durch die Form seiner Abhandlung befriedigt, noch auch in der Sache die Grundlage als ausreichend nachgewiesen: vielmehr sich genötigt gesehen, selbst das Gegenteil einzugestehen. Auch kann nicht verschwiegen werden, daß mehrere hervorragende Philosophen der Neuzeit so unziemlich erwähnt werden, daß es gerechten und schweren Anstoß erregt."*

Um es deutlicher auszudrücken, hatte Schopenhauer das Thema verfehlt, eine fehlerhafte Ableitung verfasst und dann auch noch in einem Ton über die besten philosophischen Kollegen hergezogen, dass man einem solchen Griesgram beim besten Willen keine Medaille verleihen wollte.

Tatsächlich kommt Schopenhauers Text weniger als wissenschaftliche Ausführung daher, sondern als das Lamentieren eines schlecht gelaunten Rentners, der mit dem Krückstock droht und die Autofahrer am Zebrastreifen anpöbelt. Kant bekommt diese Verwünschungen ebenso zu spüren wie die Vertreter der griechischen Stoa. Doch interessanter als das „Wie“ im Aufsatz von Schopenhauer ist das „Was“, vor allem, wenn es um die Tiere und den Tierschutz geht.

Darin nimmt er seinen Ausgangspunkt beim „Kategorischen Imperativ“ Kants. Danach müsse man sich so verhalten, dass die Maxime, also der Grundzug des Verhaltens, zur Basis einer allgemeinen Gesetzgebung gemacht werden könne. Dies aber, so meinte Kant, gelte nur innerhalb der menschlichen Gesellschaft:

„Der Mensch kann keine Pflicht gegen irgendein Wesen haben, als bloß gegen den Menschen. [...] Die grausame Behandlung der Thiere ist der Pflicht des Menschen gegen sich selbst entgegen; weil sie das Mitgefühl an ihrem Leiden im Menschen abstumpft, wodurch eine der Moralität im Verhältniß zu anderen Menschen sehr diensame, natürliche Anlage geschwächt wird.“

Schopenhauer wetterte demgegenüber:

„Also bloß zur Übung soll man mit Thieren Mitleid haben, und sie sind gleichsam das pathologische Phantom zur Uebung des Mitleids mit Menschen. Ich finde, mit dem ganzen nicht islamisierten (d.h. nicht-judaisierten) Asien, solche Sätze empörend und abscheulich. Zugleich zeigt sich hier abermals, wie gänzlich diese philosophische Moral, die, wie oben dargelegt, nur eine verkleidete theologische ist, von der biblischen abhängt [...] Pfui!“

Er konnte es nicht ertragen, dass Kant den Tierschutz aus dem Interesse des Menschen ableitete, sich insgesamt anständig zu verhalten. Dessen Vorstellung, dass Tierquälerei dazu führen könnte, den Menschen verrohen zu lassen, stand im Gegensatz zu Schopenhauers

Auffassung des „pathozentrischen Tierschutzes“, der das Tier um des Tieres Willen vor Leiden behüten wollte.

Dass Kant die Tiere aus der Moralphilosophie ausschloss, regte Schopenhauer so auf, dass er formulierte:

> *„Dass die vernunftlosen Wesen (also die Tiere) Sachen wären und daher auch bloß als Mittel, nicht zugleich als Zweck behandelt werden dürfen, beleidigt die echte Moral.“*

Stattdessen formuliert er seine Mitleidsethik:

> *„Neminem laede; imo omnes, quantum potes, juva! – Schädige niemanden, sondern hilf allen, soweit du es vermagst.“*

Als „echte Moral“ empfand Schopenhauer die Grundsätze des Buddhismus, der Mitleid als wesentlichen Grundpfeiler seiner Weltanschauung beinhaltet. Im Buddhismus, so meinte er, sei nicht die Abgrenzung von anderen wesenstypisch, sondern das sich Wiedererkennen in ihnen. Deshalb sei der Buddhist grundsätzlich der Freund und nicht der Gegner seiner Mitgeschöpfe. Doch so rührend Schopenhauer im Eintreten für die Tiere wirkte, so schwierig war er im Umgang mit seiner eigenen Spezies.

So bezeichnete der Philosoph – nachdem er zweimal einen Korb bekommen hatte – die Frauen als das „zurückstehende“, das „unästhetische“ Geschlecht. In Anbetracht seines eigenen Aussehens erkennen wir in solchen Worten einen verbitterten Sonderling, dem das Leben widerlich war und der sich deshalb auf die gleiche Stufe mit den Tieren stellte. Manchmal versuchen wir durch den Einsatz für Schwächere selbst stärker zu werden.

Für Schopenhauer waren die Tiere aufgrund ihrer Empfindungsfähigkeit Teil seines Moralsystems. Sein „pathozentrischer Tierschutz“, der Tiere aufgrund ihrer Leidensfähigkeit schützen wollte und nicht nur als Spiegel menschlicher Tugend sah, wurde zur Leitlinie aller Tierschutzvereine und schließlich zum Maßstab der Tierschutzgesetze in

Deutschland. Schopenhauer hat diese Entwicklung nicht mehr erlebt. Es blieb anderen Verehrern des Buddhismus überlassen, Anfang der 1930er-Jahre seine Ideen in die Tat umzusetzen. Doch davon später.

Unter dem Einfluss Schopenhauers entwickelte sich zunächst eine deutsche Bewegung von Tierschutz- und Vegetariervereinen.

Der Pfarrer Eduard Baltzer (1814–1887) gründete beispielsweise 1867 den „Deutschen Verein für naturgemäße Lebensweise (Vegetarianer)", der das Credo verkündete, nur eine „blutlose Ernährungsweise" ebne den Weg zu ethischer Reinheit, persönlichem Glück und soziokultureller Harmonie. Baltzer vertrat dabei die Auffassung, das Gebiss des Menschen signalisiere, dass er von Natur aus ein „Frutarier" sei. Unglücklicherweise trat der bedeutendste Arzt der damaligen Zeit, der Chirurg und Anthropologe Rudolf Virchow (1821–1902), dieser Auffassung entgegen und empfahl eine Mischernährung unter Einschluss von Fleisch und Fisch. So erzielte Baltzer keine besondere Breitenwirkung. Sein Verein kam über 400 Mitglieder nicht hinaus.

Ähnlich erging es dem Autor der vegetarischen Schrift „Pflanzenkost" Gustav von Struve (1805–1870) und den Frutariern Gustav von Schlickeysen (1843–1893) und August Engelhardt (1875–1919). Letzterer wollte in der Südsee eine alternative Nudistenkommune unter dem Titel „Sonnenorden" gründen, deren Mitglieder sich ausschließlich von Kokosnüssen ernähren sollten. Sein früh beendetes Leben, er starb schon mit 43 Jahren, diente als Romanvorlage für Christian Krachts „Imperium".

Insgesamt blieben vegetarische Zusammenschlüsse bis in das 20. Jahrhundert hinein alternative Nischenprojekte für die bürgerliche und adlige Oberschicht. Immerhin schlossen sich 1892 die einzelnen Organisationen zum Deutschen Vegetarierbund in Leipzig zusammen. 1908 kam es schließlich zur Gründung der Internationalen Vegetarier-Organisation. Diese erste Verbreitung vegetarischer Gedanken fällt in eine Zeit nie gekannter wirtschaftlicher Erfolge in Europa, in der Nahrungsmittel reichlich vorhanden und außergewöhnlich gehaltvoll waren. Vor diesem Hintergrund wundert es nicht, dass die Mitgliederzahlen vegetarischer Zusammenschlüsse nach dem Ersten Weltkrieg aufgrund der wirtschaftlichen Probleme der Weimarer Republik radikal zurückgingen. Inflation und Hunger ließen die Menschen zunächst an ihre eigene Ernährung denken und nicht an „Luxusfragen“ des Tierschutzes. Nicht umsonst dichtet Bertolt Brecht am Vorabend der Weltwirtschaftskrise 1929 in seiner Dreigroschenoper: „*Erst kommt das Fressen, dann kommt die Moral.*“

Ähnlich ging es der Generation nach dem Ende des Zweiten Weltkriegs. Wer mit ein paar Lebensmittelmarken in der Schlange steht, der freut sich, wenn er überhaupt etwas zu essen bekommt. Er fragt nicht nach der ethischen Begründung für die Gestaltung der Nahrungskette. Wen wundert es da, dass in den Fünfzigerjahren der erste Ausweis für den Erfolg des deutschen Wirtschaftswunders in der Fresswelle lag, die den Sonntagsbraten wieder zu Ehren brachte. Dennoch fällt auf, dass der Fleischkonsum im Jahr 1960 noch 30 % unter dem heutiger Tage lag. Erst mit dem nie gekannten Wohlstand des zu Ende gehenden 20. Jahrhunderts und den extrem billigen Angeboten aus Massentierhaltung wurde der Tierrechtsgedanke wieder aufgegriffen und auf die breite geistige Basis gestellt, mit der wir uns heute befassen.

Wikimedia Commons © Joel Travis Sage

Der Vorreiter der modernen Tierrechtsphilosophie Peter Singer wurde am 6. Juli 1946 in Melbourne/Australien geboren. Er lehrte in Oxford und New York, war von 1977 bis 1999 Professor für Philosophie in Melbourne und wechselte schließlich an die Universität von Princeton. In seinen Grundlagenbüchern „Animal Liberation“ und „Praktische Ethik“ vertritt Singer einen an Bentham angelegten Utilitarismus.

Nach seiner Auffassung werden Tiere einfach nur aufgrund der Tatsache diskriminiert und ausgebeutet, dass sie nicht zur Spezies Mensch gehören. Gerechtigkeit im Sinne ethischer Maßstäbe könne jedoch nicht davon abhängen, zu welcher biologischen Gattung ein Lebewesen gehört. In diesem Sinne ist für Singer, ähnlich wie bereits für Bentham, ausschließlich entscheidend, ob ein Lebewesen Schmerz empfinden kann oder nicht. Insbesondere bei Säugetieren und Vögeln gebe es dafür hinreichende Hinweise:

„Wenn ein Wesen leidet, kann es keine moralische Rechtfertigung dafür geben, sich zu weigern, dieses Leiden zu berücksichtigen. Es kommt nicht auf die Natur des Wesens an – das Gleichheitsprinzip verlangt, dass sein Leiden ebenso zählt wie das gleiche Leiden – soweit sich ein ungefährer Vergleich ziehen lässt – irgendeines anderen Wesens.“

Leitet man allerdings Rechte für Tiere ausschließlich daraus ab, dass sie leidensfähig sind, so ergeben sich einige Probleme, wenn man den Umkehrschluss zum Menschen macht. Es gibt nämlich durchaus Menschen, die überhaupt nicht leiden und sich auch nicht in irgendeiner Form artikulieren können. Schwerstbehinderte im Koma oder Embryonen könnten nach der Auffassung von Singer, wie auch schon Bentham feststellte, aufgrund der fehlenden Leidensfähigkeit aus ethischen Gründen straflos getötet werden. Gefällt einem dieses Ergebnis nicht, landet man automatisch wieder bei einer Speziesismus-Debatte, in der der Mensch anders behandelt wird als die anderen Lebewesen des Planeten. Diesen Schwachpunkt in Singers Philosophie hat der nächste bedeutende Denker der Tierrechtsbewegung erkannt.

Tom Regan, geboren am 28. November 1938 in Pittsburgh, studierte an der Universität von Virginia und lehrte von 1967 bis zu seiner Pensionierung 2001 an der North Carolina State University. Durch den Unfalltod seines Hundes kam er in Berührung mit tierethischen Fragen und veröffentlichte 1983 sein Grundlagenwerk „The Case for Animal Rights“. Regan knüpft bei der Zuerkennung von Rechten gegenüber Tieren nicht allein an deren Leidensfähigkeit an, wie Singer es tat. Vielmehr vertritt er die Auffassung, dass unabhängig von der Spezies jedem Lebewesen ein „inhärenter Lebenswert" und daraus hervorgehend auch ein „intrinsisches Lebensrecht" zustehe. Über die Leidensfähigkeit hinaus müsse man Tieren ein bestimmtes Grundbewusstsein zuerkennen, das sich aus ihrem Verhalten ableiten lasse. Das gelte freilich nicht für jedes Tier, sondern lediglich für *„höhere tierische Daseins- und Bewusstseinsformen"*.

Wikimedia Commons © SlimVirgin

Dabei entsteht allerdings das Problem, welche Tiere man als „höhere Daseinsformen" bezeichnen kann. Hat das Leben eines Frosches mehr Wert als das einer Auster? Letztlich kommt auch Regan nicht ohne eine Differenzierung anhand der Lebenswahrnehmung aus. Mit seiner Idee vom inhärenten Lebenswert vermeidet er es allerdings, in die Utilitarismusfalle von Singer zu tappen. Am besten ist das anhand eines konkreten Beispiels zu verdeutlichen:

Ein Ehepaar ist völlig allein, hat keinerlei Verwandten oder andere Sozialbindungen. Eines Tages haben die beiden während der Schwangerschaft der Frau einen Unfall. Das Kind wird auf die Welt geholt und liegt in einem komatösen Zustand. Beide Eltern versterben. Nach Singer könnte man dieses Kind töten, ohne dem utilitaristischen Ethikanspruch zu schaden. Das Kind selbst ist nicht schmerzempfindlich, die Eltern sind tot, keine anderen Menschen haben ein Interesse, das in irgendeiner Form beeinflusst werden könnte. Dieses Ergebnis vermeidet Regan durch den „inhärenten Wert" jeden Lebens. Folgerichtig gelangt er zu einem absoluten Verbot jeglicher Form der Tiernutzung, angefangen beim Fleischverzehr, über die Jagd oder das Angeln bis hin zum Tierversuch. Wir kommen später auf diese Idee und ihre Schwachpunkte zurück.

Regans System ist die aktuelle Argumentationsgrundlage aller modernen Tierrechtler. Die Journalistin Hilal Sezgin beispielsweise lebt auf einem kleinen Bauernhof in der Lüneburger Heide. Seit ihrem zwölften Lebensjahr ist sie Vegetarierin, nachdem sie eine Kuh malte. Schließlich wurde sie zur engagierten Veganerin und tritt nachhaltig dafür ein, Tieren Rechte zuzuerkennen. Ihr Buch „Artgerecht ist nur die Freiheit" wurde zu einem der Verkaufsschlager in der Tierrechtsszene. Auch sie orientiert sich an Regan. Es ist nach ihrer Auffassung nicht entscheidend, ob jemand dumm oder klug ist, begabt oder unbegabt, aktiv oder eher passiv, ein großer Künstler oder ein holzköpfiger Griesgram. Das Leben aller Menschen ist gleich viel wert. Nicht der Inhalt des Lebens ist nach dieser Auffassung entscheidend, sondern das Leben als solches.

Im Hinblick auf den Menschen möchte man dieser Auffassung gern zustimmen, auch wenn es durchaus große und entscheidende Ausnahmen von dieser Gleichberechtigung gibt. Im Krieg zum Beispiel fragen wir uns nicht, ob der Soldat auf der Gegenseite ein netter Kerl ist und das gleiche Lebensrecht hat. Ein Polizist im Einsatz kann nicht langwierig abwägen, ob das Leben des auf ihn schießenden Verbrechers vielleicht wertvoller ist als sein eigenes. Auch der Arzt, der einen Embryo abtreibt, macht sich wenig Gedanken über dessen Lebensrecht, das der Gesetzgeber im Rahmen der Fristenlösung bereits eingeschränkt hat. Dennoch ist es zunächst einmal Grundsatz, dass alles menschliche Leben gleichwertig ist.

Doch Sezgin geht weiter auf dem Pfad von Tom Regan. Nicht nur die Menschen hätten das gleiche Recht auf Leben, sondern auch alle Tiere. Tiere, so Sezgin, hätten so viele Fähigkeiten und Gaben, dass es überhaupt nicht angemessen sei, zwischen ihnen und den Menschen hinsichtlich des Lebensrechts zu unterscheiden. Das liest sich dann so:

> *„Selbst wenn wir völlig irrig versuchen würden, erfülltere Leben gegen weniger erfüllte abzuwägen, fiele die Bilanz keineswegs immer zugunsten des Homo sapiens aus. Wer sieht denn zum*

Beispiel mehr, wer verarbeitet mehr optische Informationen: ein Fliegenauge mit seinem zeitlichen Auflösungsvermögen von 250 Reizen pro Sekunde oder ein Menschenauge mit seinen 30? Wer hat denn das aufregendere Leben: Die Inhaberin einer Edelboutique oder ein Wildschwein im Wald? Wer hat im Laufe dieses Tages mehr und intensiveres Glück empfunden und mehr geleistet: Die Schwalbe, die ihren zahlreichen hungrigen Kindern zigmal Nahrung in den Schnabel gestopft hat, oder ich, die ich es gerade mal geschafft habe, meine Post zu öffnen, einen Artikel zu korrigieren und mir ein halbwegs passables Mittagessen zu kochen?"

Ob uns die Formulierung vom „glücklichen Schwalbenleben" ein Schmunzeln auf die Lippen treibt?

Sezgin liebt den Anthropomorphismus. Er durchzieht ihr gesamtes Werk und geistert durch jede ihrer vielen Podiumsdiskussionen. Doch ihre kindliche Auffassung vom Glück verträgt sich nicht mit einem etwas schärferen Blick auf die Wahrheit.

Das Glück ist mit Sicherheit eines der größten Probleme des Menschen. Es zu fühlen, es zu erleben und dann auch noch auszudrücken, hat mehr als einen Autoren in den Wahnsinn getrieben. Nicht umsonst hat Sigmund Freud die Diskussion über das Glück von Anfang an mit der Bemerkung abgetötet, es sei im Schöpfungsplan des Menschen nicht enthalten.

Glück ist ein großes Wort für eine kleine Schwalbe. Das Glück existiert in ihrem Leben nicht. Um Glück zu empfinden und nicht nur Stressfreiheit oder artentypisch vorgegebenes Verhalten, ist es nötig zu wissen, was Unglück ist. Um zu wissen, was Unglück ist, braucht es die Sprache. Erst durch die Sprache werden alle Empfindungen, Erinnerungen, äußeren Reize und inneren Vorgänge so miteinander vernetzt, dass in unserem Kopf das Wort entsteht: Glück.

Um Glück zu empfinden, bedarf es einer Vielfalt an Vorstellungen, Erinnerungen und Vergleichen unterschiedlicher Geschehnisse, die mit unserem Wohlgefühl verknüpft sind. Erinnern wir uns an unseren ersten Kuss, dann fühlen wir im Geiste die Lippen des geliebten Menschen auf den unseren. Wir erinnern uns an den Geruch des Haares und an den Namen, an die Weichheit der Haut, an die Wolken über und den Duft der Pflaumenbäume neben uns. Dann sprechen wir diese Worte aus: Kuss, Glück, Haar, Wolke, Liebe, Duft.

Die Schwalbe kennt kein Glück.

Hilal Sezgin verwechselt ihre ganz persönlichen Gefühle bei der Beobachtung der fliegenden Schwalbe mit deren Welt. Sie stellt sich vor, wie es wohl sein müsse, herumzufliegen, kleine Insekten zu schnappen und den Kindern in den Schnabel zu stopfen. Sie stellt sich vor, eine menschliche Schwalbe zu sein.

Diese Anthropomorphisierung von Tieren zieht sich seit Montaigne durch die Tierrechtsphilosophie wie ein roter Faden. Nach Auffassung der modernen Tierrechtler darf einem Tier nur in Ausnahmefällen, z. B. aus Notwehr oder im Falle eines übergesetzlichen Notstandes, ein Schaden zugefügt werden. Insofern bewegen sie sich auf der geistigen Basis von Regan. So ist der Freiburger Ethiker Jean-Claude Wolf (geb. 1953) ebenfalls der Auffassung, dass prinzipiell kein Unterschied zwischen Tieren und Menschen im Hinblick auf das Lebensrecht gemacht werden sollte. Er vergleicht gern die aktuelle Ungleichbehandlung mit der Sklavereidebatte vor 150 Jahren. Damals, so Wolf, habe man auch geglaubt, dass Sklaven keine Menschen seien und ihnen deshalb auch keine Rechte zuerkannt. Ebenso wie die Auffassung von der Sklaverei müsse sich auch die Beziehung zum Tier in der modernen Gesellschaft ändern.

Ähnlich, allerdings weniger philosophisch, sondern mehr tierrechtsaktionistisch, argumentieren PETA und Animal Peace. Die Rechtsgleichheit von Tier und Mensch wird von diesen Organisationen gern auch sprachlich unterstrichen, wenn von *„menschlichen und nichtmenschlichen Tieren"* die Rede ist.

Die Gründerin des Vereins People for the Ethical Treatment of Animals – PETA – Ingrid Newkirk bringt es auf die klare und eindeutige Formel:

„Tierbefreier bekämpfen die Sonderrolle des menschlichen Tiers, es gibt also keine rationale Basis dafür, zu behaupten, der Mensch hätte Sonderrechte.

Eine Ratte
ist ein Schwein,
ist ein Hund,
ist ein Junge.
Sie sind alle Säugetiere."

In der Gleichbewertung von Tieren und Menschen scheut sich PETA auch nicht vor den extremsten Beispielen: So heißt es in einer aktuellen Meldung:

„In der Vergangenheit waren viele Begebenheiten legal, die aus heutiger Sicht grausam und falsch sind. Es war falsch, Hexen zu verbrennen. Es war falsch, Sklaven zu halten. Es war falsch, Juden zu töten. Genauso falsch ist es, dass jedes Jahr (allein in Deutschland) über 1.000.000.000 Tiere für die Fleischindustrie getötet werden."

In einer solchen ethisch-moralischen Gleichstellung von Tier und Mensch liegt die Basis der aktuellen Tierrechtsdebatte. Haben Sie bei diesem Zitat ein ungutes Gefühl? Ich auch.

Bevor wir uns aber mit diesen Inhalten befassen, wollen wir von der Tierphilosophie einen Ausflug zur weltanschaulichen Schwester machen, zur Religion.

Petri Heil und Osterlamm

Mit einem Augenzwinkern kann man Jesus von Nazareth als den Begründer der Nahrungsmittelüberproduktion bezeichnen.

Wir blicken in das Jahr 20, in die Provinz Galiläa, in den hintersten Winkel des römischen Imperiums. Auf dem Papier herrscht hier Herodes Antipas, ein jüdischer König. Tatsächlich aber wird die Macht von den Römern ausgeübt, die regelmäßig Präfekten nach Palästina entsenden, Steuern und Zölle erheben und einen Großteil der Verwaltung übernehmen. Niemand reißt sich um diesen Job, denn Rom ist weit und Palästina bevölkert von aufsässigen und streitlustigen Menschen, die sich mit der römischen Besatzung nicht abfinden können. Sie alle träumen vom Messias, einer Lichtgestalt, die ihr Volk befreien und das Reich Gottes bringen wird.

Unser Besuch gilt dem See Genezareth, südwestlich der Golanhöhen. Ein junger Zimmermann ist gerade aus seiner Heimat Nazareth nach Kapernaum, einem kleinen Dorf am Seeufer, gezogen. Zu diesem Zeitpunkt ist er schon ein erfahrener Lehrer und Prediger, der die Menschen in Massen anzieht und für seine neuen, bahnbrechenden Ideen von Liebe und Vergebung begeistern kann. Der Reichtum dieser Gegend muss ihn beeindruckt haben, die Olivenhaine, Viehherden und die Weite des Sees. Seine Heimat liegt mitten zwischen Felsen, Wüste und Ödnis, entsprechend arm sind die Leute dort. Hier aber sind die Menschen so wohlhabend, dass sie mithilfe des örtlichen Stadtkommandanten eine große Synagoge bauen konnten, die nicht mit dem ortsüblichen dunklen Vulkangestein, sondern mit schneeweißem Marmor verkleidet ist. Sie steht noch heute. Fischfang und Landwirtschaft bestimmen das Denken der Menschen seit Hunderten von Jahren und so wundert es nicht, dass der Mann aus Nazareth die ersten Bekanntschaften mit seinen Nachbarn schließt, indem er ihre Sorgen um Fisch und Brot teilt.

Jesus begegnet am Seeufer einem Fischer namens Simon. Er bittet ihn, mit seinem Boot ein Stück hinauszufahren, damit er zu der Menge am Ufer sprechen kann, die auf seine Worte wartet. Als Jesus seine Predigt beendet hat, redet er seinem neuen Freund zu, noch einmal hinaus ins tiefe Wasser zu fahren und dort seine Netze auszuwerfen. Der Fischer ist zwar unwillig, die Persönlichkeit des Predigers stimmt ihn aber um:

„Meister, wir haben die ganze Nacht gearbeitet und nichts gefangen; aber auf Dein Wort will ich die Netze auswerfen." (Lukas 5;5)

Er fährt hinaus auf den weiten, von Bergen umgebenen See. Der Evangelist Lukas schreibt dann, dass Simon und seine Gefährten Jakobus und Johannes eine riesige Menge Fische fingen, sodass die Netze rissen und die Fischer ihre Boote bis an den Rand füllen konnten. Einige Zeit später predigt Jesus vor einer riesigen Menschenmenge von ungefähr 5.000 Zuhörern. Natürlich sind die Zahlenangaben der Antike nicht sonderlich verlässlich. Es ist kaum anzunehmen, dass in der abgelegenen Bergregion so viele Gläubige zusammenkamen. Doch es soll reichen, dass eine wirklich große Anzahl von Menschen den Nazarener hören wollte.

Als er am Ende seiner Worte angekommen ist, befiehlt Jesus seinen Jüngern, die Gläubigen mögen sich setzen und etwas zu essen bekommen. Aber es sind nur fünf Brote und zwei Fische vorhanden, viel zu wenig für alle. Und doch vervielfältigt sich die Speise unter dem Segen des geheimnisvollen Predigers auf wunderbare Weise. Es werden nicht nur alle satt, sondern es kann auch aufgesammelt werden, was überbleibt und das passt in 12 Körbe (Lukas 9;10–17; Matthäus 14;13–21; Markus 6;31–44; Johannes 6;1–13).

Selbstverständlich verbirgt sich in diesen Berichten, die nicht nur von den drei Synoptikern Lukas, Markus und Matthäus überliefert sind, sondern auch durch Johannes sehr bildlich skizziert werden, kein Hang des Mannes aus Nazareth, mit natürlichen Ressourcen verschwenderisch umzugehen. Die prall gefüllten Netze und vollen

Körbe stehen vielmehr für die gnädige Hand Gottes, die den Gläubigen belohnt. Die gleiche Hand heilt Kranke, erweckt Tote zum Leben und verwandelt Wasser in Wein.

Das Wunder ist ein Mittel, das Jesus wählt, um die Gnade Gottes anschaulich zu machen, den Menschen aber die Freiheit zu lassen, sich für oder gegen ihn zu entscheiden. Selbstverständlich könnte der Messias die Gedanken der Gläubigen leicht durch seine Macht in jede Richtung lenken, die ihm richtig erscheint. Doch das wäre keine freie Überzeugung, sondern Unterwerfung und damit kein wahrer Glaube. Das Wunder ist der Schlüssel zu den Herzen der Menschen.

Doch welche Wunder wählt Jesus? Er entscheidet sich nicht dafür, eine Kriegsmaschine heraufzubeschwören, mit der er die Römer verjagt. Er wählt mit Bedacht Wunder aus, die von den Menschen verstanden werden, da sie Teil ihrer Lebensgestaltung sind. Damit zeigt er sich nicht nur als Verkünder Gottes, sondern ebenso als ein Mensch, der mitten in der Gesellschaft seiner Zeit lebt, denkt und fühlt.

Das Essen von Tieren war ebenso wie das Trinken von Wein für den Nazarener Teil seiner Kultur und ihr Genuss war dankbares Annehmen der Reichtümer, die Gott den Menschen gegeben hatte.

> *„Euer Vater weiß, was ihr braucht, noch ehe ihr ihn bittet."*
> *(Matthäus 6;8)*

Da wäre es eine Missachtung der Gaben Gottes gewesen, wenn sein eigener Sohn den Gläubigen bestimmte Geschenke der Natur verboten hätte. Nicht von ungefähr gibt es aus dem Munde Jesu kein einziges Speiseverbot. Im Gegenteil, bei Matthäus 15;11 spricht er zur Gemeinde:

> *„Was zum Mund hineingeht, das macht den Menschen nicht unrein; sondern was aus dem Mund herauskommt, das macht den Menschen unrein."*

Der Sohn Gottes steht so in der Mitte seiner Zeit, dass er auch seine Gleichnisse, mit denen er seinen Glauben erklärt, speziell für seine

Zuhörer auswählt. Prall und farbig schildert er, wie seine Gemeinde den Alltag meistert und dabei alle Herausforderungen des ganz normalen Lebens bestehen muss. Jesus ist kein Freund abstrakter Schilderungen. Die Saat geht nicht auf oder der Weinberg trägt keine Früchte, all das sind Probleme, die seine ländlichen Zuhörer bestens kennen. Während er unter ihnen sitzt, ist er selbst Fischer, Schafhirte oder Weinbauer. Auf diese Weise gelingt es ihm, Liebe und Hass, Zuneigung und Abscheu, Schuld und Vergebung zu erklären.

So vergleicht Jesus das Jüngste Gericht an der Pforte zum Himmelreich mit einem Netz, das ins Meer geworfen wurde und Fische alle Art fängt:

> *„Wenn es aber voll ist, ziehen sie es heraus an das Ufer, setzen sich und lesen die Guten in Gefäße zusammen, aber die Schlechten werfen sie weg." (Matthäus 13;47–48).*

Ganz offensichtlich war Jesus klar, dass er, um seine Mitmenschen zu berühren, auch deren Sprache sprechen und ihr Leben widerspiegeln musste. Heute würde man sagen, dass er seine Zuhörer „emotional abgeholt hat".

Doch hinter der Wahl stilistischer Mittel steht mehr als ein Marketingtool. Können Sie sich jemanden vorstellen, der seine Zuhörer von einem besseren Leben überzeugen will und dazu Beispiele bringt, die seinen eigenen Ideen widersprechen? In der Wahl der Gleichnisse liegt auch eine Darstellung der eigenen Lebenswelt des Jesus von Nazareth. Nirgendwo wird das deutlicher als beim Gleichnis vom verlorenen Sohn (Lukas 15;11–25). Dieser lässt sich bekanntlich seinen Erbteil vom Vater auszahlen und geht hinaus in die Welt, während seine Brüder treu und brav daheim bleiben und der Familie helfen. Nach einigen Jahren kehrt der Sohn zurück und hat nicht gerade eine Erfolgsgeschichte zu vermelden. Das Geld ist weg, ein Leben hat er sich damit nicht aufgebaut, sondern alles verprasst. Er hat nicht geheiratet, keine Kinder, kein Hab und Gut. Er ist ein Versager. Der Vater aber kann seine Freude über die Rückkehr des Sohnes kaum fassen und befiehlt den Knechten:

„Bringt das gemästete Kalb und schlachtet's; lasst uns essen und fröhlich sein!"

In keinem Gleichnis wird deutlicher, dass für Jesus Fleisch ein Genussmittel ist, das Freude machen soll und deshalb mit Dankbarkeit gegen das Schicksal angenommen wird. Ganz bewusst legt er dem glücklichen Vater nicht Worte wie diese in den Mund: „So, so, da bist Du wieder. Hier ist noch etwas von der Gemüsesuppe von gestern. Setz Dich her und erzähle, was Du so gemacht hast."

Nein, es muss ein Braten her, ein großer, ein teurer! Der Vater will zeigen, was ihm sein Sohn wert ist. Und alle Verwandten und Freunde sollen an dieser Freude teilhaben. Das Kalb wird hier zu einem Opfer an die Dankbarkeit, zu einem Festessen. Der Tod des Tieres krönt das Leben der Menschen.

Was auch immer man für ein Bild von Christus haben möchte, er ist kein sauertöpfischer Schulmeister und moralinsaurer Verbotsfreund. Er liebt die Menschen und verkündet ihnen auch die Liebe seines Vaters. Seine Gleichnisse sind voll Lebensfreude und dazu gehört für ihn das Bewusstsein, dass sich Leben und Tod abwechseln und wir nur durch die Gnade Gottes wirkliche Seligkeit erlangen können. Der Tod ist für einen solchen Menschen ohne Schrecken, beträfe er Mensch oder Tier.

Das ändert nichts an der Angst vor dem Sterben. So sehen wir Jesus im Garten von Gethsemane:

„Und er ging nach seiner Gewohnheit hinaus an den Ölberg. Es folgten ihm aber auch die Jünger. Und als er dahin kam, sprach er zu ihnen: Betet, damit ihr nicht in Anfechtung fallt! Und er riss sich von ihnen los, etwa einen Steinwurf weit, und kniete nieder, betete und sprach: Vater, willst du, so nimm diesen Kelch von mir; doch nicht mein, sondern dein Wille geschehe." (Lukas 22;39–46).

Jesus meint dabei nicht das Scheiden von der Erde, den Tod, der nichts Schreckliches für ihn hat, sondern ihm den Schlüssel in das

Reich seines Vaters verschafft. Seine Angst gilt einer der schrecklichsten Foltern dieser Zeit, dem stundenlangen Hängen am Kreuz. Er ist nur ein Mensch.

Doch vor diesem Gebet im Garten von Gethsemane versammelt sich Jesus mit seinen Jüngern und isst mit ihnen das Passalamm. Er bricht das Brot, teilt den Wein und weiß, dass er in kurzer Zeit nicht mehr unter denen ist, die ihm am nächsten sind. So sitzen sie zusammen und essen und Jesus eigenes Leben verschmilzt mit dem Lamm, das sie zusammen bereitet haben.

© Renáta Sedmáková – fotolia.com

Über dieses Osterlamm ist viel geschrieben worden und vegane Pastoren haben sich redliche Mühe gegeben, den Beweis zu führen, dass Jesus dieses Lamm gar nicht selbst gegessen, ja überhaupt kein Fleisch verzehrt habe. Der ehemalige evangelische Pfarrer Dieter Potzel veröffentlichte beispielsweise in der Onlinezeitschrift „Der Theologe Nr. 7" eine wilde Flut angeblich authentischer Dokumente, denen zufolge Jesus und seine Jünger Vegetarier gewesen sein sollen. Dabei soll es sich um ein „Evangelium der Zwölf" und um ein „Evangelium Jesu", ein „Friedensevangelium der Essener" und andere Schriften handeln, die von der Kirche später zerstört oder hintertrieben wurden, um den veganen Jesus publizistisch auszutilgen. Potzel zitiert beispielsweise aus einem nicht näher belegten „Prophetischen Wort" die „Christusoffenbarung, die die Welt nicht kennt":

„Wer unschuldiges Blut vergießt, wer Fleisch verzehrt, der ist unbarmherzig und wird an sich selbst seine Unbarmherzigkeit zu erdulden haben."

Dem gegenüber liefert uns der Evangelist Lukas den folgenden, sehr deutlichen Text:

„Und als die Stunde kam, da setzte er sich nieder und die Apostel mit ihm. Und er sprach zu ihnen: Mich hat herzlich verlangt, dies Passalamm mit euch zu essen, ehe ich leide."
(Lukas 22;14–15)

Es wäre auch untypisch gewesen, wenn Jesus nicht am Passamahl teilgenommen hätte, denn dieser Ritus zählte unter den gläubigen Juden zu den wichtigsten gesetzlich geregelten Speisehandlungen, deren Nichteinhaltung bestraft wurde. Schließlich erinnerte das Passalamm an den Auszug aus Ägypten, als Gott seinem Diener Mose befahl, dass jede Familie ein Lamm schlachten, am Feuer rösten und mit dem Blut die Tür des Hauses bestreichen solle. Der Todesengel werde dann in dieser Nacht am Haus vorbeigehen. Und Gott befahl Mose:

„Und wenn ihr in das Land kommt, das euch der Herr geben wird, wie er gesagt hat, so haltet diesen Brauch. Und wenn eure Kinder zu euch sagen werden: Was habt ihr da für einen Brauch?, sollt ihr ihnen sagen: Es ist das Passaopfer des Herrn, der an den Israeliten vorüberging in Ägypten, als er die Ägypter schlug und unsere Häuser errettete." (2. Mose 12;25–27).

Das führt uns zu Jesus' Herkunft und zu den Wurzeln des jüdischchristlichen Weltbildes.

Die Beziehung von Mensch und Tier hat in der biblischen Schöpfungsgeschichte ihren Ausgangspunkt im göttlichen Herrschaftsauftrag. Gott schuf die Welt und verfügte:

„Die Menschen sollen herrschen über die Fische im Meer und über die Vögel am Himmel und über das Vieh und über alle wilden Tiere und über alles Gewürm, das auf Erden sich regt." (1. Mose 1;28)

Dieser Herrschaftsauftrag schließt aber das Töten der Tiere nicht ein. Gott verdeutlicht jedoch, was er den Menschen als Speise zudenkt:

„Und Gott sprach: Sehet da, ich habe euch gegeben alle Pflanzen, die Samen bringen, auf der ganzen Erde und alle Bäume mit Früchten, die Samen bringen, zu eurer Speise." (1. Mose 1;29)

Über die Nahrung der Tiere sagt Gott hingegen:

„Aber allen Tieren auf Erden und allen Vögeln unter dem Himmel und allem Gewürm, das auf Erden lebt, habe ich das grüne Kraut zur Nahrung gegeben." (1. Mose 1;30)

Nach diesem Schöpfungsbericht ist der Urzustand allen Lebens ein rein vegetarischer. Es gibt weder den fleischessenden Menschen noch das Raubtier. Die Welt im Urzustand ist offenbar ein Paradies. Doch alle paradiesischen Zustände haben ein paar kleine Bedingungen und Begleitklauseln. Ganz offensichtlich spielen im Garten Eden nämlich Tod, Erotik, Freiheit und Wissen keine Rolle, denn Gott beschränkt den Menschen auf den ihm zugewiesenen Raum und lässt ihn in der Unwissenheit. Auch wird Eva dem Adam nicht zum Spaß, sondern ausdrücklich als Gehilfin zur Seite gestellt. Beide sind nackt, wissen das aber nicht.

Der Garten Eden ist damit eigentlich ein unerträglich langweiliger Ort ohne Leidenschaft, Erotik, Kampf, Literatur, Musik, Kino und Theater, eben ohne alle Dinge, die wirklich Spaß machen. Ein derartiger Aufenthaltsort lässt sich nur ertragen, wenn den Bewohnern das Bewusstsein fehlt.

Um diesen „glücklichen" Zustand zu erhalten, verbietet Gott den Menschen die Früchte eines ganz bestimmten Baumes:

„Und Gott der Herr gebot dem Menschen und sprach: Du darfst essen von allen Bäumen im Garten, aber vom Baum der Erkenntnis des Guten und Bösen sollst du nicht essen, denn an dem Tage, da du von ihm isst, musst du des Todes sterben." (1. Mose 2;16–17)

Wie die Geschichte ausgeht, das wissen wir. Erst mit dem Sündenfall kommt also der Tod in die Welt, das Töten, das Fleisch, jedoch auch die Erotik, die Leidenschaft – das Abenteuer Leben. Machen wir uns nichts vor: Im Garten Eden war es stinklangweilig.

Nach dem Auszug aus dem Paradies wird das Verhältnis des Menschen zu den Tieren ein wenig unübersichtlich, um nicht zu sagen widersprüchlich. Adam und Eva tragen Kleider aus Fellen (1. Mose 3;21). Man könnte deshalb davon ausgehen, dass Gott Tiernahrung erlaubt habe. Auch der Hinweis Gottes, dass die Menschen den Schlangen den Kopf zertreten werden, spricht für eine Erlaubnis, Tiere zu töten (1. Mose 3;15). Zuletzt deutet der Beruf von Abel, der bekanntlich Hirte wird, auf eine umfassende Naturnutzung hin. Außerdem opfert Abel Gott ein Tier seiner Herde und Gott nimmt dieses Opfer wohlgefällig an, anders als die Ackerfrüchte des Bruders Kain, der daraufhin seinen Mitbewerber um die Gunst Gottes erschlägt (1. Mose 4;4).

In diesem Sinne besteht der Kampf ums Überleben bereits, den Mensch und Natur während der kommenden Jahrtausende ausfechten werden. Es ist jedoch noch keine Rede davon, dass dem Menschen auch Tiere zur Nahrung gegeben werden. Diese ausdrückliche Berechtigung erkennt Gott erst nach der Sintflut den überlebenden Kindern Noahs zu:

„Und Gott segnete Noah und seine Söhne und sprach: Seid fruchtbar und mehret euch und füllet die Erde. Furcht und Schrecken vor euch sei über allen Tieren auf Erden und über allen Vögeln unter dem Himmel, über allem, was auf dem Erdboden wimmelt, und über allen Fischen im Meer, in eure Hände seien sie gegeben.

Alles, was sich regt und lebt, das sei eure Speise; wie das grüne Kraut habe ich's euch alles gegeben.

Allein esset das Fleisch nicht mit seinem Blut, in dem das Leben bewahrt ist." (1. Mose 9;1–4)

Das Tier ist ausdrücklicher Bestandteil dieses Bundes zwischen Gott und den Menschen:

„Siehe, ich richte mit euch einen Bund auf und mit euren Nachkommen und mit allem lebendigen Getier bei euch, an Vögeln, an Vieh und an allen Tieren des Feldes bei euch, von allem, was aus der Arche gegangen ist, was für Tiere es sind auf Erden."
(1. Mose 9;9–10)

Seit Arthur Schopenhauer hat dieser Abschnitt der Bibel alle Tierrechtler bis aufs Mark gequält. Aus diesem Grund hat es auch nie an Versuchen gemangelt, den Herrschaftsauftrag Gottes umzudeuten, zu relativieren oder schlicht in Abrede zu stellen. So hält beispielsweise die Leitung der Nordelbischen Kirche in ihren „Texten zur Tierethik" den Herrschaftsauftrag lediglich für ein *„Zugeständnis an die herrschenden Realitäten des menschlichen Handelns."*

Eine solche Auslegung ist allerdings mehr als mutig, denn es wäre der einzige Teil der Bibel, in dem Gott seine grundlegenden Anweisungen als „Zugeständnis" an die Menschen und ihre Realität verstanden haben soll. Mit gleicher Berechtigung könnte man die zehn Gebote als Zugeständnis an die menschlichen Realitäten auffassen.

Ebenso mutig ist der Hinweis auf den späteren „Schöpfungsfrieden" (Jesaja 11;6–9; Ezechiel 34;25–28; Römer 8;18–25):

„Da werden die Wölfe bei den Lämmern wohnen und die Panther bei den Böcken lagern. Ein kleiner Knabe wird Kälber und junge Löwen und Mastvieh miteinander treiben."

Der Theologe Grosse vertritt dazu die Auffassung, dass diese Vision des göttlichen Friedens vom Menschen als „Zeichen" durch sein reales Handeln vorwegzunehmen sei. Mit anderen Worten soll der Mensch sich so verhalten, als gebe es das himmlische Reich bereits. Diese Ansicht überrascht deshalb, weil sich die Vision des Schöpfungsfriedens ausdrücklich auf das Erscheinen des Messias bezieht, also auf ein zukünftiges Ereignis, das allein von Gottes Gnade abhängt. Ganz offensichtlich hatte Grosse so seine Probleme mit den „menschlichen Realitäten".

Jesus hatte solche Probleme nicht. Er verlangte von seinen Erdenbrüdern nicht, das Reich Gottes vorwegzunehmen. Im Gegenteil, er verstand sich als der Gott der Lebenden mit all ihren Bedürfnissen und nicht als ein vorweggenommenes Jenseits. Geselligkeit, Feiern, Freude, Wein, ja sogar Überfluss waren für Jesus Teil des Menschseins.

Ebenso undogmatisch wie er selbst waren seine Nachfolger, die Apostel, wenn es ums Essen ging. So beschränkt sich die Apostelversammlung von Jerusalem darauf, den Gläubigen den Verzehr von Blut zu verbieten (Apostelgeschichte 15, 28, 29) und steht damit in der Tradition der Mosaischen Gesetze.

Zu keinem Zeitpunkt hat sich in der christlichen Kirche eine Tendenz durchzusetzen vermocht, die das Essen von Tieren ablehnte. Lediglich der Kirchenvater Hieronymus (347–420) vertrat in seiner Polemik „Adversus Jovinianum" die Auffassung, dass in der Schöpfungsgeschichte die beiden Urmenschen Adam und Eva nur von Früchten gelebt hätten. Diese Form der Nahrung sei deshalb dem Tier vorzuziehen. Um sich der paradiesischen Vollkommenheit zu nähern, solle sich der Mensch folglich auf vegetarische Nahrungsmittel beschränken:

„Wenn Du vollkommen sein willst, so ist es gut, keinen Wein zu trinken und kein Fleisch zu essen."

Doch Hieronymus argumentierte nicht aus Tierliebe. Der Kirchenvater sah im Fleisch vielmehr etwas *„Stinkendes und Unreines"*, das sich der Mensch in den Mund stopfte. Ganz offensichtlich war für ihn der Gedanke einer höheren Reinheit ausschlaggebend, wenn es um den Vegetarismus ging. Das wird deutlich, wenn man seine Sexuallehre betrachtet. Während sein Gegner Jovinian (340–405) keinen Wertunterschied zwischen Jungfrauen und Ehefrauen machte, sah

Hieronymus in der Virginität einen gleichfalls paradiesischen Zustand, den man durch sexuelle Entsagung zurückgewinnen solle. Der Glaube an die Askese, die Fähigkeit, die eigene Lust zu bezwingen, durchdringt alle vegan ausgerichteten Weltanschauungen. Wir haben das bereits bei Pythagoras und Buddha gesehen. Und tatsächlich ist dieser Gedanke plausibel: Nimmt der Mensch die besonders energie- und genussreiche Fleischnahrung zu sich, so wächst seine Lebenskraft und er bindet sich in besonderer Weise an das Diesseits. Er verstärkt seine Energien im Hier und Jetzt, wobei er sich doch nach Auffassung der Asketen auf das Jenseits oder das Nichts vorbereiten sollte.

Eine vergleichbar asketische Lebensauffassung vertrat jedoch weder Jesus noch sein wichtigster Apostel Paulus.

Paulus stammte aus Tarsus in Kilikien, wo er circa 10 n. Chr. als Sohn streng pharisäischer, jüdischer Eltern unter dem Namen Saulus geboren wurde. Da er das römische Bürgerrecht geerbt hatte, konnte er in die römische Provinzialverwaltung eintreten. In dieser Funktion führte er nach seiner Ankunft in Jerusalem wütende Verfolgungsaktionen gegen die Christen durch. Mit dem Wunsch, die dortige Gemeinde auszurotten, machte er sich um 34 n. Chr. nach Damaskus auf, wurde jedoch vor den Stadttoren durch eine Christuserscheinung bekehrt. Von da an entwickelte er sich zum führenden Missionar der urchristlichen Kirche, der allein 30.000 Kilometer Strecke durch den gesamten Ostmittelmeerraum zu Fuß zurücklegte. Durch seine berühmten Gemeindebriefe und die rastlose Missionstätigkeit als Wanderprediger trug er vornehmlich dazu bei, den Einfluss des Christentums in Griechenland auszudehnen.

58 n. Chr. wurde er in Jerusalem verhaftet, schließlich nach Rom gebracht und 67 n. Chr. dort zu Tode gefoltert.

Paulus fasst das Bekenntnis zu den Gaben Gottes wie folgt zusammen:

„Denn alles, was Gott geschaffen hat, ist gut und nichts ist verwerflich, was mit Danksagung empfangen wird, denn es wird geheiligt durch das Wort Gottes und das Gebet.“ (Timotheus 4;4)

Die Schöpfung ist demnach ein Geschenk Gottes und derjenige, der diese Gabe ausschlägt, ist undankbar und damit ein Ketzer. Doch die Großzügigkeit, das von Gott Gegebene zu genießen, schränkt Paulus in dem Moment wieder ein, wenn es um die gegenseitige Rücksichtnahme geht:

„Denn wenn Dein Bruder wegen einer Speise betrübt wird, so handelst Du nicht mehr gemäß der Liebe. Verdirb durch Deine Speise nicht den, für den Christus gestorben ist. […] Es ist gut, nicht Fleisch zu essen noch Wein zu trinken noch etwas zu tun, woran Dein Bruder Anstoß nimmt.“ (Römer 14;15, 21)

Dieses Zitat dürfen wir allerdings nicht als Aufruf zur Askese missverstehen. Paulus bewertet offensichtlich Wein und Fleisch als besonders kostbare und luxuriöse Lebensmittel. Für ihn gilt deshalb das Prinzip der Liebe und des Ausgleichs. Stellen Sie sich vor, Sie säßen mit einem Freund oder Arbeitskollegen gemeinsam im Restaurant. Wenn Sie wissen, dass dieser knapp bei Kasse ist, dann gehört es einfach zum guten Benehmen, nicht das teuerste Gericht vor seinen Augen zu verschlingen, während er vor einem Glas Mineralwasser sitzt. Es mag ein wenig simpel klingen, doch die einfache Botschaft des Paulus lautet: „Seid nett zueinander, wenn ihr am gleichen Tisch sitzt.“

Nahrung und gemeinsames Essen sind intime Momente im Leben der Menschen. Man ist sich nahe, man schaut dem anderen auf den Mund, man teilt dessen Vorlieben oder stößt auf seine Ablehnung.

Gerade in dieser Zeit des Miteinanders muss man auf den anderen Rücksicht nehmen.

Paulus verdeutlicht das an einer anderen Stelle:

„Wer isst, der verachte nicht den, der nicht isst; und wer nicht isst, der richte nicht den, der isst; denn Gott hat ihn angenommen." (Römer 14;3)

Dieser Satz sollte unausgesprochen über jedem Küchentisch hängen und zwar für Fleischfreunde und Veganer. Wir sollten nämlich nicht vergessen, dass vor wenigen Jahrzehnten Anhänger der Pflanzenkost in fast jedem Restaurant etwas verständnislos angeglotzt wurden.

„Wie, kein Fleisch!?"
„Ja, haben Sie denn nichts anderes als Steaks?"
„Bouletten sind noch da."

Heute müssen eher die Tofufreunde einen Gang herunterschalten, um den Frieden am Tisch zu wahren. Essen und Trinken sind ähnlich intime Dinge wie Liebe und Erotik und so soll man den anderen nicht schulmeistern und über seine „Leichensuppe" spotten.

© jorisvo – fotolia.com

Diese Erkenntnis der gegenseitigen Rücksichtnahme führt uns von Paulus zu Augustinus, dem Kirchenvater des frühen Mittelalters.

Augustinus Aurelius (354–430) studierte in Madaura und Karthago, wurde dort Lehrer für Rhetorik und Philosophie, wechselte 383 nach Rom und schließlich nach Mailand. Sein grundlegendes Werk waren die sogenannten „Confessiones", in denen er einen Querschnitt durch das spätantike/frühchristliche Denken lieferte. Gemeinsam mit seinem zweiten Hauptwerk „De civitate Dei" übte dieses Literaturschaffen bedeutenden Einfluss auf die Theologie und Philosophie des Frühmittelalters aus, die letztendlich durchgehend auf seinen Erkenntnissen wurzelten.

Augustinus stellt die Brücke zwischen Paulus und Thomas von Aquin dar. Seiner Auffassung nach war der Mensch aufgrund der Erbsünde Adams und Evas überhaupt nicht zum vollständig Guten in der Lage und musste sich deshalb dem erwählenden und verwerfenden Ratschluss Gottes unterwerfen. Er schreibt in den „Confessiones" dazu:

> *„Du hast mich gelehrt, oh gütiger Vater: Den Reinen ist alles rein; aber verderblich ist es dem Menschen, wenn er durch sein Essen Anstoß gibt. […] Alles ist gut, was Du geschaffen, nichts ist verwerflich, das mit Danksagung genossen wird. Die Speise gibt uns keinen Wert bei Gott und niemand soll uns richten wegen Speise und Trank."*

Dieser einfachen Regel können wir zwei Voraussetzungen einer gelungenen Ernährung entnehmen:

Da ist zunächst die Dankbarkeit. Alles um uns herum, das aus der Erde sprießt, seien es Pflanzen oder Tiere, ist Gottes Gabe. Stopft man dieses Geschenk gedankenlos in sich hinein, so beleidigt man den Schöpfer. Stellen Sie sich vor, Ihre Mutter backt Ihnen einen Kuchen, den Sie ohne ein Wort des Dankes in sich hineinmampfen. Glauben Sie, dass da noch ein weiterer aus dem Ofen kommt? Dankbarkeit ist Achtung und Respekt vor dem Geber, Lob und Anfeuerung, auch weiterhin so nett zu sein.

Neben der Dankbarkeit steht der Genuss. Wenn wir essen, dann sollen wir uns auch daran erfreuen. Dafür sind die Möglichkeiten, uns den Tisch zu decken, zu vielfältig. Eine Kuh muss jeden Tag das gleiche Gras fressen. Jahrelang. Ein Reiher schlingt morgens, mittags und abends die gleichen glitschigen Fische herunter. Wir Menschen dagegen sind die glücklichen Gäste auf diesem Planeten, die über ihre Zunge eine ganze Welt bereisen können. Wer angesichts der wunderbaren Möglichkeiten, die uns Natur und Küche gegeben haben, jeden Tag irgendeine Packung Fertigfraß aufreißt, bei dem ist es egal, ob darin Tofu oder Industrieformfleisch steckt. Er bleibt ein küchenkulturelles Monster.

Insbesondere für den Fleischkonsum sollten Dankbarkeit und Genuss die maßgebliche Richtschnur sein. Einem Hühnchen ist es ziemlich egal, ob es nach seinem Tod in einer Burgerpresse landet oder als „Huhn Kiew" mit Geschick und Liebe zubereitet wird. Uns selbst aber sollte dieser Unterschied durchaus nicht kaltlassen, denn er ist der Schlüssel zum Genuss und zur Dankbarkeit. Fast Food ist einfach unhöflich gegenüber dem lieben Gott.

Von Augustinus haben wir also gelernt, dass die Auswahl der Nahrung uns bei Gott keine Punkte einbringt oder kostet, sofern wir damit genussvoll und dankbar umgehen. Damit unsere Ernährung nicht zur gedankenlosen Selbstverständlichkeit wird, war es für den spirituellen Menschen normal, zu bestimmten Zeiten auf bestimmte Nahrung zu verzichten. Unter diesem Aspekt spielte der Fleischverzicht bei Mönchen während der Fastenzeit eine besondere Rolle. Der Grund dafür lag abermals nicht in einem besonderen Mitgefühl mit der Kreatur, die ja getötet werden musste, um gegessen zu werden. Es ging den Gläubigen vielmehr darum, durch Askese, also durch Entsagung irdischer Genüsse, näher zu Gott und damit zum Seelenheil zu finden. Die Askese des Fleischverzichts sollte nichts anderes sein als das Nachempfinden des Opfers Jesu Christi. Man gab den eigenen Körper zumindest teilweise auf, um damit dem Heiland nahe zu sein.

Allerdings dürfen wir uns das Fasten nicht zu streng vorstellen. Ganz Europa war im Mittelalter übersäht mit Teichen, die von den Klöstern angelegt worden waren, um in der Fastenzeit einen genussreichen Fischvorrat nutzen zu können. Auch Käse war für den Übergang erlaubt. Ein Großteil der Fratres dürfte unter kulinarischen Aspekten

kaum gemerkt haben, dass sie Gott ein asketisches Opfer bringen sollten. Das galt so ziemlich für alle Orden des Mittelalters.

Sogar der Lieblingsvegetarier aus der katholischen Kirche, Franz von Assisi (1181–1226), bekennt sich vor Gott schuldig, während des Fastens heimlich Bohnen mit Speck gegessen zu haben.

Der große Tierfreund, der bekanntlich den Vögeln predigte, schämte sich nicht etwa deshalb, weil sein Konsumverhalten das Leben eines Schweins gekostet hatte, er meinte vielmehr, sich durch die Freude am Essen von den Qualen Jesu Christi und der Askese seiner Mitbrüder entfernt und sie dadurch beleidigt zu haben. Außerdem betrachtete er Fleisch als ein Luxusgut, dessen Genuss sich mit dem Prinzip der Armut nicht vertrug, das im Franziskanerorden gepredigt wurde. Dennoch gibt es in der gesamten Ordensregel der Franziskaner kein Speiseverbot außerhalb der Fastenzeit:

> *„Und gleichermaßen sollen alle Brüder fasten vom Fest aller Heiligen bis zur Weihnacht und vom Dreikönigstag, da unser Herr Jesus Christ zu fasten begann, bis Ostern. Zu anderen Zeiten aber seien sie innerhalb dieses Lebens nicht gebunden zu fasten, außer am Freitag. Und es stehe ihnen zu, von allen Speisen zu essen, die man ihnen vorsetzt, gemäß dem Evangelium."*

Das hat die moderne Tierrechtsszene nicht gehindert, Franziskus zum ersten Vorkämpfer für den Veganismus hochzustilisieren.

Mit der Seele und der Leidensbegabung von Tieren befassen sich die Christen zu diesem Zeitpunkt noch nicht. Erst Thomas von Aquin (1225–1274), der bedeutendste Theologe des Hochmittelalters, widmet sich diesem Problem.

Thomas kann mit Recht als der größte Denker seiner Zeit bezeichnet werden. Ihm ist es zu verdanken, dass die griechische Philosophie des Aristoteles Eingang in die mittelalterlich religiösen Köpfe der Menschen fand. Denkt man Thomas aus der Geistesgeschichte Europas weg, so wäre die Religion dieses Kontinents stets ein mystisches Gefühlsfestival ohne die geistigen Strukturen des platonisch/aristotelischen Denkens geblieben.

Sein Werk umfasst allein 34 Bände und stellt einen Querschnitt des gesamten philosophisch-theologischen Wissens des hohen Mittelalters dar. Dass Thomas in Teilen irrte, sofern er die Philosophie verließ, wird an kleinen Beispielen deutlich. So vertrat er die Auffassung, dass die Geburt von Mädchen mit Neumond und ungünstigen Südwinden zusammenhängte. Letztendlich ist jeder in seiner Zeit gefangen, auch wenn er sie überragt.

Im Hinblick auf die Tiere kommt Thomas zu dem Schluss,

„… dass die Tätigkeit der Tierseele, die im sinnlichen Wahrnehmen und Empfinden besteht, nicht ohne Körper stattfinden kann. Noch vielmehr ist dies bei derjenigen Tätigkeit der Tierseele der Fall, welche im Begehren besteht; denn alles, was zum Begehren der sinnlichen Seele gehört, vollzieht sich unter einer Veränderung des Körpers.“

Damit drückt Thomas vierhundert Jahre vor Descartes aus, dass sich die Seele, das Bewusstsein der Tiere, in ihren körperlichen Anlagen erschöpft und nicht darüber hinausgeht.

Was die Nutzung der Tiere, das Töten und Essen angeht, so steht Thomas ganz in der Tradition des Aristoteles, der die Dinge und Lebewesen der Welt von ihrem Zweck her begriff. Aristoteles meinte, dass es nicht falsch sein könne, eine Sache so zu verwenden, wie sie von der Natur vorgesehen ist. Da in der Natur alles sich gegenseitig fresse, sei diese Zweckbestimmung auch für den Menschen gültig. Thomas ergänzt diese Idee durch die Schöpfungsgeschichte und weist den Tieren eine bestimmte Aufgabe zu, wenn er zu dem Schluss gelangt:

> *„Keiner sündigt, indem er eine Sache zu dem verwendet, wozu sie bestimmt ist. In der Ordnung der Wesen aber sind die unvollkommenen wegen der vollkommenen da. So sind auch die Wesen, die nur Leben haben, wie die Pflanzen, im Allgemeinen für alle Tiere da und die Tiere für den Menschen. Unter den verschiedenen Verwendungsmöglichkeiten nun scheint jener Gebrauch am meisten notwendig zu sein, bei dem die Tiere sich der Pflanzen, die Menschen sich der Tiere bedienen, was nicht ohne Tötung geschehen kann. So ist es denn erlaubt, sowohl die Pflanzen zu töten zur Nahrung für die Tiere als auch die Tiere zur Nahrung des Menschen und zwar aufgrund der göttlichen Ordnung."*

Es ist aufregend, dass Thomas auch im Zusammenhang mit Pflanzen vom Töten spricht. Er begreift offensichtlich die Pflanze als eine Lebensform ohne Seele, das Tier als eine Lebensform, bei der die Seele an den Körper gebunden ist und den Menschen als eine Lebensform, bei der die Seele über den Körper hinausgeht. Das Töten betrifft alle Lebensformen gleichermaßen. Dahinter steht nichts anderes als das Weltprinzip, dass sich Leben immer nur auf Kosten von anderem Leben vollziehen kann, sei es durch Töten oder durch reines Verdrängen. In diesem Zusammenhang sieht Thomas durchaus auch die Pflanze als Leben, das von Mensch und Tier genutzt wird. Und tatsächlich, dort wo wir ein Haus bauen, da wächst kein Baum, dort wo der Baum wächst, da wächst kein Gras, wo wir stehen, da grast kein Tier. Der Tod und der Verfall sind es, die dafür sorgen, dass die jeweiligen Plätze von Leben und Verdrängen wechseln.

Der moderne katholische Katechismus hat sich diese grundsätzliche Anschauung zu eigen gemacht und stellt fest:

> *„Gott hat die Tiere unter die Herrschaft des Menschen gestellt, den er nach seinem Bild geschaffen hat. Somit darf man sich der Tiere zur Ernährung und zur Herstellung von Kleidern bedienen. Man darf sie zähmen, um sie dem Menschen bei der Arbeit und in der Freizeit dienstbar zu machen. Medizinische und wissenschaftliche Tierversuche sind in vernünftigen Grenzen sittlich zulässig, weil sie dazu beitragen, menschliches Leben zu heilen und zu retten." (KKK Nr. 2417)*

Diese Erlaubnis, Tiere zu nutzen, grenzt der Katechismus jedoch bei Quälereien im Sinne der menschlichen Seele ein:

> *„Es widerspricht der Würde des Menschen, Tiere nutzlos leiden zu lassen und zu töten. Auch ist es unwürdig, für sie Geld auszugeben, das in erster Linie menschliche Not lindern sollte. Man darf Tiere gern haben, soll ihnen aber nicht die Liebe zuwenden, die einzig Menschen gebührt." (KKK Nr. 2418)*

Einen Unterschied zwischen der Liebe zum Tier und zu den Menschen zu machen, dürfte manchen Tierfreund ins Herz treffen. Tatsächlich geht es vielen von uns doch so, dass sie eher auf einen Kollegen aus dem gleichen Büro verzichten als auf den eigenen Dackel. Allerdings müssen die Verhältnisse gewahrt bleiben, wenn die Seele nicht Schaden nehmen soll. Die Liebe zum Tier ist nämlich, im Gegensatz zur Liebe zum Menschen, einseitig. Nur der Mensch liebt das Tier, nicht umgekehrt. Die Liebe ist nämlich ein Teil unseres Bewusstseins und in ihrer Vielschichtigkeit ohne Sprache nicht denkbar. Verwechselt der Mensch die Liebe zum Tier mit dieser Gefühlsvielfalt, so wird er zum einsamen und verbitterten Charakter.

Schauen wir uns dazu ein historisches Beispiel an:

Friedrich der Große (1712–1786) hatte eine schwere Kindheit. Von klein auf war er das Ziel der cholerischen Angriffe seines Vaters Friedrich Wilhelm I., der einen ganzen Kerl aus ihm machen wollte. Früh morgens musste er schon exerzieren, ab dem zehnten Geburtstag trug er Uniform. Seine französischen Lieblingsbücher warf der Vater ins Feuer und manchmal war er auch mit dem Krückstock hinter ihm her. Als Friedrich mit 18 Jahren fliehen wollte, kam er ins Gefängnis, sein Freund und Fluchthelfer Katte wurde vor seinen Augen enthauptet.

Die Folgen dieser Erziehung beeinflussten sein ganzes Leben. Anstatt mit seiner Frau Elisabeth lebte der alte Fritz mit einer Handvoll Windspielen zusammen. Die Hunde durften in seinem Bett schlafen, mussten von der Dienerschaft gesiezt werden und erhielten nach ihrem Tode eigene kleine Gräber auf der Terrasse von Sanssouci, seinem Lieblingsschloss. Dort liegen heute Alkmene, Hasenfuß und Biche neben ihrem alten Herrn, der testamentarisch verfügt hatte, nicht in einer Kirche, sondern bei seinen Hunden begraben zu werden. Während seiner kargen Freizeit liebte es Friedrich, seine Vierbeiner selbst zu füttern, saß zwischen ihnen mit einem kleinen Stöckchen, hielt damit Ordnung und schob seinem jeweiligen Liebling die besten Brocken zu.

Der gleiche Mann sah während der Schlacht von Kunersdorf völlig unberührt zu, wie Zigtausende seiner Grenadiere verbluteten. Während einer Attacke feuerte er sie an: *„Wollt ihr denn ewig leben, ihr Hunde?!"*

Abermals begegnet uns an dieser Stelle das Phänomen, wie unglückliche und enttäuschte Menschen ihr Heil bei den Tieren suchen, denen sie sich nahe fühlen, obwohl sie kein Wort von dem verstehen, was der Unglückliche ihnen ins Ohr raunt. Um solche Seelen sorgt sich der Katechismus, wenn er die Tierliebe unter die Menschenliebe stellt.

Ein wenig schwerer machen es sich die evangelischen Brüder und Schwestern.

Martin Luther (1483–1546) war noch ganz der klassische Renaissancemensch und stellte das Tier von seinem Zweck her auf die Ebene des Bratens. Ans Fasten ging der Reformator sehr pragmatisch heran. Der Mensch solle in dieser Zeit auf etwas verzichten, das ihm sonst wichtig sei, auf was genau, das war Luther selbst nicht so wichtig. Ein leidenschaftlicher Fischesser solle in dieser Zeit am besten genau darauf verzichten, selbst wenn der Fisch eine erlaubte Fastenspeise war. Ein guter Freund von mir hält es ebenso. Er tauscht in der Fastenzeit seine geliebte Vespa mit dem Fahrrad.

Verlagsarchiv – Stich von Daniel Hopfer aus dem Jahre 1523

Die moderne Evangelische Kirche macht es sich im Hinblick auf das Verhältnis zum Tier deutlich schwerer.

In einer gemeinsamen Erklärung der Evangelischen Kirsche Deutschland und der katholischen Bischofskonferenz (2. Auflage, 1985) wird noch festgestellt, dass es eine Rangordnung des Lebens gibt, die das menschliche Dasein über jedes tierische stellt.

Regelmäßig wird in der Tierrechtsszene daraus abgeleitet, die Kirche stelle eine Hierarchie im Sinne von „Besser und Schlechter“ auf, doch dieser Schluss ist falsch und kindlich. Richtig ist vielmehr, dass schon seit Christus die Kirche das Prinzip von Werden und Vergehen für jede Lebensform anerkennt und den Menschen lediglich nicht aus diesem Kreislauf herausnimmt. Das hat nichts mit einer Bewertung zu tun. Ein Eisbär hat auch keine natürlichen Feinde, dennoch käme niemand auf den Gedanken, ihn besser oder schlechter zu beurteilen als die Robbe, die er jagt und frisst. Die Natur und damit der göttliche Schöpfungsgedanke stellen ihn vielmehr an eine Stelle, an der er das tut, was ihm gegeben und geschenkt ist, nämlich zu jagen und zu fressen. Der Mensch steht an einer ähnlichen

Position, nämlich am Ende der Nahrungskette. Diese Stellung entgegen der Natur zu verändern, sieht die Kirche nicht als Teil des göttlichen Schöpfungsplans.

Doch auch in der Evangelischen Kirche wird die zunehmende Repräsentanz des Tierschutzes spürbar.

So veröffentlichte der wissenschaftliche Beirat des Beauftragten für Umweltfragen des Rates der Evangelischen Kirche in Deutschland 1991 das Diskussionspapier „Zur Verantwortung des Menschen für das Tier als Mitgeschöpf". Darin hält der wissenschaftliche Beirat prinzipiell eine Nutzung von Tieren für zulässig. Allerdings könne aus der Verheißung einer kommenden neuen Welt im Alten und Neuen Testament eine „Pflicht zur Gewaltminderung" abgeleitet werden. Paulus beziehe die Herrlichkeit, die an uns offenbart werden soll, ausdrücklich auf

> *„die ganze Schöpfung, die bis zu diesem Augenblick mit uns seufzt und sich ängstet" (Römer 8;22).*

Wie weit diese Gewaltminderungspflicht gehen soll, ist den Kirchenweisen allerdings selbst nicht ganz klar. Einerseits heißt es da:

> *„Prinzipiell läßt sich […] gegen die Tötung von Tieren zum Zwecke der menschlichen Ernährung nichts einwenden, und die große Mehrzahl der Menschen tut das auch nicht."*

Danach aber nimmt das gleiche Papier Bezug auf das neutestamentarische Liebesgebot, das im Widerspruch zum alttestamentarischen Herrschaftsauftrag stehe und führt anschließend aus:

> *„Da jedenfalls für den gesunden Erwachsenen Fleisch nach heutigen ernährungswissenschaftlichen Erkenntnissen – solange andere eiweißliefernde Lebensmittel ausreichend vorhanden sind – für eine gesunde und vollständige Ernährung nicht nötig ist, gebe es keine ausreichende Legitimation, Tiere zu töten."*

Der Dissens zwischen Altem und Neuem Testament sei im Beirat *„unauflöslich"* gewesen. Damit sieht dieses Gremium einen Widerspruch zwischen dem „brutalen" Hierarchieverhältnis des Alten Testaments und dem pazifistischen Grundgedanken des Neuen Testaments. Dabei vergisst es allerdings, dass schon zu Zeiten Jesu durchaus die Möglichkeit bestand, sich vegan oder zumindest vegetarisch zu ernähren. Warum sollte dann der Sohn des allwissenden Gottes weniger Sorgfalt auf die ethisch korrekte Ernährung verwenden als beispielsweise Pythagoras?

Man muss mit einer gewissen Resignation feststellen, dass die typische „Einerseits-Andererseits-Haltung" in der Evangelischen Kirche hier aufs Neue zum Ausdruck kommt. Das wird besonders deutlich, wenn sich der wissenschaftliche Beirat zum Angeln und zur Jagd äußert. Einerseits heißt es dort:

> *„Auch aus mitgeschöpflicher Sicht ist nichts dagegen einzuwenden, wenn der Jäger kranke, verletzte oder altersschwache Tiere waidgerecht tötet."*

Danach folgt aber gleich die Eingrenzung:

> *„Jede Freizeitbeschäftigung, die mit dem Töten von Tieren einhergeht, setzt sich kritischen Rückfragen nach dem rechtfertigenden Grund für diese Opfer tierischen Lebens aus. Ethisch ist die Aufgabe gestellt, den Wunsch nach Freizeitvergnügen auf eine andere Weise und mit anderen Aktivitäten zu befriedigen. […] Daraus ergibt sich die Anfrage an die Sportangler, warum sie, anders als die Schützen, nur zu einem kleinen Teil den möglichen Weg der Sublimierung, d. h. der Umorientierung ihrer Aktivitäten gegangen sind; die große Mehrheit der Schützen schießt heute nicht mehr auf Lebewesen, sondern auf Papierscheiben oder Tontauben und trägt so auch ihre Wettkämpfe aus."*

Widersprüchlicher kann ein Argumentationsstrang kaum sein. Einerseits will der Beirat die Schlachtung von Haustieren billigen, obwohl diese heutzutage ausschließlich aus Genussgründen erfolgt, denn wir könnten uns alle ausgezeichnet vegan, zumindest aber vegetarisch ernähren. Jagen und Angeln sollen allerdings durch „friedlichere" Vergnügungen ersetzt werden, es sei denn, ein Jäger „erlöst" ein altes, schwaches oder krankes Tier. Die Evangelische Kirche wünscht sich offenbar die Jagd als naturschutzorientiertes Euthanasieprogramm. Die Naturnutzung als uraltes Kulturgut und als Ausdruck menschlicher Freiheit scheint für sie keine Rolle zu spielen. Unter diesem Aspekt wird es wohl nur eine Frage der Zeit sein, bis sie dazu aufruft, auch die Weihnachtsgans im Sinne des Schöpfungsfriedens durch ein friedlicheres Gericht zu ersetzen.

Dann sollten wir uns an Jesus selbst erinnern, der die Freude und das Feiern bei der Schlachtung eines Kalbes besonders betont hat. Insofern kommt dem faktischen Verhalten des Christus auch eine normative Kraft zu nach dem Prinzip: Was Jesus getan hat, das kann für uns Menschen nicht falsch sein. Vor diesem Hintergrund dürfen wir uns aus christlicher Sicht die nächste Martinsgans oder das Osterlamm durchaus schmecken lassen. Sind wir dabei dankbar und teilen den Genuss mit unseren Mitmenschen, dann ist dies das beste Mittel gegen eine krankhafte Übersättigung.

Das Tier, der Tod und die Lebenszeit

Wir haben in den beiden vorangegangenen Kapiteln die Entwicklung der Tierphilosophie und die Position der christlichen Kirchen zum Töten von Tieren und zum Essen von Fleisch angerissen. Nun ist es Zeit, sich mit dem Tod des Tieres auch inhaltlich zu beschäftigen. Was für eine Bedeutung hat das Sterben in der Welt der Kreatur?

Zum Ausgangspunkt unserer Gedanken reisen wir in das Jahr 1793 nach Paris. Eine Reihe von Pferdekarren poltert langsam die Straße entlang. An den Seiten des Weges stehen die Menschen und starren nach dem seltsamen Zug, der sie auf grausige Art fasziniert. Langsam streichen die Gesichter der Menschen vorbei, die auf den wackelnden und knarrenden Karren vorbeigefahren werden. Still sind sie, die dort sitzen. Einige blicken ins Nichts, andere murmeln rasend schnell Gebete, manche blicken gleichgültig und wieder andere verstört.

Die Kolonne fährt zur „Place de la Révolution", mitten in Paris. Dort erhebt sich auf einem Podest das Wahrzeichen der Französischen Revolution, die Guillotine. Zwanzig Verurteilte sollen an diesem Tag sterben. Es ist immer wieder das gleiche Ritual. Ein Name wird aufgerufen, der Todeskandidat schreitet die Stufen zum Schafott empor. Dort nimmt ihn Sanson – der Henker von Paris – mit seinen Gesellen in Empfang. Er greift den Delinquenten, schnallt ihn auf das Brett der Guillotine, kippt es mit seinen Knechten nach vorn, schiebt den Kopf durch die metallbeschlagenen Halbmonde der Halskrause und klappt diese zusammen. Für einen kurzen Moment sieht der Todgeweihte in den Korb, in dem sich schon die Köpfe seiner Vorgänger befinden, blutüberströmt, mit aufgerissenen Mündern und geweiteten Augen.

Noch vor wenigen Tagen war der Delinquent ein freier Mann. An jedem Morgen hätte man ihn fragen können, ob er wohl ewig leben werde und in Kenntnis des Todes hätte er verneint. Und dennoch war dieser Tod für ihn so weit entfernt, dass er eigentlich gar nicht vorhanden war. Sein Leben bestand aus Beruf, Familie und Freunden. An den Feiertagen gab es gutes Essen, Wein und Tanz. Der Tod? Wir Menschen leben so, als gäbe es ihn nicht.

Dann wurde er gefangen genommen, ins Gefängnis gebracht und angeklagt. Das Bewusstsein, dass der Tod sich näherte, wuchs. Mit ihm kamen die Qualen. Doch das Leben ist voller Hoffnung und Freuden, der Mensch ist ein Optimist. So wartete der Angeklagte auf seinen Prozess und auf die Möglichkeit, das Licht der Freiheit wiederzusehen. Als dann das Todesurteil aus den schmallippigen Mündern der Richter gesprochen wurde, da durchschritt der Verurteilte die Pforte, über der unsichtbar geschrieben steht: „Lasst alle Hoffnung fahren!" Von da ab wuchs zu jeder Stunde sein Bewusstsein, die nächsten Tage, Monate und Jahre nicht mehr zu erleben.

Tag für Tag gehen die Gedanken des Delinquenten zu seiner Familie, den Freunden. Wissen sie schon von seinem Todesurteil? Was wird aus seinem Haus? Wer kümmert sich um sein Geschäft? Wird seine geliebte Frau wieder heiraten? Verlustangst und Abschiedsweh sind die Begleiter jeder wachen Stunde.

So kommt die letzte Nacht im Gefängnis, das Wecken durch die Wärter. Das Schneiden der Haare, das Aufrufen des Namens und das Besteigen des Karrens. Mit jedem weiteren Schritt wächst das Bewusstsein, bald Teil der Ewigkeit zu werden. Der grausige Höhepunkt ist der Blick in den Korb vor der Guillotine. Das Wissen: Was ihr seid, das werde ich in einer Sekunde auch sein. Und dann fällt das Beil.

Das ist der Tod eines Menschen. Man kann ihn auch weniger spektakulär beschreiben. Routineuntersuchung beim Arzt, Krebsdiagnose, Operation, Chemotherapie, Hospiz, Friedhof. Wie auch immer, der Tod des Menschen ist ein Prozess des Bewusstseins.

Was ist der Tod der Tiere? Spielt das Bewusstsein vom Lebensende eine Rolle? Dürfen wir Tiere töten? Oder sind wir Henker wie Sanson und seine Knechte?

Um zu zeigen, dass sich auch Intellektuelle mit dieser Diskussion schwertun, versetzen wir uns in ein Fernsehstudio. Zwei kluge Köpfe sprechen über die Frage: „Dürfen wir Tiere essen?"

Auf der einen Seite sitzt Richard David Precht, Buchautor und philosophischer Liebling der Medien, bekannt durch seine populären Veröffentlichungen „Wer bin ich und wenn ja, wie viele?" oder „Liebe: Ein unordentliches Gefühl". Precht ist die perfekte medientaugliche Mischung von gutem Aussehen und der notwendigen Sprachbegabung, um eine Diskussion auf Temperatur zu bringen. Entweder liebt oder hasst man diesen sanften Schwiegersohntypen, der alle Fragen des Lebens so nett und anschaulich erklärt. Die einen können seine politisch korrekten Allgemeinplätze nicht ertragen, die anderen sind von seiner breiten Bildung begeistert. Ihm gegenüber sitzt ein recht betagter Herr, der ganz offensichtlich jeden Satz so lange durchdenken möchte, bis die Sendezeit abgelaufen ist. Prof. Dr. Robert Spaemann, ehemals Ordinarius für Philosophie an den Universitäten Stuttgart, Heidelberg und München, gilt als einer der großen Experten für Tierethik. Lesen wir in dieses Gespräch hinein:

PRECHT: *Herr Professor Spaemann, Sie sind einer der bedeutendsten deutschen Philosophen. Sie haben sich auch mit der Frage nach dem Verhältnis von Mensch und Tier beschäftigt. Was kommt bei Ihnen Weihnachten auf den Tisch?*

SPAEMANN (überlegt): *Mmh … also, ich glaube, ein gutes Stück Fleisch.*

PRECHT: *Halten Sie Fleischessen moralisch für vertretbar?*

SPAEMANN (überlegt): *Ja. Es ist zwar der Verzicht auf das Fleischessen das Bessere und das moralisch Vollkommenere. Aber ein striktes Verbot des Tötens von Tieren kann ich eigentlich nicht begründen, sondern nur die absichtliche Behandlung von Tieren, die ihnen Leiden zufügt.*

Hier können wir die erste Pause machen, um uns zu wundern. Spaemann meint, dass der Verzicht auf das Fleischessen das *„Bessere und moralisch Vollkommenere"* sei. Er begründet das mit keinem Wort, sondern stellt diese Aussage einfach in den Raum, quasi als Extrakt eines langen Forscherlebens. Und Precht, der jetzt die wissenschaftlichste aller Fragen überhaupt stellen müsste, nämlich „Warum?", sagt keinen Ton. Dabei wird der Irrtum Spaemanns schon bei einem ganz simplen Vergleich deutlich:

Zwei Bauern bewirtschaften zwei gleich große Flächen. Der eine baut auf seinem Acker Weizen an, zur „moralisch besseren" veganen Ernährung, der andere hält auf Dauergrünland eine kleine Herde schottische Hochlandrinder. Der „moralisch bessere" Ackerbauer tötet auf seinem Grund und Boden jedes Jahr tausende Kleintiere, wenn er pflügt, eggt, spritzt und erntet. Mäuse, Igel, Wiesel, Hamster, Hasen und Rehkitze landen unter den breiten Rädern des Traktors oder unter dem Mähbalken. Nach der Ernte liegt sein Acker tot und nutzlos da, ungeeignet für die Ernährung der Wildtiere.

Der „moralisch schlechtere" Rinderhalter „ermordet" im Jahr sechs bis acht Jungrinder, die er an den Schlachter verkauft. Seine Weiden stehen dafür aber über 365 Tage den Rindern und allen Wildtieren als Nahrung zur Verfügung, ebenso einer Vielzahl von Kleinlebewesen. Wiesenblumen dienen als Bienenweide, das Gras ist ein Versteck für Lerchen und andere Bodenbrüter.

Rein rechnerisch ist der „moralisch bessere" Ackerbauer der größere „Mörder" als der „moralisch schlechtere" Fleischproduzent. Außerdem entzieht er der Natur mehr Fläche. Er ist der größere Naturräuber. Wie kommt Spaemann dann zu einer solch absonderlichen Vorstellung von der grundsätzlich höheren Moral des Fleischverzichts? Liegt das nicht an einer Verdrängung der Realität des Todes? Muss man nicht das Leben ganzheitlich sehen, wenn es um die Legitimation des Tötens geht?

Kehren wir zur Diskussion zurück.

PRECHT: *Also, Sie würden sagen, vegetarisch zu leben, wäre unter ethischen Erwägungen die konsequentere, bessere Lebensweise? [...] Warum halten Sie es gleichwohl trotzdem für vertretbar, dass man Tiere isst?*

SPAEMANN: *Ja, weil für mich das Töten der Tiere nicht eigentlich das Problem ist. Denn Tiere haben keine Biografie. Tiere verhalten sich nicht zum Ganzen ihres eigenen Lebens, sondern sie leben im Augenblick, aus Augenblickimpulsen. Deshalb ist es verwerflich und unmoralisch, Tieren absichtlich Leiden zuzufügen. Weil, es betrügt das Tier um das, was es an Positivem hat, nämlich das Gefühl zu leben. Wie lange es lebt, spielt eigentlich keine Rolle. Darum interessiert mich vielmehr beim Vegetariertum, wie werden Tiere getötet. [...]*

PRECHT: *Jetzt könnte ich natürlich sagen: Ein neugeborener Säugling hat auch keine Biografie und selbst in seinen ersten zwei, drei Lebensjahren noch keine Vorstellung von der Dimension seiner Biografie. Trotzdem würden Sie ja nicht sagen, dass ich ein Neugeborenes töten darf.*

SPAEMANN: *Nein.*

PRECHT: *Also Biografie kann nicht das einzige Argument sein, was den Menschen eine andere Lebensqualität gibt, als wir sie Tieren zusprechen.*

SPAEMANN: *Ja ... Ein Neugeborenes hat natürlich auch eine Biografie, nämlich die künftige. Ich sage ja auch, ich wurde dann und dann geboren. [...] Natürlich, wenn das Kind vorher stirbt, ja ..., dann war die Biografie eben zu Ende. Aber es hat ein Potenzial und wenn es dieses Potenzial verwirklicht, dann wird auch die Vergangenheit zu einem Teil seiner Biografie. [...]*

Ich brauche wieder eine Pause.

Erinnern Sie sich noch an Bentham, Singer und Regan? Der Vergleich von Tieren mit unbewusst lebenden Kleinkindern wird von diesen Denkern gern herangezogen, um die Gleichstellung von Mensch und Tier zu begründen. Sie sagen: Schaut her, manche Tiere sind ungleich vernünftiger als Kleinkinder, trotzdem darf man Tiere töten und Kinder nicht, das ist doch eigentlich ungerecht. Dabei vergessen sie aber, dass nicht der Frieden und das Tötungsverbot in der Natur den Regelzustand darstellt, sondern das hierarchische Fressen und Gefressenwerden. Dieses Prinzip hat schon Pfeffel 1792 in seiner „Stufenleiter" bedichtet:

Ein schlauer Sperling haschte sich
Ein blaues Mücklein. „Weh mir Armen!"
Rief es, „ach Herr, verschone mich,
Laß meiner Jugend dich erbarmen!"
„Nein", sprach der Mörder, „du bist mein:
Denn ich bin groß und du bist klein."

Ein Sperber fand ihn bei dem Schmaus.
So leicht wird kaum ein Floh gefangen
Als Junker Spatz. „Gib", rief er aus,
„Mich frei! Was hab ich denn begangen?"
„Nein", sprach der Mörder, „du bist mein:
Denn ich bin groß und du bist klein."

Ein Adler sah den Gauch und schoß
Auf ihn herab und riß den Rücken
Ihm auf. „Herr König laß mich los",
Rief er, „du hackst mich ja in Stücken.
„Nein", sprach der Mörder, „du bist mein:
Denn ich bin groß und du bist klein."

Er schmauste noch da kam im Nu
Ein Pfeil ihm durch die Brust geflogen.

„Tyrann", rief er dem Jäger zu,
„Warum ermordet mich dein Bogen?"
„Ei", sprach der Mörder, „du bist mein,
Denn ich bin groß und du bist klein."

Das gegenseitige Töten ist also die Basis der Naturordnung. Ausschließlich der Mensch hat für seine Art diese Regel durchbrochen und das hat ziemlich lang gedauert.

In der Urzeit war der Kannibalismus weltweit eine übliche Ernährungsform. In der Hochkultur der Azteken galt der Verzehr geopferter Feindvölker als Norm und das bis zum Beginn der spanischen Eroberung im Jahr 1519. James Cook und Alexander von Humboldt berichteten vor 200 Jahren noch vom Kannibalismus in Südamerika und bei den Maori. Das ist erdhistorisch ein Wimpernschlag. Noch heute gibt es in de Südsee abgelegene Gegenden, in denen ein Jägerschnitzel eine sonderbare Doppelbedeutung hat.

Soziologen wie Norbert Elias (1897–1990) führen die vergleichsweise frühe Befriedung der menschlichen Gesellschaft in Europa auf das Interesse der Menschen zurück, besser kooperieren zu können, z. B. durch Handel, Wirtschaft und staatliche Verwaltung. Das war nur möglich, indem man auf dieser Ebene das gegenseitige Töten ächtete.

Das Tier indessen nimmt gar nicht teil an dieser sozialen Verflechtung. Es steht außerhalb der menschlichen Verbände. Tötet man also einen Säugling, dann schädigt man weniger ihn, der tatsächlich keine Biografie hat, als die gesamte soziale Verflechtung der ihn umgebenden Menschen: Eltern, Geschwister, die Hausgemeinschaft, das Dorf, das Rechtssystem, die Wirtschaftskraft, das Rentensystem, den Staat, unsere gesamte menschliche und ethische Ordnung. All das hat ein Tier nicht und es kann auch – anders als das heranwachsende Kind – niemals eine solche Ordnung erschaffen.

Tötet man zum Beispiel von einer Gruppe Hirschkühe das Leittier, ist das Rudel zunächst unschlüssig, wie es sich verhalten soll. Es fehlt für wenige Minuten die Führung, dann aber übernimmt ein anderes

Tier das Rudel und ab da ist die Vorgängerin vergessen. Es fehlt also eine vertiefte Sozialbindung, die dem einzelnen Individuum einen Lebenswert zuerkennt.

Genau diese Sozialbindung kennt jedoch der Mensch und zwar in einer Form, die über den Augenblick hinausgeht. Der Wert des Lebens in der Welt des Menschen spielt deshalb auch eine Rolle, wenn es um die künftige Biografie geht, die ein Säugling hat und von der Spaemann spricht. Die gesamte Sozialgemeinschaft blickt auf das tote Kind und stellt sich die Frage, was aus ihm alles hätte werden können. Diese Inwertsetzung des Lebens ist dem Tier jedoch fremd.

Kehren wir nun ein letztes Mal zur Fernsehdiskussion zurück:

PRECHT: *Ich möchte Sie mit einem Gedankenspiel konfrontieren. Ich möchte, dass wir uns die Situation vorstellen, es würden Außerirdische auf diesem Planeten landen. Diese Außerirdischen sind dem Menschen haushoch überlegen, so wie in dem Film „Independence Day". Sie sind viel intelligenter. Die sind uns in alledem, worauf Menschen stolz sind – Fähigkeit zur Moralität, zu sich selbst in ein Verhältnis setzen, Intelligenz und dergleichen, ja der Vernunft – haushoch überlegen.*

Die landen jetzt auf diesem Planeten und fangen die Menschen ein, um sie zu verspeisen. Besonders gern die Kinder, die schmecken besonders gut, die sind besonders zart. Andere werden benutzt, um die Wirkung von Medikamenten zu erproben und vieles andere mehr.

Wie könnten Menschen sich gegen diese Außerirdischen verteidigen? Also mit welchen Argumenten?

Sie würden sagen: Wir sind leidensfähig. Wir sind intelligent. Wir sind sensibel. Dann würden die Außerirdischen sagen: Das wissen wir alles, aber wir sind viel intelligenter und viel sensibler als ihr. Dann würden die Menschen sagen: Ja, aber seht ihr denn nicht, wir haben unglaubliche Schmerzen, und dann sagen die Außerirdischen: Ja, das sehen wir und das finden wir auch nicht schön, aber ihr schmeckt uns halt so gut.

Spaemann (sehr, sehr langsam): *Ja, das Perverse liegt darin, dass Sie das in einem Satz formulieren. Wir stehen zu anderen Menschen in Beziehung, die sich durch die Sprache realisiert. Wir sprechen mit ihnen. Diese Außerirdischen, entweder sie kennen gar keine Sprache, aber das ist unwahrscheinlich. Nehmen wir an, sie haben auch Sprache. Sie kennen unsere Sprache nicht. Gut, sie lernen unsere Sprache. Ja, und dann aber treten sie mit uns, wenn sie unsere Sprache sprechen, dann treten sie mit uns in eine Gemeinschaft der Gegenseitigkeit und wenn sie das nicht empfinden, dann sind es äußerst gefährliche Wesen, die nämlich viel zu viel Intelligenz haben, was sie nicht haben dürften. Und bei ihrer Gesinnung sind sie eine Gefahr für den Kosmos.*

Precht: *Die Pointe dieser Geschichte ist ja, es kommt nicht auf überlegene Fähigkeiten an, sondern ob ich jemanden achte und ihn nicht verspeise, hängt letztlich an einem anderen Kriterium, nämlich an der Leidensfähigkeit. […]*

Pause, bitte eine Pause!

Ich gestehe, dass mich dieser letzte Austausch kluger Köpfe am meisten frustriert hat. Es ist einfach nicht gut, wenn die Generationsunterschiede übertrieben werden. Der arme Herr Spaemann kennt vermutlich schon den Film „Independence Day“ nicht, Außerirdische kann er sich auch kaum vorstellen. Er druckst herum und fragt sich, ob die bösen Wesen, die Menschen fressen, unsere Sprache beherrschen. Mit dem eigentlichen Ansatz von Precht befasst er sich gar nicht. Dabei hinkt dessen Beispiel auf allen vier Pfoten:

Die Außerirdischen und die Menschen, die sich dort unterhalten, haben nämlich ganz offensichtlich genau den gleichen Begriff von Leben, Lebenszeit, Schmerzen, Recht und Gerechtigkeit. Ansonsten könnten die Menschen nämlich mit den Außerirdischen gar nicht über solche Punkte diskutieren. Die Menschen fühlen sich in Prechts Beispiel von den Außerirdischen ungerecht behandelt, eben gerade weil sie ein Bewusstsein vom Leben und vom Tod haben.

Genau dieser Begriff vom Leben fehlt dem Tier jedoch vollständig. Es weiß nicht, dass es geboren wurde, es weiß nicht, dass es lebt, es weiß nicht, dass es eines Tages sterben muss. Es verhält sich auch gegenüber seinen Mitlebewesen völlig ohne rechtliches Prinzip. Im Gegenteil, das Grundprinzip der Welt ist es, dass jeder auf Kosten der anderen lebt. So bedichtet es Pfeffel und so hat es vor beinahe 2600 Jahren schon der griechische Philosoph Anaximander (610 v. Chr.–547 v. Chr.) erklärt, als er sagte, dass sich ein Leben nur auf Kosten eines anderen Lebens vollziehen kann und dass der Tod die Buße ist, die jede Kreatur zahlen muss, als Opfer dafür, während des eigenen Lebens fremdes Leben beeinträchtigt zu haben. Dabei dürfen wir das Wort „Buße" nicht als eine Art Strafe verstehen, sondern im Sinne eines Ausgleichs von Werden und Vergehen.

Precht stellt in seinem missglückten Beispiel Menschen und Tiere unausgesprochen auf die gleiche Bewusstseinsstufe vom Tod. Dabei ist für alle nichtmenschlichen Lebewesen auf dieser Erde der Tod überhaupt nicht vorhanden. Tiere haben für den Tod kein Wort. Sie planen ihr Leben nicht im Wissen um seine Endlichkeit. Sie fragen sich nicht, was danach wohl kommen mag. Schon der Freiburger Philosoph Martin Heidegger (1889–1976) hat in seinem Buch „Grundbegriffe der der Metaphysik" daraus abgeleitet, dass der Tod ein rein menschliches Phänomen ist. Nur der Mensch, so meinte er, kann den Tod erfahren und zwar im weiten Voraus, in der Ahnung, in der Wahrscheinlichkeit, in der Realität.

Denken Sie jetzt an den Delinquenten auf dem Karren von Paris. Er sieht den Tod auf sich zukommen, erst abstrakt, dann immer konkreter, bis er schließlich unter dem Fallbeil liegt. Er setzt ihn in Beziehung zu seinem Leben, zu seinen Hoffnungen und Wünschen, die nun alle enden. Gerade in dieser Fähigkeit zum Bewusstsein liegt die Tragödie des menschlichen Todes.

Das Tier vermag so nicht zu empfinden, denn nur der Mensch ist im eigentlichen Sinne „da". Er lebt mit allen ihm eröffneten Möglichkeiten. Das Tier hingegen „existiert" lediglich und ist dabei gebunden an seine Anlagen und an die Empfindung des Augenblicks. Es ist ohne Möglichkeiten. Heidegger nennt es deshalb „weltenarm“.

Sehen wir uns das praktisch an:

Ein Fisch schlüpft aus dem Ei, er wächst auf, frisst, laicht und irgendwann verendet er oder wird gefressen. Er weiß nicht, dass dieser Tag irgendwann kommen wird. Aus diesem Grund hat der Tod auch keinen Schrecken für dieses Wesen. Der Schrecken des Todes entsteht nur im Bewusstsein und das fehlt dem Fisch wie allen anderen Tieren.

Der Mensch ist demzufolge ein Opfer seines Todesbewusstseins, während er sich an die Idee vom Leben kettet. Das ist der Grund, weshalb wir joggen, ins Fitness-Studio rennen, uns gesund ernähren, das Rauchen aufgeben, Vitamintabletten schlucken und regelmäßig zum Arzt laufen. Wir tun das aus Todesbewusstsein. Nur der Mensch muss sich immer wieder trösten, dass Tod und Sterben doch gar nicht so schlimm sind, eben gerade weil er dieses Ende seines Lebens unabänderlich auf sich zukommen sieht, die Möglichkeit des Nichtmehrdaseins. Epikur von Samos hat diesen Trost in sehr schöne Worte gekleidet:

„Gewöhne Dich daran zu glauben, dass der Tod keine Bedeutung für uns hat. Denn alles, was gut, und alles, was schlecht ist, ist Sache der Wahrnehmung. Der Verlust der Wahrnehmung aber ist der Tod. Daher macht die richtige Erkenntnis, dass der Tod keine Bedeutung für uns hat, die Vergänglichkeit des Lebens zu einer Quelle der Lust, indem sie uns keine unbegrenzte Zeit in Aussicht stellt, sondern das Verlangen nach Unsterblichkeit aufhebt. Das schauerlichste aller Übel, der Tod, hat also keine Bedeutung für uns; denn solange wir da sind, ist der Tod nicht da, wenn aber der Tod da ist, dann sind wir nicht da.“

Das Tier braucht diesen Trost jedoch nicht, da in seiner Welt der Tod gar nicht existiert.

Die Anthropomorphisten haben das niemals wahrhaben wollen. In ihren Augen wird der Lebenswille des Tieres aus seinen Flucht- und Abwehrhandlungen deutlich. Der Hase rennt davon, das Wildschwein beißt, der Fisch wehrt sich an der Angel. „Sie kämpfen um ihr Leben" oder „in panischer Angst versuchen sie, ihr Leben zu retten", heißt es dann. Denken sie an Montaigne und seinen „weinenden Hirsch". Mit solch farbigen Formulierungen versuchen Tierrechtler regelmäßig, aus dem äußeren Verhalten auf einen komplexen inneren Vorgang zu schließen.

Doch einen solchen Vorgang gibt es, wie gesagt, nicht.

Dass ein Tier sich wehrt oder zu fliehen versucht, hat weder etwas mit dem bewussten Willen zum Leben zu tun noch mit einer Wertschätzung des Lebens schlechthin. Das wird beim Blick auf andere Lebensformen deutlich:

Ein Embryo hat – ebenso wie ein Tier – kein wie auch immer geartetes Bewusstsein vom Leben. Dennoch versucht er, sich bei einer Abtreibung der Kanüle, die ihn aus dem Uterus saugen will, zu entziehen. Sein Abwehrmechanismus ist genetisch vorgegeben. Dennoch müsste ein Tierrechtler aus diesem Verhalten einen „Kampf ums Leben" ableiten. Mir ist allerdings noch kein Vertreter von PETA oder Animal Peace begegnet, der mit gleicher Begeisterung gegen Abtreibungen demonstrieren würde, wie er es für Tierrechte tut.

Von Pflanzen wissen wir, dass auch sie sich gegen schädigende Einflüsse wehren. Legt ein Ulmenblattkäfer seine Eier auf dem Baum ab, so setzt dieser einen speziellen Lockstoff frei, der eine Wespenart anzieht. Diese Wespen fressen die Käfer. Der Baum „wehrt sich", würde ein Baumrechtler ableiten.

Werden Tabakpflanzen von Raupen befallen, dann löst deren Speichelsubstanz einen Botenstoffprozess aus, der zu einer erhöhten Nikotinproduktion führt. Die Raupe stirbt. „Der Tabak verteidigt sich", könnte ein Pflanzenfreund folgern. Doch derartige Ableitungen sind ebenso verfehlt wie der Anthropomorphismus der Tierrechtler.

Letztendlich gelangen wir bei der Frage nach dem Lebenswillen wieder zu Hegel, der festgestellt hat, dass ein Tier nicht „wollen will, zu leben“. Er hat damit nichts anders ausgedrückt, als dass Tiere sich nicht aus freien Stücken entscheiden können, zu fliehen oder zu kämpfen, sondern weil die jeweilige Handlung ihrem vorgegebenen Verhaltensschema entspricht.

Die Tierrechtsbewegung hat immer wieder versucht, den Tieren ein „latentes, unterschwelliges Bewusstsein vom Tod“ anzudichten: Schweine und Rinder könnten fühlen, was ihnen auf dem Schlachthof droht. Der „Geruch des Todes“ sei überall und so spürten auch sie, dass der Tod ihnen selbst bevorstehe.

Doch das ist Unsinn. Man muss es so deutlich bezeichnen. Die Tierärztliche Hochschule Hannover hat Schweine untersucht, die sich in einem Schlachthof befanden. Bis unmittelbar vor der Schlachtung wurden ihr Verhalten, ihr Puls und ihr Blutdruck kontrolliert. Bei keinem einzigen Tier stellten die Wissenschaftler fest, dass die medizinischen Daten auf eine besondere Stresssituation hinwiesen, die ein latentes Todesbewusstsein belegen könnte.

In einem der größten Schlachthöfe Deutschlands bei Rheda-Wiedenbrück laufen die Schweine ohne äußeren Druck einen Gang entlang, während eine beruhigende Panflötenmusik erklingt. Am Ende wartet eine Rampe, die sich mit ihnen in ein Kohlendioxidbad senkt, in dem alle Tiere einschlafen und nicht mehr aufwachen. Das angebliche „Bauchgefühl der Tiere“, der „untrügliche Instinkt“ sind Mythen der Tierrechtsbewegung.

Doch tatsächlich gelingt es auf diese Art und Weise, ein Schreckensszenario ohnegleichen zu gestalten. Der Verbraucher sieht das Schwein im Schlachthaus und sieht sich im Geiste selbst den Gang mit der Panflötenmusik entlanglaufen. Er sieht sich auf der Rampe ins Kohlendioxidbad fahren, immer in dem Bewusstsein: Es ist gleich so weit.

Doch das ist nicht die Welt der Tiere.

Noch einmal: Nicht der Tod ist das Problem, sondern das Wissen um den Tod, das Bewusstsein. Erproben wir diese Idee noch einmal:

Stellen wir uns vor, kein Mensch wüsste, dass er sterben muss und erkennt auch den Tod nicht, wenn er ihn sieht. Eines Tages steht Opa morgens nicht mehr aus seinem Bett auf. Die gesamte Familie versammelt sich um den Leichnam, stupst ihn an, aber er bewegt sich nicht. Alle sind ratlos, dass Opa nicht mehr zum Frühstück kommt, doch sie können es sich nicht erklären. Schließlich wird ihnen die Angelegenheit langweilig und sie gehen aus dem Haus heraus und lassen Opa im Bett liegen.

Existiert in einem solchen Fall der Tod? Wir müssen wohl zugeben, dass der Tod sich ausschließlich in unserem Kopf und in unserem Bewusstsein abspielt. Alle seine Schrecken sind in unseren Herzen und unseren Köpfen enthalten, jedoch nicht in der Realität. Für das Tier ist er deshalb kein Problem.

Tierrechtler wie beispielsweise Hilal Sezgin können diesen Gedanken nicht ertragen. Sie bemühen sich deshalb mit allen Kräften, das Bewusstsein vom Leben von dessen Wert abzukoppeln und scheuen dazu auch nicht vor plastischen Beispielen zurück, die auf den ersten Blick recht klug wirken:

Ein Pfleger findet bei einer demenzkranken Frau einen Batzen Geld, der im Sofa eingenäht war. Die Frau weiß nichts mehr von dem Schatz, sie weiß überhaupt nichts mehr und kann deshalb eigentlich nicht bestohlen werden, wenn es um das Bewusstsein vom Eigentum geht. Dennoch ist es nach Sezgins Auffassung möglich, die Frau zu bestehlen, denn das Geld bleibt schließlich ihr Eigentum. Selbst wenn sie sterben würde, so wäre das Geld Eigentum ihrer Erben, sodass ein Diebstahl vorläge.

Doch gerade bei diesem Beispiel wird Sezgin ein Opfer ihrer anthropomorphistischen Vorstellungen. Sie kann es sich nicht abgewöhnen, die Lebenswelt des Menschen auf das Tier zu übertragen.

Warum kann man einen demenzkranken Menschen, der überhaupt nichts mehr von seinem Eigentum weiß, bestehlen? Der Grund dafür liegt ausschließlich darin, dass in der Lebenswelt der Menschen Geld eine Rolle spielt. Es geht also nicht nur um die alte Frau, die demenzkrank ist, sondern auch um den Staat, der sie, falls kein Geld vorhanden ist, versorgen müsste, ihre Erben, die bestohlen wären, oder den Betreuer, der sich um das Eigentum der Demenzkranken kümmern muss. Erst durch die Lebenswelt des Menschen und das

Bewusstsein der Umgebung der Demenzkranken erhält das Geld überhaupt einen Wert.

Gerade dieses Verständnis hat das Tier jedoch nicht, wenn es um das Leben geht.

Denken wir uns noch einmal die Außerirdischen von Herrn Precht herbei. Sie fliegen in die Nähe unserer Atmosphäre und beginnen, aus der Luft ein bestimmtes Edelgas abzusaugen, von dessen Existenz wir keine Ahnung haben und das für unser Leben keine Rolle spielt. Würden wir uns bestohlen fühlen? Natürlich nicht, denn in unserem Denkkosmos gibt es dieses Gas gar nicht und es hat deshalb für uns auch keinen Wert. Genauso ging es den Ureinwohnern Amerikas, die teilweise gar nicht verstanden, warum die Europäer so wild hinter glänzenden gelben Steinchen her waren. In ihrer Welt war Gold schlicht wertlos.

Ohne es zu wollen, drückt Sezgin genau das aus, was für die Rechte von Menschen typisch ist, nämlich dass sie ausschließlich in der menschlichen Welt vorkommen. In der Welt der Tiere sind sie ebenso wenig vorhanden wie das Bewusstsein vom Leben und vom Tod. Wenn wir allerdings akzeptieren, dass der Tod in der Welt der Tiere nicht relavant und deshalb auch kein Problem für das Tier ist, dann beantwortet das noch nicht die Frage, ob das Wegfallen von Lebenszeit einen Nachteil für das Tier darstellt.

Tatsächlich wird das „Wohlfühlen", der „Spaß am Leben" immer dann beschrieben, wenn es um die Tierrechte geht. „Ich habe ein Schwein gesehen, das sich im Schlamm suhlte, das fühlte sich sauwohl!" – „Schau mal, meine Katze schnurrt, die liebt ihr Leben!" – „Guck mal, wie Max im Körbchen liegt, der hat es gut!" Es sind Sätze wie diese, die Lebensfreude der Tiere ausdrücken sollen und regelmäßig herangezogen werden, wenn es um die Frage geht, ob der Mensch diese „Lebensfreude" beenden darf.

Darf er?

Auch dazu gibt es ein Beispiel:

Michael ist von seiner Oma zum Geburtstag auf die Kart-Bahn eingeladen worden. Er bekommt einen echten Rennfahrer-Overall und flitzt in seinem „Rennauto“ eine Runde nach der anderen. Oma steht stolz am Fahrbahnrand und winkt. Michi kommt sich vor wie eines seiner großen Idole der Formel 1, Hamilton oder Vettel. Der Wind zerrt an ihm, die Motoren dröhnen und er legt sich in die Kurven, während der Benzingeruch in seine Nase steigt. Was für ein herrlicher Tag!

Doch dann schaut Oma auf die Uhr. Sie winkt und zeigt auf die Ausfahrt. Ihre Zeit ist um, sie müssen nach Hause. Michi steigt aus seinem Kart und läuft zu ihr. „Och Oma, nicht jetzt schon aufhören, noch drei Runden, OK?“

Sie schüttelt den Kopf. „Du sollst pünktlich zum Abendessen zu Hause sein, haben Deine Eltern gesagt.“

„Och Oma! Noch eine Runde! Eine einzige Runde, ja?“ Michi bittet und bettelt, doch Oma bleibt hart. Sie zieht ihm den Helm vom Kopf und geht zum Ausgang. Michi macht ein böses Gesicht. Blöde Oma.

Stellen wir uns jetzt vor, Michael würde auf der Kartbahn nach jeder Runde vergessen, dass er schon eine Runde gefahren ist und auch nicht wissen, dass er noch eine Runde fahren kann. Wie würde er dann reagieren, wenn Oma ihn von der Rennbahn holt?

Richtig, es wäre ihm egal.

Wenn ich mit meinem Hund spazieren gehe und den Spaziergang abbreche, dann kann er vorher noch so sehr geschnüffelt und gewedelt haben, herumgerannt sein oder im Maulwurfshaufen gegraben haben, er wird mitkommen ohne Murren und Knurren. Seine Freude ist ausschließlich eine Freude des Augenblicks, ohne ein Davor und ein Danach.

Das Bewusstsein, sich an einem bestimmten Zustand zu erfreuen und dabei zu erkennen, dass dieser Zustand nicht ewig dauert, das erst macht Lebensfreude aus. Lebensfreude hängt davon ab, dass man vom Gegenteil des Schönen, Angenehmen, Spannenden oder Lustvollen weiß, nämlich vom Langweiligen, Hässlichen, Unangenehmen und Abstoßenden. Für diese Differenz haben Tiere jedoch kein Gefühl.

Nehmen wir an, Sie vergessen Ihren Hund an einem heißen Sommertag im Auto. Im Wagen steigt die Temperatur auf 40 Grad Celsius und Fifi hechelt, was das Zeug hält. Mitten im Supermarkt fällt Ihnen der Köter im Backofen ein, Sie rennen zum Parkplatz und reißen die Autotür auf. Fifi wird nun herausspringen, wedeln und aus der nächsten Pfütze saufen. Er wird Sie nicht anknurren. Er wird Sie nicht beißen. Er wird Sie auch nicht mit Nichtachtung strafen. Er wird einfach wedeln.

Und nun stellen Sie sich das Gleiche mit Ihrem Freund vor, Ihrer Schwiegermutter, Ihrer Oma oder sonst wem. Sie öffnen die Tür und eine Flut von Verwünschungen bricht über Sie herein. Niemand wedelt.

Dieser Vergleich zeigt uns, dass das Bewusstsein von den zeitlichen Grenzen unserer Lebenszustände und der Möglichkeit, dass eine Sache anders sein kann, als sie ist, den Schlüssel zu Lebenslust und Lebensverdruss bildet. Genau diese Möglichkeiten sind es, von denen das Tier nichts weiß. Wir erinnern uns an Heidegger: Das Tier ist weitestgehend ohne Möglichkeiten, es ist deshalb weltenarm.

Der Vorteil der Weltenarmut ist, dass man das Tier nicht seines Lebens und der Lebenszeit berauben kann. Unter diesem Aspekt kann die Antwort auf die Frage, ob man Tiere töten und essen darf, nur lauten: Man darf.

Leiden

Im vergangenen Kapitel haben wir gesehen, dass der Tod und die Lebenszeit der Tiere ohne ihr Bewusstsein keine Rolle spielen. Wenn wir das akzeptieren, dann ist es aus Sicht des Tieres unwesentlich, ob der Mensch über dessen Tod bestimmt. Eine ganz andere Frage ist jedoch, ob wir einem Tier Leid zufügen dürfen. Schließlich stirbt es nur an einem Tag. Davor lebt es und fühlt, ob es genug Futter hat oder nicht, ob es dauernd geschlagen wird oder nicht, ob es sich kaum bewegen kann oder nicht.

Dabei spielt es zunächst eine untergeordnete Rolle, ob man mit Plutarch oder Kant der Auffassung ist, Tiere solle man nicht quälen, damit der Mensch nicht verroht, oder ob man sich als Anhänger von Bentham und Schopenhauer an der Leidensfähigkeit des Tieres orientiert. Keiner dieser Philosophen wird es rechtfertigen, dass Tiere unter schlechten Bedingungen gehalten oder bewusst gequält werden und deshalb leiden müssen.

Doch was ist Leiden?

Auch bei der Beantwortung dieser Frage spielt der Anthropomorphismus eine unglückliche Rolle. Je nach Persönlichkeit nimmt der Beobachter die Behandlung eines Tieres nämlich als völlig normal oder als grobe Quälerei wahr.

So untersuchte Werner Meuser mehrere Personengruppen auf ihre Beziehung zum Schmerzempfinden von Tieren. Er legte Tierschützern, Tiermedizinern, Humanmedizinern und Mitarbeitern von Schlachthöfen Fragebögen vor. Darauf waren bestimmte Situationen im Umgang mit Tieren dargestellt. Die Befragten konnten auf einer Skala von 1–200 Punktzahlen vergeben, welchen Schmerz die Tiere wohl erleiden könnten. Das Ergebnis war beeindruckend: Mit 65,7 Punkten bewerteten die Humanmediziner das Schmerzerlebnis der Tiere am geringsten, danach kamen die Tiermediziner mit 71,1 Punkten. Etwas höher lagen die Mitarbeiter von Schlachthöfen mit 74,6 Punkten. Tierschützer hingegen bewerteten die Schmerzsituationen mit durchschnittlich 118,1 Punkten und lagen damit ungefähr 80 % höher als die Humanmediziner. Selbst die Berufsgruppe der Tierärzte, zu der mit großer Wahrscheinlichkeit viele Tierfreunde gehören dürften, wurde um gut 65 % von den Tierschützern übertroffen, wenn es um die Leidensbemessung ging.

Ganz offensichtlich spielt die persönliche Identifikation der betreffenden Personen eine wesentliche Rolle, wenn es um die Bemessung von Leiden geht. Ebenso wichtig scheint das Wissen um die Biologie der Tiere zu sein.

Grundsätzlich ist der Umstand, ob es Tieren gut geht, vergleichsweise einfach zu beurteilen, wenn man sich ihre Artspezifik vor Augen hält und sie mit der realen Erscheinung vergleicht. Unser Bild, das wir von einem Huhn haben, entspricht einem Laufvogel mit Vollbefiederung, der im Sand scharrt und nach Nahrung pickt.

Wenn wir uns nun einen Hühnerstall vorstellen, in dem lauter halbnackte Hühner nicht mehr im Sand scharren, sondern apathisch auf der Stelle sitzen, dann drängt es sich uns auf, dass dort etwas schiefläuft, weil kein Huhn unter normalen Umständen halbnackt ist und sich nicht mehr bewegt. In diesem Fall können wir, ohne uns dem Vorwurf des Anthropomorphismus auszusetzen, aus dem äußeren Bild ableiten, dass es den Tieren nicht so geht, wie es für ihre Art vorgesehen ist.

Doch wie sieht es aus, wenn in einem Großstall lediglich sehr viele Hühner auf dem Boden gehalten werden, die ansonsten ganz normal aussehen? Anthropomorphisten neigen dazu, aus der Gefangenschaft schon deshalb auf das Leiden zu schließen, weil sie Gefangenschaft ist. Das Huhn, so denken sie, kann keinen blauen Himmel sehen, nicht in Bäume schauen, nicht die Freiheit genießen. Dabei vergessen sie, dass ein Huhn ohnehin nur eine Blickweite von wenigen Metern hat. Es blickt weder in den Himmel noch in die Bäume. Auch die Farbe Blau kann es nicht erkennen. Es weiß weder etwas von Freiheit noch von Gefangenschaft. Dementsprechend leidet es nicht, auch wenn es sich seinen Stall mit vielen Artgenossen teilt.

Wie sehr man darauf achten muss, seinen eigenen Auffassungen vom Leiden nicht zum Opfer zu fallen, wird am ehesten deutlich, wenn wir uns mit dem Angeln beschäftigen:

Irgendwo in Montana fließt ein Gebirgsbach. Ein alter, einsamer Fliegenfischer steht am Ufer des rauschenden Wassers und lässt die Angelschnur über die spiegelnde Fläche tanzen. Es sieht aus, als habe er einen Sonnenstrahl in den Händen, den er durch die Luft schwingen lässt. Das Licht bricht sich in den Strudeln und die Fliege huscht über die Strömung. Inmitten der melancholischen Musik heißt es:

„Wenn ich so allein im Zwielicht des Canyons stehe, scheint alle Existenz in einem Wesen mit meiner Seele und meinen Erinnerungen zu verschmelzen, mit den Klängen des Blackfootflusses und einem Viertaktrhythmus und ich hoffe, dass die Forelle steigt. Am Ende fließen alle Dinge ineinander. Und aus der Mitte entspringt ein Fluss."

„Und aus der Mitte entspringt ein Fluss" – Kennen Sie den Film? Mich berühren diese Bilder und Worte immer wieder. Die Ewigkeit von Werden und Vergehen und den Beginn des Neuen im Tod hat Robert Redford so traumhaft mit der Bergwelt Montanas zusammengefasst, dass einem die Augen feucht werden.

Für Tierrechtsorganisationen wie beispielsweise PETA sind solche Darstellungen ein Graus, die Worte hinter den Bildern mögen noch so schön sein. In den Köpfen der Menschen um Ingrid Newkirk taucht lediglich das Bild von einem Haken auf, der sich in die Wange des Fisches bohrt, in Zunge und Gaumen, der ihn nach oben reißt, Luft schnappen lässt und ans Licht zerrt, in dem er elend erstickt. Diesen „barbarischen Sport" will PETA lieber heute als morgen verboten sehen. Es scheint, als sei Ingrid Newkirk die Rächerin der Unterwasserwelt, die schon Goethe in seinem „Fischer" besungen hat.

Das Wasser rauscht', das Wasser schwoll,
Ein Fischer saß daran,

Sah nach dem Angel ruhevoll
Kühl bis ans Herz hinan.
Und wie er sitzt und wie er lauscht
Teilt sich die Flut empor;
Aus dem bewegten Wasser rauscht
Ein feuchtes Weib hervor.

Sie sang zu ihm, sie sprach zu ihm:
„Wie lockst Du meine Brut
Mit Menschenwitz und Menschenlist
Hinauf in Todesglut?
Ach, wüsstest Du, wie's Fischlein ist
So wohlig auf dem Grund,
Du stiegst herunter, wie du bist
Und würdest erst gesund.

Labt sich die liebe Sonne nicht
Der Mond sich nicht im Meer?
Kehrt wellenatmend ihr Gesicht
Nicht doppelt schöner her?
Lockt dich der tiefe Himmel nicht
Das feuchtverklärte Blau?
Lockt dich dein eigen Angesicht
Nicht her in ew'gen Tau?"

Das Wasser rauscht', das Wasser schwoll,
Netzt ihm den nackten Fuß,
Sein Herz wuchs ihm so sehnsuchtsvoll,
Wie bei der Liebsten Gruß.
Sie sprach zu ihm, sie sang zu ihm
Da war's um ihn gescheh'n:
Halb zog sie ihn, halb sank er hin,
Und ward nicht mehr geseh'n.

Doch stimmen diese Vorstellungen überhaupt? Leiden Fische, so wie wir es uns vorstellen? Oder ist das Bild der Natur, das sich in den Köpfen der PETAisten abspielt, ebenso verfehlt, wie der Gedanke der Gerechtigkeit in der Tierwelt?

Tierrechtler stellen sich vor, sie wären der Fisch. Sie schwimmen vergnügt und voller Lebensfreude im Wasser und sehen über sich ein Insekt in der Luft schwirren. Was läge näher, als nach diesem leckeren Happen zu schnappen? Sie freuen sich schon auf die fette Fliege, die gleich den Schlund hinabgleiten wird.

Nun, bereits am Begriff des Leckeren scheitert die Tierneurologie. Nach allem, was wir wissen, haben Fische keine Geschmackspapillen und auch keine Hirnregionen, die zwischen lecker, nicht lecker, süß, salzig oder sauer unterscheiden könnten. Der Fisch schwimmt auch nicht vergnügt durch das Wasser, da sich Vergnügen im limbischen System des Gehirns abspielt, das bei Fischen fehlt. Der Fisch freut sich aus demselben Grund auch nicht, wenn er nach der Fliege schnappt. Insofern ist jede Vorstellung von derartigen Gefühlen des Flussbewohners von vornherein eine Fehlvorstellung menschlicher Projektionen, ein Anthropomorphismus.

Nicht viel anders ist es, wenn es um den Haken geht, auf den der Fisch beißt. Wenn wir uns vorstellen, ein solch scharfes Stück Metall bohrte sich durch unseren Gaumen, dann fällt uns sofort ein, wie wir uns jetzt verhielten. Auf den Zug der Angel müssten wir mit allen Mitteln in die Richtung des Fischers schwimmen, um dem großen Schmerz in unserem Mund den Zug zu nehmen. Unsere Schmerzvermeidung würde uns ganz sanft und gefügig machen. Dabei dürfen wir nicht vergessen, was der Mund für den Menschen bedeutet. Er ist nicht nur das Zentrum der Sprachäußerung, sondern auch Mittelpunkt aller kulinarischen und erotischen Genüsse. Essen, Trinken, Küssen sind ohne den Mund gar nicht denkbar. Umso sensibler sind wir, wenn uns dort Schmerzen drohen.

Völlig anders verhält sich aber der Fisch. Forellen, Hechte und Barsche wehren sich und versuchen mit allen Mitteln, den Haken loszuwerden. Allein das spricht gegen ein Schmerzempfinden, das mit dem unseren auch nur im Mindesten vergleichbar wäre. Hätten Fische eine derartige Sensorik, so würde dies automatisch zu einer Schmerzvermeidungsstrategie führen. Nichts von alledem ist jedoch bei ihnen zu beobachten. Im Gegenteil, selbst an Teichen, in denen Fischer nach der Methode „Catch and Release“ angeln, beißen die Fische hintereinander auf den Köder, der ihnen präsentiert wird, werden gefangen und dann wieder freigelassen. Bei einem Schmerzempfinden, das dem des Menschen gleich ist, würde der Fisch automatisch nicht noch einmal auf einen Köder beißen, um den Schmerz zu vermeiden. So aber wurden in Teichanlagen bis zu 26 Bisse des gleichen Fisches auf den Köder notiert. In manchen Teichen sind die einzelnen Fische den Anglern bereits mit Namen bekannt. All das, die äußere Erscheinung, der mehrfache Köderbiss, vor allem aber das Sich-Wehren gegen den Fang, spricht für eine Schmerzunempfindlichkeit des Fisches.

Der Grund dafür liegt nach den Feststellungen eines internationalen Forscherteams um Robert Alringhaus in der Beschaffenheit des Fischgehirns. Dort fehlen die Regionen, in denen beim Menschen das Schmerzzentrum sitzt. Es handelt sich dabei um den Neocortex. Nach dem Grundsatz „No brain – No pain“ (kein Hirn, kein Schmerz) kann ein dem Menschen ähnliches Schmerzempfinden damit ausgeschlossen werden. Hinzu kommt der Umstand, dass Schmerzen vom Maul des Fisches in das Gehirn geleitet werden müssten. Diese Schmerzleitung erfolgt bei allen Wirbeltieren durch entsprechende Schmerzrezeptoren, den sogenannten C-Nozizeptoren. Diese Schadensmelder sind bei Knochenfischen außerordentlich selten und fehlen bei Knorpelfischen völlig. Die sogenannten A-Nozizeptoren dagegen können zwar thermische und mechanische Veränderungen wahrnehmen, dienen allerdings vornehmlich als reine Gefahrenmelder.

Haben Sie schon einmal versucht, einen Fisch mit der Hand zu fangen?

Die A-Nozizeptoren melden so schnell an dass Gehirn, das im Bereich des Fischkörpers etwas nicht in Ordnung ist, dass dadurch die ebenso blitzschnelle Flucht eingeleitet wird, die für den Fisch gegenüber Räubern so wichtig ist, um zu überleben. Dies hat jedoch nichts mit Schmerz im Sinne des menschlichen Gefühls zu tun, sondern mit einer reinen Impulsauslösung.

Stellen wir uns vor, eine Klette fiele uns auf den Kopf. Das spüren wir sofort und greifen danach, wenn sich deren feine Häkchen in unseren Haaren verfangen. Mit Schmerz hat das nichts zu tun, sondern lediglich mit einer Reizung der Haut und der Haarwurzeln, die an das Gehirn weitergegeben wird.

Diese Erkenntnisse passen nicht in das Weltbild des Tierschutzes. Man hat deshalb immer wieder versucht, Schmerzempfinden bei Fischen wissenschaftlich zu belegen. Warum sich PETA damit solche Mühe gibt, ist eigentlich nicht zu verstehen. Selbst wenn das Angeln den Fisch nämlich leiden ließe, so wären Leiden ohnehin nie zu vermeiden, denn ohne Angler wird der Fisch von anderen Räubern gefressen oder stirbt durch Krankheit. Ob dieser Tod vorzugswürdig ist? Eine Natur ohne Leiden gibt es nicht, da die Natur keine Palliativmedizin kennt.

Und dennoch klammern sich PETA und andere Tierrechtsorganisationen mit aller Kraft an das Bild vom sensiblen Fisch, das sich in ihren Köpfen festgesetzt hat. So werden beispielsweise die Versuche von Lynne Sneddon zu Forellen genutzt, um deren Schmerzempfinden zu belegen. Diese Forscherin injizierte ihren Versuchsfischen Bienengift und Essigsäure in die Lippen. Daraufhin rieben sich die Versuchstiere mit dem Maul am Untergrund, schaukelten im Wasser und stellten eine gewisse Zeit die Nahrungsaufnahme ein. Sneddon schloss deshalb auf einen sogenannten *„komplexen Reflex"*, den sie als Schmerz auslegte. Doch Reizreaktionen sind nicht gleichzusetzen mit Schmerzreaktionen. Verfängt sich beispielsweise die eben beschriebene Klette in unserem Haar, dann werden wir sie herausziehen, auch wenn sie uns keine Schmerzen bereitet. Wir ziehen auch unser Bein weg, wenn wir gekitzelt werden, ohne dass wir diesen Reiz als Schmerz bezeichnen könnten.

In diesem Zusammenhang darf übrigens darauf hingewiesen werden, dass die Giftdosen, die Sneddon brauchte, um überhaupt

Reaktionen bei Fischen auszulösen, jeden Menschen in den Wahnsinn getrieben oder ins Grab gebracht hätten. Bei diesen Mengen von Giften lediglich ein Reiben des Mauls an Steinen auszulösen, ähnlich wie ein Kratzen am Mückenstich, spricht wahrlich nicht für ein Schmerzerlebnis, das dem des Menschen im Mindesten gleichkommt.

Richtig ist hingegen, dass ein Fisch bei einer Veränderung seiner Lebensumstände durchaus Stress empfinden kann. Sinkt beispielsweise der Sauerstoffgehalt des Wassers, steigt die Verschmutzung, sind keine Nahrungsressourcen verfügbar oder ist der Fischbesatz im jeweiligen Umfeld zu hoch, dann reagiert das einzelne Tier mit Stresssymptomen. Auch dies hat allerdings nichts mit Schmerz oder Leiden im Sinne menschlicher Empfindungen zu tun. Ansonsten wären die fehlenden Schmerzvermeidungsstrategien von Fischen nicht zu erklären.

Ein weiteres Beispiel: Man fand im Maul eines Hais über 90 Rochenstacheln, die der Räuber sich in seiner langen Karriere zugezogen hatte. Derart schwere Verletzungen kann nur ein Tier immer wieder auf sich nehmen, das nicht über das Nervengerüst verfügt, unter diesen Verletzungen wirklich zu leiden. Auch wenn es PETA schwerfällt, verdient das Gefühlsleben der Fische sowohl im Hinblick auf Schmerzreize als auch hinsichtlich ihrer neuronalen Verarbeitung das Wort des Leidens nicht. Ein Tier leidet nur in dem Maße, wie es von seiner Art her ausgestattet ist. Dazu gehört, dass jede reflektierende Beschäftigung mit dem Leiden, die typisch für den Menschen ist, ausfällt.

Stellen Sie sich vor, Sie entdecken an Ihrem Bein eine Zecke. Sie entfernen das Insekt mit einem kurzen Ruck und der Fall ist für Sie abgeschlossen. Einige Tage später stellen Sie eine ringförmige Rötung fest und es juckt. Sie ahnen, dass Sie sich eine Borreliose eingefangen haben, eine Krankheit, die bei fehlender Behandlung bis zum Rollstuhl führen kann. Weder der Zeckenbiss noch die Rötung oder das Jucken sind ernsthafte Leiden. Es juckt halt ein wenig. Die wahren Leiden entstehen jedoch erst in Ihrem Kopf, wenn Sie an die Borreliose denken, wenn Sie beim Arzt im Wartezimmer sitzen und sich selbst im Rollstuhl sehen, wenn Sie im Internet „Borreliose“ googeln.

Sie haben Angst vor allem, was Ihnen durch diesen einen Zeckenbiss geschehen kann. Erst Ihr Bewusstsein erschließt Ihnen das wirkliche Leiden.

Wie wesentlich das Bewusstsein für das Leiden an sich ist, wird uns deutlich, wenn es eigentlich gar keinen äußeren Grund gibt, sich schlecht oder unglücklich zu fühlen, keinen Zeckenstich, keine Borreliose. Derartige Leiden, die nur in unserem Kopf entstehen, sind nicht selten:

Thomas und Marie sind seit zwanzig Jahren verheiratet. Im Freundeskreis gelten sie als Musterpaar. Wenn sie den Raum betreten, dann weiß jeder, dass diese beiden einfach zusammengehören. Es ist nicht nur die Art, wie sie reden und lachen, es sind vor allem die kleinen Gesten der Zuneigung, das mühelose Umgehen miteinander. Sie lieben die gleichen Dinge, kochen gern und machen ausgedehnte Bergwanderungen. Die Kinder sind aus dem Haus. Beide haben jetzt mehr Zeit für sich. Das Leben ist schön. Als Thomas sich jedoch vor einer lang geplanten Tour in die Alpen eine Mandelentzündung einfängt, fährt Marie allein für die drei Tage Richtung Tirol. „Es wäre doch Unsinn, wenn Du auf diesen schönen Trip verzichtest“, hatte Thomas gekrächzt. Allein in der wunderbaren Landschaft wandert Marie über enge Bergpfade, durch stille Täler und genießt diese Welt. Sie sieht immer noch gut aus, eigentlich besser als je zuvor. Auf einer Hütte macht sie Rast. Dort sitzt bereits ein anderer Wanderer. Sven, drei Jahre jünger, Computerspezialist.

Drei Wochen später will Thomas den Pizzaboten bezahlen und merkt, dass er kein Bargeld hat. Marie ist beim Joggen, deshalb geht er an ihre Handtasche, um aus dem Portemonnaie einen Schein zu nehmen. Er findet das Geld und einen Zettel, auf dem nur ein Satz steht: „Ich werde Dich nie vergessen.“ Mit zitternden Händen öffnet er die Nachrichten auf dem Handy. Er hasst sich selbst dafür. Nachdem er gelesen hat, muss Thomas sich übergeben. In den folgenden Wochen nimmt er fünfzehn Kilogramm ab. Marie fühlt sich schuldig. „Es war doch nur Sex.“ Sie sagt das immer wieder. Thomas nickt. Er weiß, dass seine Frau ihn liebt.

Thomas wurde nicht von einer Zecke gestochen. Er hat keine Borreliose. Seine Frau hat ihn nicht für Sven verlassen, sie liebt ihn wie zuvor. Beide haben auch noch Sex und fahren in die Berge. Es ist eigentlich nichts geschehen.

Alles Leiden hat sich ausschließlich in seinem Kopf abgespielt. Seine selbstquälerischen Verlustängste, die verkrampfte Eifersucht, der Konkurrenzdruck im Bett, all das entspringt ausschließlich seiner Fähigkeit, sich in ein Verhältnis zu seiner Frau zu setzen und zu ihrem Flirt. Der Computerspezialist Sven war einfach nur eine erotische Begegnung am Rande des Alltags. Im Bewusstsein von Thomas wächst er zu einem Schatten, den er nicht bezwingen kann.

Dem Tier fehlen diese Fähigkeiten zum Erfassen seiner Situation und zum Verhältnis zu seiner Umwelt. Ebenso weltenarm wie das Tier ist deshalb sein Leiden. Das wird uns vor allem dann deutlich, wenn wir einen Menschen beobachten, der sich – anders als unser trauriger Thomas – in einer weltenarmen, bewusstseinslosen Situation befindet.

Im Jahr 1828 fiel den Bürgern von Nürnberg ein junger Mann auf, den noch niemand zuvor in der Stadt gesehen hatte. Er tappte so seltsam unsicher daher, dass man glauben konnte, er habe erst kurz zuvor das Gehen gelernt. Dabei war er kaum in der Lage, ganze Sätze zu sprechen und murmelte auf die Frage, woher er komme, mehr oder weniger Unverständliches. Als man ihm ein Stück Schinken anbot, spuckte er es sofort wieder aus, nahm aber Brot und Wasser an. Er erzählte, sein gesamtes bisheriges Leben in einem Keller gefangen gehalten worden zu sein. Dort habe er lediglich zwei kleine Holzpferdchen zum Spielen gehabt. Nahrung sei immer in Form von Brot und Wasser zur Verfügung gewesen. Manchmal sei er nach dem Essen eingeschlafen. Wenn er dann erwachte, habe er seine Haare und Fingernägel geschnitten und gewaschen vorgefunden.

Wir wollen hier nicht die weitere kurze Lebensgeschichte des Kaspar Hauser vertiefen, sondern uns dem eigentlich Bemerkenswerten widmen. Über seine Gefangenschaft meinte das Findelkind nämlich zu seinem Pflegevater, dem Schulmeister Daumer, er habe sie nicht in irgendeiner Form als bedrückend oder schrecklich erlebt. Erst, nachdem er aus diesem Keller freigelassen worden war, habe er sich einen Begriff vom wirklichen Leben machen können.

Diese Wahrnehmung deckt sich mit dem berühmten Höhlengleichnis des Platon, in dem dieser über Menschen schreibt, die in einer Höhle angekettet sind. Hinter ihnen brennt ein Feuer, das ihre Schatten an eine Wand wirft. Sie können sich selbst nicht sehen und auch nicht ihre Nachbarn, sondern nur ihr Schattenbild. Jeder von ihnen ist der festen Überzeugung, dass nur diese Schatten das wahre Leben sind.

Ebenso verhielt es sich mit den verwahrlosten Kindern, die 1990 in rumänischen Waisenheimen aufgefunden wurden. Sie waren so abgestumpft in ihrem Zustand der Vernachlässigung, dass sie überhaupt nicht wussten, was Glück oder wirkliches, freies Leben ist.

Was bedeuten diese Beispiele für unser Verhältnis zum leidenden Tier?

Sie zeigen vor allem, dass Leben, Liebe, Freundschaft, Wohlbefinden oder gar Glück hochgradig komplizierte und vor allem an der Möglichkeit zur Unterscheidung hängende Umstände sind. Wer niemals in Freiheit war, der kennt auch keine Unfreiheit. Wer sein Leben lang auf dem Wüstenboden geschlafen hat, der weiß nicht, wie sich ein Federbett anfühlt. Wer sich grundsätzlich nicht wäscht, hat keinen Begriff von den Freuden eines Schaumbades.

Wir müssen lernen, dass der eigene Blickpunkt nicht der Maßstab für die Existenz anderer ist. Der Umstand, dass ein Schwein, ein Huhn oder ein Rind nur auf vergleichsweise geringem Raum lebt, bedeutet noch nicht automatisch, dass es artwidrig oder gar quälend gehalten wird. In der modernen Welt sitzen unzählige Menschen den ganzen Tag vor dem Fernseher, ohne sich aus dem Zimmer fortzubewegen. Sie machen keine Wanderungen, sie bilden sich nicht kulturell, üben keinen Sport, keine Kunst oder kein Hobby aus. Würde man ihnen jedoch sagen, ihr Leben sei nicht lebenswert, würden sie das weit von sich weisen, da sie nichts anderes kennen. Begriffe wie Artgerechtigkeit und Freiheit sind also deutlich komplizierter, als die Tierrechtler es darstellen wollen.

Häufig wird die Auffassung vertreten, Tiere könnten Trauer empfinden. Das ist schon deshalb schwierig zu bestätigen, da der Begriff der Trauer für uns Menschen außerordentlich vielschichtig ist. Was empfinden wir, wenn wir trauern, z. B. beim Tode eines uns Nahestehenden? Wir denken an den geliebten Menschen, wir erinnern uns an gemeinsame Erlebnisse, wir vermissen seine Stimme, seinen Geruch, seine Eigenheiten, sein Lachen oder sein Gesicht. Wir tauschen uns mit anderen Menschen darüber aus, wie er oder sie so war, damals. Wir setzen uns ins Verhältnis zum Verstorbenen und lassen ihn vor unserem inneren Auge immer wieder neu erstehen.

Es gibt keinerlei Beobachtungen im Tierreich, die so komplexe Gefühle rechtfertigen, die das Wort Trauer verdienen könnten. Im Jahr 2008 wurde das Gorillaweibchen Gana bekannt, das im Zoo von Münster ihr Junges verloren hatte. Noch lange nach dessen Tod trug sie es mit sich herum. Ähnlich enge Bindungen werden von Forschern aus der Serengeti berichtet. Elefanten versuchen ihre Toten aufzurichten und kehren noch häufig an deren Sterbeort zurück. Auch Delfinen wird eine vergleichsweise enge Bindung an das verstorbene Tier zugeschrieben.

Ob man daraus allerdings Trauer ablesen kann, darf bezweifelt werden. Trauer und Mitleid sind erheblich komplexere Gefühle als die Reaktion eines Tieres auf das Ende eines ihm gewohnten Zustandes. Aus dem Verhalten von Gana wird man eher Unverständnis im Hinblick auf die plötzliche Bewegungslosigkeit ihres Jungen ableiten müssen als ein komplexes Gefühl der Trauer.

Ein Mensch ist in der Lage, unendliche Trauer bei der Nachricht vom Tod eines anderen zu empfinden, den er schon lang nicht mehr gesehen hat. Bei Tieren sind solche abstrakten Gefühle völlig unbekannt. Die Reaktion auf den Tod eines Artgenossen hängt deshalb immer von dem Umstand ab, dass sich in der Sozialbindung des Rudels oder der unmittelbaren Familie eine Veränderung ergeben hat, die vom jeweiligen Tier nicht eingeordnet werden kann. Ein Elefant zieht mit seiner Gruppe. Diese Gruppe stellt für die darin verbundenen Rudeltiere eine Sozialstruktur dar, an deren ganz konkrete

Zusammensetzung sie gewöhnt sind. Stirbt deshalb ein Elefant aus diesem Verband, so wird es angebracht sein, die als Trauer erscheinenden Reaktionen in Verbindung mit einem gewissen Stress zu interpretieren, der mit einer realen Veränderung des Rudelgerüsts und unter Umständen mit dem Verlust des Sozialstatus einhergeht.

So sind Gänse nur während der Dauer ihres Paarstatus in der Lage, ihre Sozialstellung im Verband zu erhalten. Dass eine Gans nach diesem Verlust eher abgesondert von den übrigen Gänsen agiert, ist verständlich. Das alles hat allerdings nichts mit Trauer im Sinne eines komplexen Gefühls zu tun.

Um nämlich Trauer zu empfinden, bedarf es eines hinreichenden Bewusstseins vom Tod. Nur wenn wir wissen, was Tod ist, kann er uns auch selbst belasten, indem wir einerseits wissen, dass der oder die Verstorbene selbst tot ist und andererseits nachempfinden können, dass es uns eines Tages genauso gehen wird. Doch gerade dazu ist ein Tier nicht in der Lage.

Das hält Anthropomorphisten nicht davon ab, bei jeder Gelegenheit ein angeblich „hochkomplexes Trauergefühl" der Tiere zu beschwören. Ein Paradebeispiel dafür ist die mediale Präsenz des Gorillaweibchens Koko.

Koko wurde 1971 in San Franzisco geboren und seit ihrem ersten Lebensjahr von Forschern der Stanford University trainiert. Die nach ihr benannte „Koko-Foundation" behauptet, das Tier verstehe ungefähr 2.000 englische Worte und sei fähig, über 1.000 gestische Zeichen zu kommunizieren.

Von Koko werden wahre Wunderdinge der Kommunikations- und Gefühlsfähigkeit berichtet. So soll der Gorilla auf die Frage, wohin man nach dem Tod komme, geantwortet haben:

„Nest, angenehm, Heia."

An einer anderen Stelle werden die „Worte" berichtet:

„Höhle, gemütlich, auf Wiedersehen."

Kokos Trainerin Penny Patterson leitet daraus ein komplexes Sprach- und Emotionssystem ab. Obwohl anerkannte Forscher wie Candland und Blackmore die Auffassung vertreten, Koko wisse gar nicht, was sie da sage, verfolgt die Koko-Foundation eine PR-Arbeit, die aus dem Gorilla eine quasi menschlich-intelligente Begabung macht. Das Meisterwerk des Medienrummels war der Auftritt von Koko bei der Nachricht vom Tode des Komikers Robin Williams. Koko war dem Schauspieler im Jahr 2001 einmal für wenige Stunden begegnet. Das hinderte den Gorilla nicht, bei der Nachricht von dessen Selbstmord – vierzehn Jahre später – das Zeichen „weinende Frau" zu liefern. Weltweit kämpften Fernsehmoderatoren mit den Tränen, wenn sie von der großen Gorillatrauer berichteten.

Dabei ist es unter den seriösen Verhaltensforschern nahezu unumstritten, dass Primaten Probleme damit haben, unsichtbare Sachverhalte, mithin den Tod als solchen, zu erfassen. Dennoch stürzen sich tierrechtspolitisch motivierte Wissenschaftler auf jedes noch so zweifelhafte Beweiszeichen für einen menschenartigen Geist der Tiere, um deren Gleichartigkeit zu belegen. Die Ethologin Julia Fischer bezeichnet diese Kollegen, die sich am liebsten der Medienarbeit widmen, etwas despektierlich als „Trophäensammler". Die dagegen argumentierenden Lerntheoretiker werden von ihr als „Spielverderber" betitelt. Der Trophäensammler liefert einen Beweis für kognitive Fähigkeiten eines Tieres, der mit großem medialen Aufwand aufbereitet wird und nichts anderes erreichen soll, als einen Anhaltspunkt zu liefern, um die Differenzierung von Mensch und Tier einzuschränken. Diese Debatte läuft dann über die Medien, bis ein Wissenschaftler aus der Fraktion der Spielverderber verkündet, das dargestellte Verhalten spreche nicht für kognitive Fähigkeiten, sondern sei schlicht erlernt.

Worum es im Kern bei dieser Auseinandersetzung geht, verdeutlicht ein Blick in die Geschichte der Tierpsychologie. Im Jahr 1895 wurde in Deutschland ein Pferd der Rasse Orlow-Traber geboren, das unter dem Namen „Kluger Hans" landesweite Berühmtheit erlangte. Hans löste durch Kopfnicken und Hufscharren mathematische Aufgaben, die seine Zuschauer in Bewunderungsstürme versetzten. Sein

Trainer Wilhelm von Osten war ähnlich begeistert von seiner Lehrbegabung wie Penny Patterson, die Koko-Trainerin. Er zog durch das ganze Land und pries die Begabung seines vierbeinigen Schützlings allerorten.

Schließlich interessierte sich sogar der preußische Staat für das Wundertier und bildete eine Expertenkommission unter Carl Stumpf, die im Jahr 1904 der Frage auf die Spur kommen sollte, ob Hans wirklich so klug oder Teil einer groß angelegten Betrugsmasche sei. Das Ergebnis war beeindruckend. Hans hatte keine Ahnung von Mathematik und noch nicht einmal das geringste Zahlenverständnis. Er hätte einen Apfel nicht von zwei Äpfeln unterscheiden können. Hans orientierte sich vielmehr am Verhalten seines Trainers. Wurde dem Pferd eine Aufgabe gestellt, so veränderten sich bei der richtigen Antwort Ostens Körperhaltung und Mimik ein wenig. Der Körper straffte sich bei falschen und entspannte sich bei richtigen Antworten. Da der Kluge Hans bei einer korrekten Lösung stets ein Leckerli bekam, reagierte er auf diese Konditionierung, ohne eins und eins zusammenzählen zu können. Das fiel vor allem dann auf, wenn der Trainer die richtige Lösung einer Aufgabe selbst nicht kannte. In diesem Fall fehlten die Körpersignale, an denen sich Hans orientierte, sodass der vierbeinige Wundermathematiker vor allen Augen wieder zum einfachen Heufresser schrumpfte. Hans starb, ohne mathematische Fortschritte gemacht zu haben, im Jahr 1916.

Bezieht man dieses Beispiel auf Koko, so wird klar, dass der Gorilla nicht auf den Selbstmord von Robin Williams reagiert hat. Schon das Treffen mit dem Komiker im Jahr 2001 liefert außerordentlich dürftige Ergebnisse. Jedenfalls kann aus dem Mitschnitt, der auf www.youtube.com zu betrachten ist, kein Zeichen für eine tiefere emotionale Beziehung abgeleitet werden. Williams kitzelte Koko ein wenig, was ausreichte, um die beiden als „enge Freunde" zu feiern. Es dürfte kaum glaubhaft sein, dass Koko vierzehn Jahre später noch besondere Gefühle für den Schauspieler aufbringen konnte, weil der sie im Jahr 2001 einmal gezauselt hatte. Nach dem Vorbild des Klugen Hans ist vielmehr wahrscheinlich, dass Koko auf den Gestus ihrer Trainerin konditioniert ist. Stellte Patterson sich vor dem Gorilla hin und zeigte mit besonders trauriger Stimme an, dass jetzt Trauer angesagt war, musste der Affe nur den entsprechenden Gestus abliefern, um als empathisches Wunderkind zu gelten.

Eine Überbewertung der Tiertrauer ist auch aus einem anderen Grund nicht angemessen. Wir dürfen nämlich nicht vergessen, dass Muttertiere in der freien Natur ca. 60 % bis 90 % ihres Nachwuchses innerhalb des ersten Jahres verlieren. Sie sind Nahrung für Prädatoren, zum Beispiel für Wölfe, Luchse, Füchse und andere Beutegreifer. Eine Hirschkuh kann aus diesem Grund von vornherein keine besonders starke Bindung zu ihrem Kalb entwickeln, da dessen Wegfall Teil der Normalität des Rudels ist. Der Mensch in seiner Todesentwöhnung sollte sich davor hüten, seinen eigenen Trauerbegriff auf das Tier zu übertragen, das viel mehr als er selbst im Spannungsverhältnis zwischen Leben und Sterben steht und die Existenz des Todes gewöhnt ist, ohne ein Bewusstsein davon zu haben.

Hilfreich ist hier für uns, einen Blick auf den Trauerbegriff der Zeit von vor 500 Jahren zu werfen. Damals war die Kindersterblichkeit so hoch, dass der Tod für jedes Elternpaar ein alltäglicher Begleiter war. Ein monate- und jahrelanges Trauern nach dem Tod eines Kindes war den Eltern dieser Jahrhunderte ebenso wenig möglich wie dem Wildtier.

Bedeutet das, dass wir auf nichts achten müssen, wenn es um das Halten von Tieren geht? Gibt es keine Regeln? Natürlich gibt es sie und sie sind viel einfacher festzulegen, als wir denken! Vertrauen wir nur auf unser Bild vom Tier, ohne es zu vermenschlichen.

Wenn wir uns ein Huhn denken, dann ist das ein Tier mit Federn, das auf seinen zwei Beinen steht und herumlaufen kann, im Sand scharrt und pickt. Das ist unser „ethologischer" Begriff vom Huhn.

Wenn in einer Intensivhaltung die Hühner so gezüchtet werden, dass sie in einem Monat das Schlachtgewicht erreichen, so hält ihr Beinapparat diese Zunahme nicht aus. Die Hühner bestehen dann nur noch aus einer unnatürlich großen Brust, sitzen auf der Stelle, bewegen sich nicht und picken auch nicht mehr. Bei mehr als zwölf Hühnern pro Quadratmeter ist das ohnehin nicht möglich. Ein solches Huhn entspricht nicht mehr unserem Begriff „Huhn". Sehen wir eine solche Hühnerhaltung, dann vergeht uns der Appetit und genau auf den sollten wir wieder vertrauen lernen, anstatt auf den Mechanismus der Preisbildung. Nicht moralinsaure Verbote, sondern ein gesundes Genussbild ist hier der beste Wächter für eine gute Tierhaltung.

Gehen wir unserer ethologischen Begriffsfantasie und unserer Vorstellung vom Genuss nach, wollen wir automatisch ein Huhn, das so ist und so lebt, wie man es sich vorstellt. Die Hersteller nutzen solche Wunschbilder in der Regel dadurch, dass sie ihren Produkten wohlklingende Namen wie „Wiesenhof" oder „Bauernglück" geben, obwohl diese Tiere weder eine Wiese noch einen Bauernhof gesehen haben. Aber schon dadurch entsteht in unserem Kopf eine Vorstellung vom Tier, die mit der Realität nichts zu tun hat.

Würden wir die Realität der Werbung anpassen, wäre das zunächst einmal etwas teurer für uns, denn ein ethologisch angemessen gehaltenes Huhn braucht mehr Platz als ein halbnackter Industrievogel und kostet deshalb auch mehr Geld. Gleichzeitig regt es aber unsere Genussfantasie an und macht uns glücklicher, wenn es in diesem Bewusstsein zum Braten wird.

Tatsächlich gibt es erste Versuche, die in diese Richtung gehen. Der Hersteller Wiesenhof hat in Kooperation mit dem Deutschen

Tierschutzbund ein Haltungskonzept entwickelt, das noch immer große Zahlen von Masttieren ermöglicht, jedoch eine Konstitution erzeugt, die unserer ethologischen Vorstellung eines Huhns entspricht. Unter der Marke „Privathof" werden Hühner auf den Markt gebracht, die zwar nicht „bio" oder „öko" sind, in denen wir jedoch das Wesen eines Huhns wiedererkennen und kein auf dem Boden kauerndes Etwas mit einer riesigen Brust.

Anstatt das Verhalten des Verbrauchers durch einen ständig erhobenen Zeigefinger ändern zu wollen oder mit Verboten und dem Ruf nach dem Gesetzgeber zu operieren, zeigen derartige Initiativen, dass ein gesundes Genussstreben dem Tierschutz mehr hilft als gebetsmühlenartige Anklagen. Derartige Projekte sind für Organisationen wie PETA oder Animal Peace natürlich völlig unzureichend. Ihr Hang zum Anthropomorphismus lässt sie derart am Vergleich von menschlicher und tierischer Gefangenschaft haften, dass zur Brandmarkung kein noch so geschmackloser Vergleich ausscheidet. Das wird vor allem anhand von PETAs Umgang mit der jüngeren Vergangenheit deutlich.

Ein Jude ist keine Legehenne

Erinnern Sie sich an das Credo von Ingrid Newkirk, der Gründerin von PETA?

„Eine Ratte ist ein Schwein, ist ein Hund, ist ein Junge."

Für diese Tierrechtsorganisation ist das Leiden der Tiere deshalb mit dem Leiden der Menschen gleichzusetzen. Nirgends wird das von ihr so deutlich gemacht wie beim Vergleich der Massentierhaltung mit dem Völkermord an den europäischen Juden.

Im Jahr 2003 startete PETA die Kampagne „Der Holocaust auf Ihrem Teller". Unter diesem Slogan stellte die Organisation mittels skurriler Bildervergleiche KZ-Insassen tierischen Nahrungsmitteln gegenüber.

Doch der gewünschte Effekt trat nicht ein. Im Gegenteil. Die Staatsanwaltschaft Stuttgart leitete ein Strafverfahren gegen den zweiten Vorsitzenden von PETA Deutschland e.V. wegen des Vorwurfs der

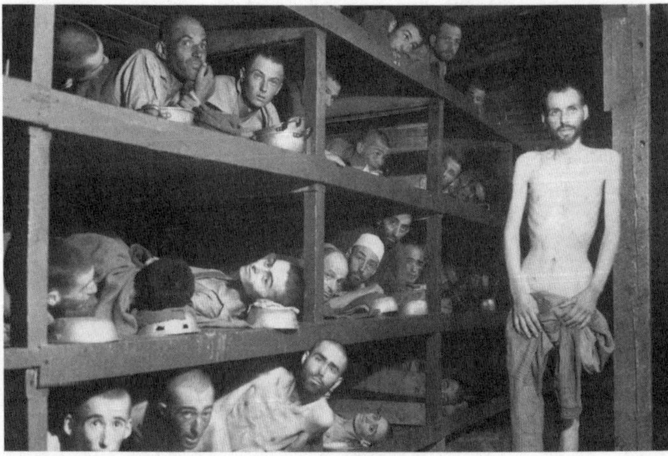

© Wikimedia Commons – H. Miller

Volksverhetzung ein, das nur gegen Zahlung einer erheblichen Geldauflage eingestellt wurde.

Daneben hatte der Zentralrat der Juden in Deutschland ein zivilrechtliches Verbotsverfahren in die Wege geleitet und beim Landgericht Berlin eine Unterlassungsverfügung beantragt. Tatsächlich erließ das Gericht am 18. März 2004 den entsprechenden Beschluss. PETA wandte sich an das Kammergericht, wo der Verein ebenfalls scheiterte. Schließlich versuchte man es mit einer Verfassungsbeschwerde, die jedoch vom Bundesverfassungsgericht nicht zur Entscheidung genommen wurde. Nach Auffassung der ersten Kammer des Ersten Senats sei es nicht zu beanstanden,

> *„dass die angegriffenen Entscheidungen darauf abstellen, dass nicht nur nach der – empirischen – Mehrheitsmeinung, die der Beschwerdeführer gerade nicht teilt, sondern nach den Bestimmungen des Grundgesetzes ein kategorialer Unterschied zwischen menschlichem, würdebegabtem Leben und den Belangen des Tierschutzes besteht, und infolgedessen die Kampagne des Beschwerdeführers als eine Bagatellisierung und Banalisierung des Schicksals der Holocaustopfer bewerten."*

Diese Entscheidung wurde vom Europäischen Gerichtshof für Menschenrechte bestätigt.

PETA und die übrigen selbst ernannten Anwälte der Tierwürde haben diese Urteile nie nachvollziehen können. Der österreichische Tierrechtler Helmut Kaplan verstieg sich sogar zu der Behauptung, die Kritik an den Holocaustkampagnen sei „dumm, böswillig oder beides".

Trotzig verkündete der stellvertretende Vorsitzende von PETA Deutschland Edmund Haferbeck:

> *„Die PETA-Kampagne mit dem Vergleich zum Holocaust der Juden, noch heute von den Tätern geleugnet, ist die letzte Warnung an die Gesellschaft. Wenn diese Aufrüttelung nicht zum Erfolg führt, wird eine al Quaida für die Tiere nicht mehr zu verhindern sein."*

Dieser Mann betrachtet nach eigener Auskunft den Vorwurf des Radikalismus als Kompliment. Assistiert wird ihm von Thomas D., dem Frontmann der „Fantastischen Vier":

> *„Ob du Menschen umbringst oder Tiere – es ist Mord. Und deshalb ist die Kampagne eigentlich noch gar nicht radikal genug, weil der Mord passiert jährlich viermal so oft, wie er damals im Dritten Reich stattgefunden hat."*

Was widert uns an diesem Vergleich von Juden und Hühnern durch PETA so an? Um ebenso konkret zu werden wie die Tierrechtler, wollen wir dazu ein Beispiel zeigen:

Victor Klemperer (1881–1960) war Professor für Romanistik an der Technischen Universität Dresden.

Wir können uns diesen Mann als klassischen liberal-konservativen Intellektuellen vorstellen, als einen typischen Vertreter des deutschen Bildungsbürgertums. Er war angesehen bei seinen Kollegen und wurde von seinen Studenten bewundert. Er wurde geliebt von seiner Frau und seinen Freunden, war Mitglied des gesellschaftlichen Lebens an der Fakultät und im Bürgertum seiner Stadt. Ein angesehener

Mitbürger wie es im Deutschland des beginnenden 20. Jahrhunderts viele gab. Dann kam das Jahr 1933 und veränderte alles. Klemperer war Jude.

Zunächst wurde er aufgrund des „Gesetzes zur Wiederherstellung des Berufsbeamtentums" zwangspensioniert. Das war für jemanden, der seinen Beruf so liebte wie er, eine menschliche Katastrophe, ging jedoch noch nicht an die Substanz der bürgerlichen Existenz. Klemperer erhielt eine Pension. Er konnte seine Wohnung halten, weiter mit seinem Freundeskreis sprechen und am sozialen Miteinander teilhaben. Er war „nur" ein pensionierter Hochschullehrer.

Viele bürgerliche Juden im Deutschland der Dreißigerjahre klammerten sich zu dieser Zeit noch an die Hoffnung, „es werde nichts so heiß gegessen wie gekocht", die Nazis könnten bald abgewirtschaftet haben usw. Doch dann wurden Klemperer und seine Leidensgenossen aus allen denkbaren Vereinen ausgeschlossen, aus Studentenverbindungen, aus Skat- und Kegelclubs, die jüdischen Handwerker aus den Innungen, die Ärzte aus den Kammern usw. Diese Ausgrenzung griff erst recht in die persönliche Lebensmitte ein und trennte Juden von ihren langjährigen Freunden und Weggefährten.

Auch jetzt weigerten sich noch viele Patrioten, die Zeichen der Zeit zu erkennen und sagten sich, dass mehr wohl kaum geschehen könne. Eine Emigration kam für viele von ihnen immer noch nicht in Betracht. „Ich bin doch Träger des Eisernen Kreuzes." – „In Israel ist es doch so heiß." – „Wer will schon nach Amerika?!" – „In guten wie in schlechten Zeiten!" – „Das will der Hitler doch nur." Man blieb.

Die Nürnberger Gesetze von 1935 verboten schließlich die Mischehen zwischen Ariern und Juden. Liebe, das urmenschlichste aller Gefühle, wurde zum strafwürdigen Verbrechen abgestempelt.

Es folgte 1938 die Zerstörung der Synagogen und vieler jüdischer Geschäfte. Anstatt die Verantwortlichen zu bestrafen, erging an die jüdischen Gemeinden der Bescheid über eine „Strafsteuer" in Höhe von 1 Milliarde Reichsmark. Juden, die sich jetzt entschlossen, zu emigrieren, mussten eine „Reichsfluchtsteuer" bezahlen.

Mit dem Krieg folgte schließlich eine nicht mehr abreißende Kette grausamer und grausamster Drangsalierungsmaßnahmen. Juden hatten keinen Zugang mehr zu Theatern. Sie konnten keine Bücher aus Bibliotheken entleihen. Sie durften sich beim Einkaufen nicht in Schlangen stellen, nicht die Straßenbahn benutzen. Autos und Fahrräder mussten sie abgeben. Klemperers wurden gezwungen, ihre Katze einschläfern zu lassen, weil Juden das Halten von Haustieren verboten war.

Schließlich wurden sie in spezielle Judenhäuser eingewiesen. Es gab Lebensmittelmarken für Juden, Strafsteuern für Juden, Zwangsabgaben für Juden und schließlich, ganz am Ende, die Deportation. Klemperer entging ihr nur deshalb, weil seine Frau als „Arierin" mit ihm eine sogenannte „privilegierte Mischehe" führte. Doch es verging kein Tag, an dem er sich nicht bewusst war, dass sein Leben am seidenen Faden des Lebens seiner Frau hing.

Klemperer hat das alles aufgeschrieben. Er hat über die ganzen Jahre der Erniedrigung Tagebuch geführt. Liest man diese Chronik, dann wird einem bewusst, was das Eigentliche, das absolut Grundlegende des Leidens ist. Es ist das Bewusstsein.

Klemperer erlebt in seinem Tagebuch jeden Tag in dem Wissen des vergangenen Schrecklichen und in der Erwartung noch grauenhafterer Quälereien. An jedem Tag bemisst er seine Chancen, lebend aus diesem Wahnsinn herauszukommen und sieht seine Freunde, Nachbarn und Hausgenossen verzweifeln, in die Deportation gehen oder Selbstmord verüben. Es ist das menschliche Bewusstsein mit allen Schattierungen, das menschliches Leid so unendlich grauenhaft macht.

„11. April 1942 – Jeder Tag bringt eine neue Verschlechterung der allgemeinen Situation, und jeden Tag fühle ich das Versagen meines Herzens mehr."

Victor Klemperer weiß, dass er leidet. Er ist herzkrank und achtet auf die Signale seines Körpers. Er weiß, dass er keine Medikamente mehr erhält und dass jede neue Diagnose seinen Tod bedeuten kann.

Ist dieses Leiden mit dem eines Huhns vergleichbar? Einem Huhn mögen die Federn ausfallen, es mag ein Bild des Jammers sein, doch es weiß nicht, dass es leidet. Es hat kein Wort für Leiden, kein Wort für sich selbst und kein Wort für Wissen. Es ängstigt sich nicht vor der Zukunft und beobachtet seinen körperlichen Verfall nicht. Es ist so, wie es ist.

„7. Juni 1942 – Wenn ich Rosenbergs Mythos bei seinem Erscheinen 1930 gelesen hätte – ich hätte ihn bestimmt als Flämmchen gewertet, als Irrsinnsprodukt eines einzelnen, einer kleinen desequilibrierten Gruppe. Ich hätte niemals geglaubt, dass das Flämmchen zünden – in Deutschland zünden könnte."

Victor Klemperer fragt sich, warum er leidet.

Stellt ein Huhn Fragen? Es verortet sich nicht gegenüber der Außenwelt. Deshalb kann es auch nicht darüber nachdenken, warum es im Maststall sitzt oder Eier legen soll. Es ist so, wie es in diesem Moment ist. Vielleicht hat es Entzündungen an den Zehen, doch es weiß nicht, was sie bedeuten. Vielleicht fallen ihm die Federn aus, doch es weiß nicht warum. Es ist so, wie es in diesem Moment ist.

Für das Huhn existiert auch kein Mensch, keine Doktrin, kein wahnsinniges Buch als Urheber des Leidens. Das Huhn muss die Beschimpfungen des kleinen Gestapospitzels nicht ertragen. Das Huhn kennt keine neuen Zwangsverordnungen der Reichsregierung. Das Huhn muss nicht hören, dass es ein „Volksschädling" sei und „ausgemerzt" werden müsse.

„6. Januar 1945 – Eva […] brachte günstige Nachrichten nach Hause: Ungarn hat Deutschland den Krieg erklärt – in der Hitlerrede stand Ungarn unter den abgefallenen Völkern; in Budapest sind 50.000 Mann in der Zitadelle eingeschlossen, die Stadt ist zusammengeschossen worden, nachdem die Besatzung russische Parlamentäre erschossen hatte. Im Westen ist der deutsche Angriff durchaus gestoppt – Mit alledem: wie lange noch?"

Victor Klemperer hofft, dass er nicht mehr lange leidet.

Da ist das Bewusstsein, wie es sein könnte, ohne diesen Hass der Nazis. Da ist die Erinnerung an die Zeiten, als man im Hörsaal noch Vorlesungen halten konnte. Die romantischen Erinnerungen an Hochzeit, Hochzeitsreise, Feiern, Freunde und Theater. All das wünscht Klemperer sich zurück, hofft und harrt, dass der verfluchte Krieg sein Ende findet. Das Huhn hört sich nicht um, wie sich der Frontverlauf entwickelt, wie nah die Amerikaner und die Russen bei Dresden liegen. Es hofft nicht auf Befreiung oder auf ein Attentat, das ihm diesen Wahnsinnigen im Führerbunker beiseite schafft.

Für das Huhn ist alles, wie es ist. Es kennt keine Hoffnung und deshalb wird es auch nicht von deren Enttäuschung gequält.

„6. März 1942 – Das Schlimmste dieser letzten Zeit ist die ständige Erwartung der Haussuchung. Immer wieder wird von den Rollkommandos Grausiges erzählt."

Victor Klemperer sorgt sich, dass er noch heftiger leidet.

Da ist das Bewusstsein, was noch an Schrecklichem kommen könnte. Klemperer richtet sich ein auf Deportation, Prügeleien, Ehrabschneidungen, tiefste Demütigungen und Mord. Eine Haussuchung oder eine Vorladung sind Grund zu nackter Panik, zur nagenden Angst, deportiert zu werden.

Das Huhn kennt weder Vergangenheit noch Zukunft. Deshalb richtet sich seine Sorge auch nicht auf das, was kommen mag. Es ist, wie es ist.

„5. April 1942 – Ein Ehepaar nach der Haussuchung zur Gestapo bestellt, nahm Veronal. Ein Schneider und ein Kaufmann erhängten sich im Gefängnis vor dem Abtransport ins KZ.“

Victor Klemperer quält sich damit, dass andere leiden.

Die Nachbarin wird nach Theresienstadt deportiert, ein Freund kommt ins KZ, ein anderer wird bei der Hausdurchsuchung zusammengeschlagen. Klemperer erlebt das alles hautnah mit und es quält ihn wie seine eigene Zukunft.

Ein Huhn sieht nur wenige Meter weit. Es kann seine Nachbarn im Stall nicht als Teil seines eigenen Schicksals begreifen. Es hat keine Beziehung zu deren Leben. Das Leid der anderen ist nicht das Leid des Tieres.

Betrachtet man die vielfältigen Schattierungen des Leidens eines Victor Klemperer, so wird einem übel, wenn PETA den Holocaust mit Hühnerhaltung vergleicht. Durch sein Bewusstsein ist der Mensch um so vieles verwundbarer, wenn es um das Leiden geht, als das unbewusste Tier. Das Tier lebt im paradiesischen Unwissen des Garten Eden und dieses Unwissen liegt wie ein schützender Mantel über seinem Wesen. Diesen Schutz kennt der Mensch nicht. Durch sein Bewusstsein ist er dem Leiden nicht nur schutzlos ausgeliefert, sondern verstärkt es durch die Überlegungen bezüglich warum, durch wen, wie lange und wie schlimm.

Dass PETA und andere Tierrechtsorganisationen diesen grundlegenden Unterschied zwischen menschlichem und tierischem Leid nicht sehen wollen, zeigt ihre unerträgliche Gefühlskälte gegenüber der eigenen Spezies, die sich auch bei anderen Beispielen fortsetzt.

Ähnlich widerlich ist der Vergleich der Tiernutzung mit der Sklaverei in den Südstaaten der USA, die PETA nutzt, um das Tierleid medienwirksam anzuprangern. 2005 druckte der Verein Bilder von Indianern, Kinderarbeitern und schwarzen Sklaven, denen er Tierbilder gegenüberstellte. Diesmal war es nicht der Zentralrat der Juden in Deutschland, sondern die „National Association for the Advancement of Colored People“, die sich aufregte. Jetzt allerdings war

PETA klüger und wartete nicht erst ein langes Gerichtsverfahren ab. Die Kampagne wurde vielmehr selbständig eingestellt.

Doch der gute Geschmack ist eine Sache, die Wahrheit eine andere. Peter Singer schreibt:

„Rassisten verletzen das Prinzip der Gleichheit, indem sie bei einer Kollision ihrer eigenen Interessen mit denen einer anderen Rasse den Interessen von Mitgliedern ihrer eigenen Rasse größeres Gewicht beimessen. Rassisten europäischer Abstammung akzeptieren nicht, dass der Schmerz, den Afrikaner verspüren, ebenso schlimm ist wie der, den Europäer verspüren."

Bezogen auf das Tier meint Singer, dass dessen Empfindungen dem Menschen so ähnlich sind, dass eine Unterscheidung nur als Form des Rassismus gewertet werden könne. Ebenso wie den Sklaven in den USA müssten deshalb auch Tieren Rechte zustehen. Dabei macht Singer einen intellektuellen Fehler, der einem klugen Kopf nicht unterlaufen sollte, nämlich das Bewusstsein des Menschen als Teil des Leidens zu unterschätzen, indem er es mit tierischem Stress gleichstellt. Außerdem verquickt er das Recht als rein menschliches Ordnungsmodul mit der Welt der Tiere und zeigt sich damit in doppelter Weise als Anthropomorphist.

Die betroffenen Sklaven der Südstaaten waren sich nämlich zu jedem Zeitpunkt ihres Lebens völlig bewusst, dass sie Menschen mit Rechten waren und dass sie in Freiheit leben wollten. Insofern ist der Vergleich von Singer geradezu anmaßend und chauvinistisch, denn er stellt die Sklaven so dar, als seien sie bewusstseinslose Kreaturen gewesen. Erst durch ein Zuerkennen von Rechten durch die Weißen hätten sie ihre staatsbürgerliche Position erlangt. Gerade dies ist jedoch nicht der Fall.

Erst die hundert- und tausendfachen Fluchten von Sklaven aus den Südstaaten in den Norden und nach Kanada führten nämlich zu einem breiten Bewusstsein über die Missstände im Süden. Wären alle Sklaven friedlich und brav auf ihren Plantagen geblieben, dann hätte Henriette Beecher Stowe (1811–1896) ihr Buch über Onkel Toms Hütte nicht geschrieben, dann hätte der schwarze Bürgerrechtler Frederick Douglass (1818–1895) niemals seine Reden gehalten, dann hätte sich niemals ein Weißer in den USA für die Rechte der Schwarzen interessiert.

Recht entsteht erst dann, wenn jemand da ist, dem es bewusst wird und der es einfordert. Gerade das tun aber Tiere nicht. Sie tun es nicht nur deshalb nicht, weil sie zu schwach, zu wenig intelligent oder zu wenig organisiert sind, sie tun es vor allem nicht, weil das Recht ihnen als Idee fremd ist. Sie kennen es nicht und deshalb wollen sie es nicht. Dem Recht steht nämlich die Pflicht gegenüber und in der Welt der Tiere existieren derartige Pflichten nicht. Insofern kann das Tier für sich in Anspruch nehmen, außerhalb aller Begriffe von Rechten zu stehen. Die Vielfalt des menschlichen Bewusstseins im Zusammenhang mit dem Leid verdeutlicht, dass die Empfindungen von Tieren nicht nur graduell von denen des Menschen verschieden sind, sondern etwas ganz anderes darstellen, das eher mit Worten wie „Stress", „artuntypisches Verhalten" oder „Krankheit" beschrieben werden muss.

Umso unverständlicher ist der fanatische Wunsch der Tierrechtsbewegung, menschliches Leid und tierischen Stress auf eine Stufe zu stellen. Der Radikalismus, mit dem sich PETA dabei hervortut, darf uns neugierig machen: Warum ist die Tierrechtsbewegung so fanatisch? Warum stellt sie Juden, Sklaven und Legehühner auf eine Stufe? Warum droht sie mit einer neuen „al-Qaida"? Gestatten wir uns dazu einen kleinen Exkurs.

Vegafaschismus

Nachdem wir gesehen haben, wie sehr PETA und die Tierrechtsbewegung den Holocaust und die Sklaverei relativieren, um dem Ziel einer Tierrechtsgesellschaft nahezukommen, drängt sich förmlich die Frage auf, ob der radikale Tierschutz grundsätzliche Eigenschaften hat, die auf einen allgemeinen politischen Radikalismus hindeuten.

Tatsächlich lässt sich kaum ein Fleischesser in Diskussionen mit Veganern die Gelegenheit entgehen, darauf hinzuweisen, dass ausgerechnet Adolf Hitler ein begeisterter Vegetarier war. Tierrechtler bringt das regelmäßig auf die Palme. Sie bekommen schmale Lippen und widmen sich erst einmal der Beweisführung, dass der braune Adolf gar kein richtiger Vegetarier gewesen sei.

Zu Recht darf man auch fragen, was die Eigenschaft von Adolf Hitler als Vegetarier eigentlich bedeuten mag. So meint Peter Singer nicht ganz falsch, dass Hitler ja auch eine Nase gehabt habe. Muss man jetzt alle Nasenträger verdächtigen? Wir lassen uns auch heute nicht die Freude an Wagner-Opern und Guglhupf verderben, zwei großen Vorlieben des Massenmörders.

Doch uns soll in diesem Zusammenhang weniger die persönliche Lebensweise des Menschen Hitler interessieren, als seine Argumentationsweise, wenn es um das Verhältnis von Mensch und Tier geht. Gibt es Ähnlichkeiten zu den modernen Tierrechtlern, die über Zufälle hinausgehen?

Um uns auf die Suche nach den intellektuellen Wurzeln der Tierrechtsbewegung in Deutschland zu machen, erinnern wir uns an deren Spiritus Rector Arthur Schopenhauer. Wir erinnern uns, dass Schopenhauer ein leidenschaftlicher Freund der buddhistischen Idee war, des ganzheitlich verwandten Lebens. Seiner Auffassung nach war der philosophische Idealismus des Abendlandes Ausdruck einer optimistischen Lebensauffassung, hinter der immer ein angeblicher Schutz durch den jüdisch-christlichen Gottesgedanken stehe. Sofern man jedoch das Leiden als Prinzip des Lebens ohne eine solche Gottesfigur erkenne, sei damit auch ein typischer Pessimismus verbunden. Das Gottesbild rufe in uns den Willen zum Guten hervor, der jedoch gerade zur Wiedergeburt und damit zwangsläufig zum Leiden führe. Schopenhauer zufolge müsse man die Idee Gottes überwinden und stattdessen eine Welt erkennen, außerhalb derer es nichts gibt, innerhalb derer jedoch alles mit allem verbunden ist.

„Ich bin in allen und alle sind in mir!", so stellt sich Schopenhauer den Kosmos der weltweiten Lebenskraft vor und sieht jeden als Freund allen Lebens, der das Tier und sein Lebensrecht anerkennt, vor allem den indogermanischen Kulturkreis Südostasiens.

Als Gegner dieser buddhistischen Ethik und als die wahren Feinde des Lebens macht Schopenhauer hingegen in § 19 seiner „Grundlage der Moral" ganz andere Kulturkreise aus:

> *„Die vermeinte Rechtlosigkeit der Thiere, der Wahn, daß unser Handeln gegen sie ohne moralische Bedeutung sei, oder, wie es in der Sprache jener Moral heißt, daß es gegen Thiere keine Pflichten gebe, ist geradezu eine empörende Rohheit und Barbarei des Occidents, deren Quelle im Judenthum liegt."*

Und weiter geht es:

> *„Man muß wahrlich an allen Sinnen blind, oder vom foetor Judaicus (Judengeruch) total chloroformiert seyn, um nicht zu erkennen, daß das Wesentliche und Hauptsächliche im Thiere und im Menschen das Selbe ist ..."*

Ganz offensichtlich führte Schopenhauers Begeisterung für den Buddhismus dazu, das gesamte jüdisch-christliche Kulturerbe Europas abzulehnen. Allerdings beschränkte er seine Verwünschungen nicht auf die Tierrechtsdebatte, sondern schreibt in „Parerga und Paralipomena":

> *„Juden sind große Meister im Lügen."*

Staatspolitisch will Schopenhauer diese „Meister im Lügen“ vom wahren deutschen Volk ausschließen:

„Den Juden Anteil am Staate einzuräumen ist absurd; sie sind und bleiben ein uns fremdes, orientalisches Volk; sie müssen daher stets nur als ansässige Fremde gelten.“

Schopenhauer schrieb das zu einer Zeit, als ein großer Teil der intellektuellen Debatte in Deutschland bereits von Juden bestimmt wurde. Deren Assimilation war seit den Stein-Hardenbergschen Reformen ab 1810 so weit fortgeschritten, dass sich ein neues, erfolgreiches Bürgertum gebildet hatte. Es bedurfte schon einer erheblichen Engstirnigkeit des Tierfreundes Schopenhauer, diesen Teil seiner eigenen Spezies vom staatlichen Miteinander ausschließen zu wollen.

Doch nicht nur anhand von Schopenhauers Antisemitismus drängt sich der Eindruck auf, dass die Tierliebe und Tiervermenschlichung eines Philosophen in dem Maße steigt, in dem die Menschenfreundlichkeit abnimmt. Auch gegenüber der Demokratie wurde Schopenhauers Selbsthass der Spezies Mensch deutlich. So hielt er das Volk für „ewig unmündig“, „dumm“ und „unrechtlich“ und vertrat deshalb die Auffassung, der Staat dürfe zur Wahrung von Gesetz und Recht auch Verbrechen begehen. Eine Idee ist so lange gut, bis man weiß, von wem sie stammt.

Nun wirken die Denkgerüste der Philosophen niemals durch deren eigene Hände. Es bedarf williger Nachfolger, die aus den intellektuellen Vorgaben Tatsachen machen. Auch Schopenhauer fand seine Schüler für die Praxis im Umgang mit den Tieren und der jüdisch-christlichen Kultur.

So schreibt ein junger Soldat von den Schlachtfeldern des Ersten Weltkriegs:

„In den späteren Jahren des Krieges las ich Schopenhauer und immer wieder griff ich zu ihm.“

Der gleiche Mann wird kurz vor seinem Selbstmord von einem Besucher beschrieben:

> *„Vor dem Krieg hatte er den Selbstmord verurteilt. Er hatte behauptet, ein Mann brauche nur durchzuhalten, dann werde schon etwas geschehen, dass seine Zuversicht rechtfertige. Jetzt bekehre er sich zu Schopenhauers Ansicht, ein Leben, das nichts als Enttäuschungen bringe, sei nicht lebenswert."*

Dieser resignierende Sprecher war Adolf Hitler und Schopenhauer war sein Lieblingsphilosoph.

Über Hitlers Beziehung zu Tieren und seinen Vegetarismus ist viel geschrieben worden. Die verlässlichsten Quellen über seine Ernährungsgewohnheiten stammen von den Begleitern, die zu seiner Tafel Zutritt hatten. Wenn der Mensch bei Tisch sitzt, neigt er dazu, offener zu reden und sich weniger hinter seiner alltäglichen Maske zu verstecken als sonst. Man entspannt sich, man nimmt Abstand vom Tag, man wird gesellig.

Henry Picker, ein Historiker, der als Oberregierungsrat der Zivilverwaltung ein knappes Jahr in das Führerhauptquartier „Wolfsschanze" in der Nähe von Rastenburg kommandiert war, hat diesen Menschen Adolf Hitler erlebt. Er nahm sowohl am Mittagessen als auch am Abendbrot teil und machte sich danach Notizen. Zum Teil übernahm er auch die Aufzeichnungen des Chefstenographen Heim, der regelmäßig mitschrieb. Es lag nahe, sich bei Tisch über Fragen der Ernährung und des privaten Weltbildes zu unterhalten, wenn man die Konversation Hitlers überhaupt noch als Unterhaltung bezeichnen will. Meistens bestanden diese „Gespräche" nämlich aus einem endlosen Monolog des Diktators, der seinen Zuhörern die Welt erklärte, seine Welt. Auf andere Meinungen, Austausch oder gar Diskussionen legte Hitler dabei keinen Wert. An mehreren Stellen seiner Aufzeichnungen der Tischgespräche schreibt Picker über die Ernährungsgewohnheiten Hitlers. Von ihm wissen wir,

„daß nur „biologisch gezüchtete" Salate und Gemüse auf den Tisch kamen und daß die Speisen und das Obst so angerichtet waren, daß sie trotz „friderizianischer Einfachheit" für die Augen einen Genuß boten. Hitler selbst aß nur mäßig. Selbst bei seinen geliebten Wiener Mehlspeisen und Salzburger Nockerln ging er mit Rücksicht auf seine Arbeitsvitalität und seine Figur nie über sein gewohntes Maß hinaus. Die einzige Ausnahme von seinem Vegetariertum war die „bayerische Leberknödelsuppe". Als er auch gegen sie aufbegehrte, hatte seine resolute Münchner Wirtschafterin, Anni Winter-Brunner, ihm den Suppentopf mit den Leberknödeln und den Worten auf den Tisch geknallt: „Die wird gegessen! Basta!" Am liebsten aß Hitler einfache Soldatenkost: Bohnensuppe, gelbe Erbsen mit Kartoffeln, Linsen, grüne Erbensuppe und Eintopfgerichte."

Von dieser Ernährung wich Hitler auch nicht an Feiertagen ab. So notiert Picker an „Führers Geburtstag":

„Es gibt heute Koteletts, Rotkohl, Kartoffeln und Sauce, hinterher Obstsalat. Dazu auch für die Begleitmannschaften und so fort überall den gleichen Wein (Piesporter Goldtröpfchen) und eine Tasse Bohnenkaffee zum Mittag. Zum Abend: Bratkartoffeln mit Schinken und Spargelsalat. Herrlich für alle außer für Hitler, der ja weder Fleisch noch Wein anrührt."

Der damalige Reichsjugendführer Baldur von Schirach berichtet eine Anweisung Hitlers mit den Worten:

„Ich esse alles, was die Natur freiwillig hergibt: Obst, Gemüse und Pflanzenfett. Ich bitte, mir alles zu ersparen, was Tiere nur unfreiwillig hergeben: Fleisch, Milch und Käse. Vom Tier also nur die Eier!"

Während sich auf der Hochzeit von Schirachs die Gäste am üppigen Festbraten erfreuten, drehte Hitler auf seinem Tellerchen Spaghetti mit Tomatensoße, um danach einen Apfel zu verspeisen.

Ähnlich wie heutige Pflanzenkostfans versuchte auch Hitler laufend, den Charakter des Menschen als Allesfresser in eine evolutionär vorgegebene vegetarische Grundhaltung umzudichten.

„Wenn man einmal auf die Natur selbst horche, müsse man feststellen, daß kleine Kinder einen außerordentlichen Widersinn gegen den Fleischgenuss hätten. Man sehe weiter, dass die Kinder aus denjenigen Negerstämmen, die sich überwiegend von Pflanzenkost ernähren, gegenüber anderen Negerkindern besonders gut gedeihen, weil sie von ihren Müttern vier bis fünf Jahre genährt werden. Der Hund als Fleischfresser erbringe nicht bei Weitem die Leistung wie das Pferd als Pflanzenfresser. Auch der sich überwiegend von Fleisch ernährende Löwe schaffe ohne Ermattungserscheinungen gerade zwei bis drei Kilometer, während es bei einem Kamel, also einem Pflanzenfresser, sechs bis sieben Tage dauere, bis ihm die Zunge heraushänge […]. Bei dem Genuss einer überwiegend pflanzlichen Kost müsse der Mensch allerdings bedenken, dass pflanzliche Kost ihren höchsten Nährwert in ungekochtem Zustand besitze. Ebenso wie die Mücke das lebende Blatt fresse und der Frosch die Mücke und der Storch den Frosch, so habe jede wirklich rationelle Ernährung zur Voraussetzung, dass sie sich an den lebenden Rohzustand halte. Allein schon unsere Vitaminlehre zeige ja, dass man bei dem Vorgang des Kochens usw. die wertvollsten Bestandteile vernichtet. Dabei seien es im Zweifel nicht nur chemische Bestandteile, sondern auch Bakterien, die man damit töte."

Und dann weiter:

„Wenn heute unsere Kleinkinder wieder wesentlich gesünder seien, als die des kaiserlichen Deutschlands und der Systemzeit, so führe er das nicht zuletzt darauf zurück, dass die meisten unserer Mütter sich hätten überzeugen lassen, dass sie zur Gesundheit ihrer Kinder nicht durch Verabreichung gekochter Milch so sehr beitragen könnten, als wie durch die Verabreichung roher Wurzeln und dergleichen."

Typisch für Hitler sind in diesem Zusammenhang nicht nur die unendlichen Monologe des Halbgebildeten. So müsste eigentlich jedes Kind wissen, dass die Mücke kein Blatt frisst. Die biologische Dummheit, mit der er vorging, zum Beispiel durch den Vergleich zwischen Löwe und Pferd, ist überraschend. Schließlich stellen beide Arten spezifisch andere Anforderungen an Körperbau, Leistungsfähigkeit und Aktionszeiträume. An derartigen Schilderungen wird ein starker Hang Hitlers zur Naturromantisierung deutlich, mit dem die Naturkenntnis des Städters nicht Schritt hält.

Ebenso romantisch motiviert war die Beziehung des „Führers" zum Schäferhund und seinem wilden Vetter, dem Wolf. Hitler hatte sich selbst diesen Beinamen gegeben, den er auch als Teil seiner Führerhauptquartiere im Zweiten Weltkrieg etablierte. Die Reflexion des Wolfes in der eigenen Person, die Spiegelung seiner Charaktereigenschaften verdeutlichen den Anthropomorphismus Hitlers besonders gut.

Seine Herleitung des Vegetarismus als der vernünftigeren Lebensform wird auch beim Umgang mit seinem eigenen Hund deutlich:

> *„Beim Abendessen erzählte der Chef (Hitler) davon, dass seine Schäferhündin „Blondi" in gewisser Hinsicht Vegetarier sei und Grasbüschel einer bestimmten Art mit wahrem Wohlbehagen fresse. Interessant sei, dass der Grasgenuss der „Blondi" auch über Koliken hinweg helfe. Wenn man das wisse, müsse man sich eigentlich wundern, wie vernünftig Tiere seien und wie genau sie empfinden, was ihnen zuträglich sei."*

Hitler setzt dann zu einem langen Monolog über sein eigenes körperliches Wohlbefinden an und erwähnt, bei seinen Reden auf Großkundgebungen stets unglaublich viel geschwitzt zu haben.

> *„Als er später das Fleischessen aufgegeben habe, habe etwa 14 Tage darauf auch das Schwitzen nachgelassen. Auch das Durstgefühl sei erheblich zurückgegangen, sodass er nur noch ab und an einen*

Schluck Wasser zum Anfeuchten benötigt habe. Die vegetarische Ernährung habe also ganz offensichtlich Vorzüge. Er sei gespannt, ob nicht auch seine Schäferhündin mit der Zeit Vorliebe für vegetarische Kost zeigen werde.“

Die große Naturentfremdung Hitlers kann nicht besser in einen einzigen Satz und eine einzige abstruse Idee verpackt werden. Das Faszinierende daran ist, dass der Wahn einer umfassenden veganen Ernährung, auch für ausgesprochene Karnivoren wie Katzen, heute aktueller denn je ist. „Vegane Katzenfreunde“ verfüttern lieber pflanzliches Tierfutter und akzeptieren Fehlbildungen und Krankheiten ihrer Tiere, als dass sie mit dem schrecklichen Bewusstsein leben müssen, dass für ihren Hausfreund Tiere getötet wurden.

Blickt man in seine Biografie, so verwundert dieses krude Naturverständnis Hitlers nicht. Wir wissen, dass er sein gesamtes Leben in Städten zugebracht hat und deshalb eine erhebliche Naturdistanz zeigte. Natur war für ihn regelmäßig nur Kulisse seiner eigenen Gedankenwelt von Walkürenritt und Parzival. Längere Wanderungen lehnte er ebenso ab wie klassische Naturvergnügungen, z. B. Reiten, Jagen, Angeln oder Pilze suchen.

Die Ausflüge auf dem Berghof bei Garmisch-Partenkirchen beschränkten sich regelmäßig auf die kurzen Spaziergänge zum Teehäuschen, einem Weg von wenigen hundert Metern. Ansonsten blickte Hitler aus dem gigantischen Panoramafenster auf die Bergkulisse, die in seinem Leben nichts anderes war als eben nur eine Kulisse.

Bei einem Besuch im Naturschutzgebiet Darß wollte der dortige Forstmeister ihn mit einer Kutsche durch den Wald führen. Die Reichskanzlei lehnte erschüttert ab über so viel Unverständnis von der Person des „Führers“. Eine Kutschfahrt dauere Hitler viel zu lange und Pferde möge er nicht. Das Naturverständnis des Autonarren Hitler stellt lediglich eine Projektion seines eigenen pseudointellektuellen Gedankenkosmos auf die Natur dar. Mit echtem Naturverständnis hat das nichts zu tun.

Hitler begründet seine Lebensweise vielmehr mit den für ihn typischen pseudowissenschaftlichen Argumenten:

„Wenn ich einem Kind eine Birne gebe und ein Stück Fleisch, greift es sofort nach der Birne; daraus spricht ein Atavismus!"

Die Lebenserwartung, so Hitler, werde mit einer vegetarischen Ernährungsweise erheblich steigen:

„Die Menschen müssen einmal sehr lang gelebt haben. Die Wende trat ein in der Zeit, wo der Mensch vom Früchteesser sich darauf umstellte, Gekochtes zu sich zu nehmen. Der Mensch ist das einzige Wesen, das den Ernährungsprozess umstellt, indem er das Essen durch Kochen steril macht […]. Jetzt nimmt trotz unserer Kultur das Lebensdurchschnittsalter wieder zu. Wir haben die Rohkost wieder eingeführt. Die Rohkost war eine Revolution! […] Ein Hund lebt die acht- bis zehnfache Zeit von dem, was er zum Wachsen braucht. Der Mensch müsste danach statt auf 40 bis 60 auf 140 bis 180 Jahre kommen."

Dass hinter solchen Ausführungen des Halbgebildeten ein Glaube Hitlers an die ethische Sauberkeit des Vegetariers steht, wird anhand seiner Bezeichnung tierischer Nahrung als „Leichenschmaus" deutlich. Mehrere Zeugen berichten, Hitler habe zum Beispiel beim Mittagessen seine Gemüsesuppe gelöffelt und dann die Fleischbrühe schlürfenden Tischgenossen gefragt, ob ihnen die „Leichensuppe" schmecke. Picker berichtet, dass Hitler der Frau des Kunstsachverständigen im Dritten Reich, Professor Troost, einige Dosen Ölsardinen als Krankenkost schickte und dazu schrieb:

„Da ich weiß, daß Sie noch keine reine Vegetarierin geworden sind, sende ich Ihnen zu Ihrer Stärkung ein paar Büchsen Fischkonserven. Fische zu essen ist – glaube ich – eine etwas kleinere Sünde als sonstige Leichen."

Zwei Begriffe sind in diesem schriftlichen Zeugnis Hitlers entlarvend, einerseits die Einstufung des Fleischkonsums als „Sünde", andererseits die Bezeichnung tierischer Produkte als „Leichen". Beide Wortwahlen verdeutlichen, dass der Diktator nicht nur ein Gesundheitsvegetarier war, der sich aus Fitnessgründen gegen den Fleischkonsum entschied, sondern dass er den Verzehr von Fleisch als ethisch nicht akzeptabel einstufte und zwar in einem so drastischen Maß, dass der Antichrist Hitler sich zu dem religiösen Bild der Sünde versteigt und gleichzeitig die menschlichen Überreste mit tierischen Produkten gleichsetzt, indem er sie als Leichen bezeichnet.

Die Tendenz Hitlers zu einem naiven Anthropomorphismus wurde bereits an seinem Ernährungsexkurs über den Vegetarier-Hund deutlich. Als politische Folge war für den Diktator das zukünftige Deutschland nicht nur rasserein, sondern vor allem vegetarisch.

> *„Es tut einem oft leid, dass man in einer Zeit lebt, in welcher einem noch nicht bewusst ist, wie die neue Welt aussehen wird. Eines kann ich den Fleischfressern sagen: Die neue Welt wird vegetarisch sein!"*

Dass sich Hitler dabei auch eine verordnete Zukunft vorstellte, wird aus der Bemerkung deutlich:

> *„Wir hätten den Nationalsozialismus in Deutschland nicht erfolgreich durchsetzen können, wenn ich die Fleischkost verboten hätte."*

Man meint, aus diesen Worten eine bestimmte Vision für die Zukunft abzulauschen, wenn der Nationalsozialismus in Deutschland erst einmal fest im Sattel saß. Nach dem Endsieg wartete eine Zukunft mit vegetarischen Köstlichkeiten auf die Nation der Weltbeherrscher.

Hitlers Vegetarismus war Teil einer ausgesprochenen Tieridealisierung, die er mit seinem eigenen Nimbus als großer Natur- und Tierfreund verband und auch propagandistisch nutzte. So finden sich in den Schulfibeln der Volksschulen Einträge wie diese:

EIN TIERFREUND

„Wisst Ihr, was für Tierlein das sind? Das helle da hinten ist ein junges Rehgeißlein. Das wird einmal eine Rehmutter. Das dunkle kriegt einmal ein Geweih auf den Kopf und wird ein Rehbock. Kennt Ihr den Mann? Er ist ein großer Tierfreund. Was gibt er dem Rehböcklein zu fressen? Es will nicht so ganz nah herankommen. Hat es noch ein bisschen Angst? Aber das Geißlein ist keck. Wie es den Kopf in die Höhe streckt! Das weiß schon, dass es Gutes zu fressen bekommt. Wo sind denn die Alten? Suchen sie ihre Jungen in dem dunklen Wald da drin? Warum sind die Kleinen allein?"

Doch der „Führer" beließ es nicht bei propagandistischen Feldzügen, um sich zum Freund niedlicher Rehkitze zu stilisieren. Hitlers Tierliebe führte auch zu ganz greifbaren rechtlichen Veränderungen: Unmittelbar nach der Machtergreifung wurde durch den Preußischen Ministerpräsidenten Hermann Göring im Verordnungswege die Vivisektion verboten, die Zergliederung des lebenden Tierkörpers.

© akg-images

Man hielt das für eine Domäne „Jüdischer Scheinwissenschaft". Bis zu Görings Antivivisektionsverordnung hatte ein Erlass des preußischen Kultusministers Gustav von Goßler Geltung gehabt. Goßler sah in der Tierschutzbewegung eine Gefahr für die Freiheit von Forschung und Lehre und beschränkte sich deshalb auf einige wenige Maßgaben für die Regelung von Tierversuchen ohne Ordnungswidrigkeitscharakter.

Der Erfolg war riesig. Göring galt auf einen Schlag als der Reichstierfreund schlechthin, wie auch die Karikatur des Simplicissimus deutlich machte.

Der zweite Streich folgte in Form des „Gesetzes über das Schlachten von Tieren", das am 21. April 1933 in Kraft trat, das den Schlachter zur Betäubung des Schlachttieres vor der Tötung verpflichtete.

Ziel dieses Gesetzes war es weniger, den Tierschutz zu fördern, als das Schächten abzuschaffen und damit einen ersten Schlag gegen die religiöse Selbstbestimmung der deutschen Juden zu führen. Nach der „jüdischen Wissenschaft“ war die seit Jahrtausenden betriebene jüdische Schlachtkultur an der Reihe.

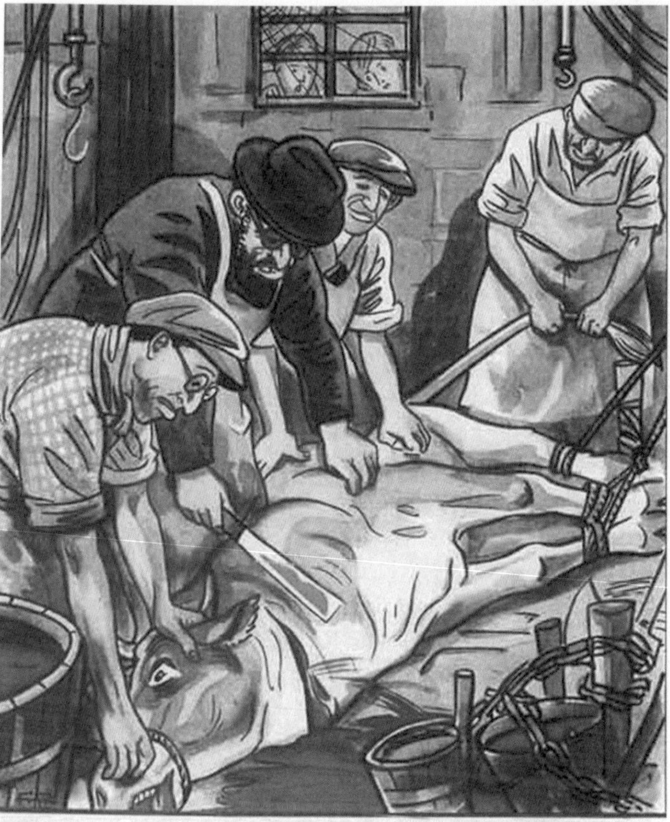

Wieder stürzt das Tier zu Boden. Langsam stirbt es. Die Juden aber stehen herum und lachen dazu.

Der Umwelthistoriker Frank Uekötter ist im Interview mit der Wochenzeitung DIE ZEIT (24.11.2013) sogar überzeugt:

„Die Entwicklung, die zum Tierschutzgesetz vom November 1933 führte, entstammt tatsächlich dem antisemitischen Geist."

Das erste Deutsche Tierschutzgesetz wurde schließlich am 24. November 1933 durch die nationalsozialistische Reichsregierung erlassen. Der Reichstag war zu diesem Zeitpunkt bereits entmachtet, sodass Tierfreund Hitler durch Beschluss der Reichsregierung entscheiden konnte.

Aus der amtlichen Begründung für das neue Tierschutzgesetz ist deutlich abzulesen, dass nicht nur um des Tieres Willen das Tier geschützt werden sollte, sondern als Ausdruck eines neuen ethischen Geistes im Sinne germanischen Blut- und Bodendenkens.

Die Wissenschaftler Sacks und Luck haben sich mit der Beziehung des Nationalsozialismus zum Tier besonders befasst. Nach ihren Erkenntnissen schwankte die nationalsozialistische Tierschutzideologie zwischen einer spirituellen Schutzhaltung und einer pseudoreligiösen Verpflichtung dem Tier gegenüber. Man spürt das Erbe Schopenhauers und die enge Verbindung zum Buddhismus, den der Philosoph adaptierte.

Dieses romantisierende Element passte außerdem glänzend zum Wotanskult der germanophilen Nationalsozialisten. Dessen Raben Hugin und Munin waren die idealen Leitbilder für einen neuen Tier- und Vogelschutz. Nicht zuletzt vor diesem Hintergrund betonten die damaligen Propagandamechanismen das Wesen Hitlers als großer Tier- und Vogelfreund.

Heute wird gern verbreitet, das Deutsche Tierschutzgesetz habe „fix und fertig" in der Schublade der alten Reichsregierung gelegen, als die Nationalsozialisten an die Macht kamen. Diese hätten den Tierschutzgedanken lediglich aufgegriffen, da er in der Bevölkerung außerordentlich populär war. Doch diese Darstellung ist falsch. Hitler beauftragte vielmehr seinen früheren Rechtsanwalt, den Reichsminister des Inneren Wilhelm Frick, mit der Ausarbeitung des Gesetzes. Frick formulierte in der Gesetzesbegründung, der Tierschutz sei

> *„...seit Jahrzehnten Wunsch des deutschen Volkes, das besonders tierliebend ist und sich den hohen ethischen Verpflichtungen dem Tiere gegenüber bewußt ist."*

Für Frick war die Tierliebe offensichtlich ein typisches nationales Merkmal der Deutschen – das mit dem nordisch-germanischen Herrenmenschentum eng verknüpft war. Hermann Göring schrieb dazu:

„Für den deutschen Menschen sind die Tiere nicht nur Lebewesen im organischen Sinne, sondern Geschöpfe, die ein eigenes Empfindungsleben führen, die Schmerz empfinden, Freude, Treue und Anhänglichkeit zeigen."

Ebenso entschlossen wie bei der Entwicklung gesetzlicher Grundlagen für den Tierschutz gingen die Nationalsozialisten bei der Durchsetzung vor. Der später zum Tode verurteilte Leiter des Generalgouvernements Polen, Hans Frank, verfügte dazu als Bayerischer Justizminister:

„Ich erwarte von meinen Staatsanwälten und Amtsanwälten, dass sie unter Beachtung dieser Richtlinien, dem Willen des Führers entsprechend, Grausamkeiten des Menschen gegen das Tier mit allem Nachdruck entschieden verfolgen und bei jeder, unter die neue Strafvorschrift fallenden Tierquälerei auf die Verhängung einer empfindlichen, der rohen Gesittung des Täters entsprechenden Strafe hinwirken."

Um von Anfang an den Tierschutzgedanken in der deutschen Jugend zu verankern, waren laufende Vorträge in die Heimabende einzuplanen. Außerdem sollte über Rundfunk- und Märchenspiele der Tierschutzgedanke gefördert werden.

Für besonders verdiente Tierschützer vergab die Regierung eine „Adolf-Hitler-Medaille". Auf ihr prangte das Konterfei des Obersten Tierfreundes des Reiches. Das Reichstierschutzblatt erschien noch während des Krieges unter dem Titel „Der Deutsche Tierschutz – Amtliche Zeitschrift des Reichs-Tierschutzbundes" und beinhaltete Anmerkungen zu Tierquälereien, zur Beziehung von Mensch und Tier, Nistkasten-Bauanleitungen und anrührende Geschichten vom Tierfreund Hitler.

Wie stilbildend Hitler mit seiner Ablehnung tierischer Nahrung war, wird bei einem Blick auf weitere NS-Führungskader deutlich.

© Stadtchronik Wien: 2000 Jahre in Daten, Dokumenten und Bildern. Wien/München 1986, S. 432.

Sein Propagandaminister Joseph Goebbels meinte, dass der Fleischverzehr eine Perversion sei, die durch die menschliche Natur überwunden werden müsse. Zu Recht darf man bei diesem Vorstoß allerdings vermuten, dass Goebbels damit versuchte, die Tierliebe Hitlers öffentlichkeitswirksam in Szene zu setzen, ebenso wie er das mit Hitlers angeblicher Kinderliebe tat. Zumindest ist von Goebbels eine vegetarische Lebensweise nicht bekannt. Der „Stellvertreter des Führers" Rudolf Heß verzichtete hingegen wie sein Idol auf Alkohol und fleischliche Nahrung.

Den interessantesten Einblick in die Tierschutzideologie des Dritten Reichs gibt uns der Architekt des Holocausts Heinrich Himmler. Über ihn wissen wir, dass sein geistiger Hintergrund aus einem kruden Gemisch von germanischen Wotansideen und einem rassisch begründeten Buddhismus bestand. Wesentlich war für Himmler in diesem Zusammenhang vor allem die Idee von der Wiedergeburt. So war er der festen Überzeugung, eine Reinkarnation Heinrichs des Löwen zu sein.

Sein buddhistisch-hinduistisch geprägtes Gedankengebäude erhielt der „Reichsführer SS" beispielsweise durch die Bhagavad Gita, ein indisches Kriegsgedicht. Himmler sah darin eine Vorhersage der kommenden Person des „Führers".

> *„Sooft der Menschen Sinn für Recht und Wahrheit verschwunden ist und Ungerechtigkeit die Welt regiert, werd' ich aufs Neu geboren, so will es das Gesetz. Ich trage kein Verlangen nach Gewinn."*

Himmler meint dazu:

> *„Diese Stelle ist direkt auf den Führer zugeschnitten. Er entstand uns aus der tiefsten Not, als es mit dem deutschen Volk nicht mehr weiter ging, er gehört zu den großen Lichtgestalten. […] Eine der ganz großen Lichtgestalten hat in ihm ihre Inkarnation gefunden."*

Mit den Reden des Buddha, der Visudi-Magga und dem Buch der Reinheit war diese Vision eines der von Himmler am meisten geschätzten Bücher. Überhaupt kannte seine Begeisterung für den Zen-Buddhismus und dessen Kriegerkaste der Samurai keine Grenzen. So ließ er 1942 ein Buch mit dem Titel „Die Samurai. Ritter des Reiches in Ehre und Treue“ mit einer Auflage von 50.000 Stück drucken und an Offiziere und Unteroffiziere der SS verteilen.

Doch die rassische und religiöse Begeisterung Himmlers für den Buddhismus fand auch einen deutlichen Ausdruck in seiner Beziehung zur Tierwelt. So äußerte er sich gegenüber seinem Leibarzt und Masseur Kersten über die Jagd:

> *„Ich liebe diesen rohen Sport nicht. Die Natur ist so wunderschön und jedes Tier hat schließlich auch ein Recht zu leben. Gerade dieser Standpunkt ist es, den ich so sehr bei unseren Vorfahren bewundere. Da sagt man z. B. den Ratten und Mäusen die Fehde in aller Form an, fordert sie auf, ihr schädliches Tun einzustellen und das bestimmte Gebiet innerhalb einer gewissen Zeit zu verlassen, ehe man den Vernichtungskrieg gegen sie begann. Diese Achtung vor dem Tier findet sich bei allen indogermanischen Völkern. Es hat mich außerordentlich interessiert, neulich zu hören, dass noch heute die buddhistischen Mönche, wenn sie abends durch den Wald gehen, ein Glöckchen bei sich tragen, um die Tiere des Waldes, die sie zertreten könnten, zum Ausweichen zu veranlassen, damit ihnen kein Schaden zugefügt wird. Bei uns aber wird auf jeder Schnecke herumgetrampelt, jeder Wurm wird zertreten.“*

Tatsächlich sah Himmler Jagdeinladungen von anderen NS-Führungskadern wohl eher als lästige Pflicht an, die er nach Möglichkeit umging. Zumindest zeigen die von ihm angekündigten Tierschutzmaßnahmen, welche Priorität der Chef der Deutschen Polizei dem Tierwohl einräumte.

So war es auf dem Land damals üblich, Kinder und Jugendliche beim Gartenschutz einzusetzen. Mit Fallen stellten sie Maulwürfen und Feldhamstern nach. Mit dem Tesching, einem kleinkalibrigen

Gewehr, schossen sie Sperlinge aus den Kirschbäumen und vertrieben andere Schädlinge von den Feldern. Eine solche Nebenbeschäftigung war kein Selbstzweck, sondern Teil der üblichen Ausbildung zum Bauern, Jäger und Angler. Doch eine solche Form der Frühprägung von Kindern war für Himmler ein Unding. Kersten zitiert ihn mit den Worten,

„… dass er als Chef der Deutschen Polizei nach dem Krieg die strengsten Vorschriften zum Schutz der Tiere erlassen werde. In der Schule, so wünschte sich Himmler, sollten die Kinder systematisch zur Liebe zum Tier erzogen werden und den Tierschutzvereinen sollten polizeiliche Sonderbefugnisse gegeben werden.“

Wie stark das anthropomorphistische Weltbild von Himmler war, wenn es um den Tierschutz ging, wird an einem weiteren Zitat deutlich, das Kersten überliefert:

„Wie können Sie nur ein Vergnügen daran haben, auf die armen Tiere, die so unschuldig sind, wehrlos und ahnungslos am Waldrand äsen, aus dem Hinterhalt zu schießen […]? Denn es ist, richtig gesehen, reiner Mord. […] Wie können Sie nur, Herr Kersten, dabei einen Genuß empfinden, wenn Sie aus dem Hinterhalt wehrlose Naturwesen abknallen, die unschuldig, unfähig, sich zur Wehr zu setzen, und nichts ahnend im Schatten des Waldes umherschweifen? Das ist in Wirklichkeit Morden. Die Natur ist etwas grenzenlos Schönes und jedes Tier hat ein Recht darauf, zu leben.“

Man fühlt sich bei diesen Worten an Schopenhauer erinnert, der den Tierschutz mit dem Mantra anmahnte: *„Wir schulden es den Tieren nicht aus Mitgefühl, sondern aus Gerechtigkeit.“* Die Verwendung des Begriffs „Mord“, also eines Straftatbestandes aus der Menschenwelt, zeigt, wie der Architekt des Holocaust über den Tiertod dachte. Dem gleichen Menschen, der voller Liebe zum Tier dessen Erlegung durch einen Jäger als Mord darstellt, fällt es leicht, von seinen Untergebenen das zu fordern, „was getan werden muss“. So wandte Himmler sich in der berüchtigten Posener Rede an die Führungskader der SS:

> *„Manche von Euch werden wissen, wie es ist, wenn 10 Leichen beisammen liegen … Manche werden wissen, wie es ist, wenn 20 oder 100 Leichen beisammen liegen. Das ausgehalten zu haben und dabei, abgesehen von einigen menschlichen Schwächen, anständig geblieben zu sein, dass ist ein nie zu wendendes Ruhmesblatt in der deutschen Geschichte.“*

Um dann fortzufahren:

> *„Wir Deutschen, die wir als einzige auf der Welt eine anständige Einstellung zum Tier haben, werden ja auch zu diesen Menschentieren eine anständige Einstellung einnehmen.“*

Über das Tierschutzgesetz schreibt Himmler:

> *„Nur ein Arier, ein Germane war dazu fähig, das Tier, das in ungezählten anderen Ländern dieser Erde rechtlos ist, in seine Rechtsordnung einzubeziehen. Auch hier finden wir Reste bis verhältnismäßig in das späte Mittelalter. Selbst in Fällen, wo der durch Tiere angerichtete Schaden ein offenkundiger war, wie bei einer Ratten- oder Mäuseplage, kennen wir Überlieferungen, daß der Stadtrat die Vernichtung dieser Mäuse und Ratten nicht ohne weiteres von sich aus ansetzen konnte, denn auch diese kleinen für die Menschheit doch in diesem Falle schädlichen Tiere waren in der göttlichen Ordnung verankert, auch sie waren und sind von Gott geschaffen. So wurden sie vor Gericht gestellt, und der anständige Deutsche stellte dem kleinen Nager einen Verteidiger vor seinem Gericht, und erst nach dem Rechtsverfahren, wenn erwiesen war, daß wirklich Ratte oder Maus die Ordnung und Harmonie dieses Stückchens Erde gestört hatte, konnte beschlossen werden, einen Vernichtungsfeldzug gegen sie zu beginnen. Heute lachen wir vielleicht*

über die uralten, nach unserer Ansicht kindlichen Anschauungen. Es wäre besser, wir pietätlosen Menschen der neuen und neuesten Zeit würden unser Haupt neigen vor der Tiefe und Größe dieser Weltanschauung, dieses zutiefst wurzelnden Gottesglaubens und dieser im Herrgott gegründeten Ordnung.“

Sind derartige Gedankengebäude reiner Zufall oder eine typische Mischung aus Naturentfremdung, Fanatismus, Pseudowissenschaftlichkeit und Projektionssucht?

Um das zu hinterfragen, werfen wir einen Blick auf ausgewählte Organisationen der heutigen Tierrechtsszene. Deren Hauptfraktionen kann man einteilen in eindeutig national orientierte Extreme, die aus dem Heimatmilieu kommen und die Tierschutz als Wesensteil des Deutschen empfinden. Auf der anderen Seite stehen internationale Einheiten, für die das Tierrecht Teil einer allgemeinen Normenverwandtschaft aller mitfühlenden Tierfreunde ist.

Beginnen wir mit einem Blick auf die „nationalen Tierfreunde“.

Surft man durch den virtuellen Kosmos, so bietet sich eine bunte Vielfalt von Tierschutzseiten. Da gibt es begeisterte Veganer, die Ernährungstipps für ein Essen ohne Tierleid anbieten. Wir finden Vermittlungsportale zugunsten herrenloser Katzen. Man kann aber auch für rumänische Straßenhunde spenden oder Petitionen gegen Tierversuche unterschreiben. In der virtuellen Welt wimmelt es von Tieren. Je niedlicher deren Bilder sind, desto besser ist es für die Breitenwirkung und für das Spendenkonto.

Die Unabhängige Tierschutz-Union Deutschlands wirbt auf ihrer Internetseite www.tierschutz-union.de beispielsweise mit einem goldigen Kätzchen.

Der Kommunikationsleiter dieser Organisation Harald von Fehr will aber nicht nur dem Stubentiger ein sorgloses Leben sichern. Er hat auch klare Vorstellungen, wenn es um den nationalen Anspruch des Tierschutzes geht. Das wird dann deutlich, wenn er dem Tierfreund eine Wildschweinfamilie präsentiert, die gemeinsam „irgendwo in Europa am Sonntagmorgen einen Ausflug“ macht. Drei Fotos zeigen eine Rotte, die mitten durch eine Wohnsiedlung zieht und dabei Büchersteig und Zebrastreifen nutzt.

Das Urteil dazu lautet:

„Was mir auffällt? Sie benutzen den Fußgängerüberweg, um über die Straße zu gehen! Sie tragen keine Kopftücher! Sie benützen kein geklaute Fahrräder/Roller oder BMWs! Sie halten Disziplin! Sie tragen keine Messer! Sie gehen nicht in fremde Häuser! Sie spucken nicht auf den Boden! […] Sie machen keine fremden Frauen an! Aber das schlimmste ist: auf die darf geschossen werden!!!"

Der Leser ist beeindruckt. Das deutsche Wildschwein hält Disziplin und zwar kopftuchfrei.

Unter alt.jn-buvo.de/tierschutz-ist-heimatschutz stoße ich auf einen Eintrag der „Jugend für Deutschland", der Nachwuchsorganisation der NPD. Ein wedelnder Schäferhund verbildlicht den Slogan *„Tierschutz ist auch Heimatschutz"* und steht neben der Aussage, dass sie *„für ein soziales Mit- und Füreinander"*, ein *„Leben für und mit der Natur, nicht aber gegen sie"* eintreten und nicht bereit sind, den Fortschritt *„auf Kosten der Heimat und der Umwelt zu erhalten"* …

Tierschutz ist also Heimatschutz. Der „Deutsche" Hund als Teil der „Deutschen" Heimat.

Ein paar Klicks weiter (eatingvegan.blogsport.de/images/3.jpg) posieren zwei Braunbären hinter Gitter. Über ihnen schweben die Fahnen der „Neuen Nationalisten", die mahnen, *„fair"* mit Tieren umzugehen und ihnen *„eine Chance zu lassen"*, was auch immer das heißen mag. Dass es gerade Braunbären sind, ist dabei sicher ein Zufall.

Konkreter werden die Forderungen der NPD, wenn es um rituelle Schlachtungen und Tierversuche geht. Auf Plakaten wird gefordert, das Schächten nach jüdischen und islamischen Riten generell unter Strafe zu stellen, Tierversuch so weit als möglich zu reduzieren und perverse Sodomie-Praktiken zu verbieten. Außerdem seien Tiere keine Sache, sodass § 90 BGB überarbeitet werden müsse.

Neben dem radikalen nationalen Tierschutz stehen professionell arbeitende und mit großen Spendenetats ausgestattete Tierrechtsorganisationen, die international arbeiten, zum Beispiel PETA und Animal Peace. Diese Institutionen koppeln ihre Tierrechtsziele nicht mit nationalen Ideen. Im Hinblick auf die Umsetzung des Tierrechtsgedanken sind sie hingegen nicht weniger radikal.

Beginnen wir bei PETA.

Ingrid Newkirk wurde am 11. Juni 1949 in der Grafschaft Surrey in Großbritannien geboren. Sie wuchs auf in Neu-Delhi und zog in die USA. Dort arbeitete sie als Deputy Sheriff in Maryland. In dieser Funktion hatte sie häufig mit Verstößen gegen das Tierschutzgesetz zu tun. Sie wurde zu Tierhaltern gerufen, die ihre Tiere schlecht behandelten, sie verwahrlosen ließen oder quälten. Die Bedingungen, welche Newkirk bei ihren Einsätzen vorfand, beeindruckten sie nachhaltig. Als ihr dann Peter Singers „Animal Liberation“ in die Hände kam, entschied sie sich Ende der Siebzigerjahre, ihren Job aufzugeben und sich nur noch dem Tierschutz zu widmen.

1980 gründete sie PETA, den Verein „ People for the Ethical Treatment of Animals“. Diese Organisation verfügt inzwischen über mehrere 100 Mitarbeiter und unterhält Büros auf der ganzen Welt. Ihr Kampf gilt der Massentierhaltung, dem Fleischverzehr, der Haltung von Pelztieren, der Jagd und dem Angeln. Betrachtet man Fotografien von Newkirk, so erblickt man eine Frau, die liebevoll und warmherzig einen kleinen Hund, eine Ziege oder ein Huhn im Arm hält, als wäre es ihr eigenes Kind.

Dieser Eindruck setzt sich fort, wenn man nicht nur den Menschen anblickt, sondern auch dessen Gedanken liest. Wenn es um Tiere geht, dann blicken wir bei Newkirk auf einen tiefen Anthropomorphismus, eine starke Hinwendung zum anderen Lebewesen, so stark, dass dessen Leben dem des Menschen als gleichwertig erachtet wird. Und tatsächlich schreibt die Gründerin von PETA über die Rolle, in der sie sich sieht:

„Tierbefreier bekämpfen die Sonderrolle des menschlichen Tiers, es gibt also keine rationale Basis dafür, zu behaupten, der Mensch

hätte Sonderrechte. Eine Ratte ist ein Schwein, ist ein Hund, ist ein Junge. Sie sind alle Säugetiere.“

Ich weiß, ich habe dieses Glaubensbekenntnis schon zweimal zitiert, doch es ist so grundlegend, dass ein weiteres Mal nicht schadet, um das Denken dieser Organisation zu begreifen.

Dieser emotionalen Hinwendung zum Tier steht jedoch eine Ablehnung der eigenen Spezies gegenüber, die man nur als Selbsthass bezeichnen kann.

„Wir sind der größte Pesthauch auf diesem Planeten!“,

so schreibt Newkirk über den Menschen, den sie auch als „Krebsgeschwür“ bezeichnet. Diese Form der Ablehnung hat sie auf die Politik ihrer eigenen Organisation übertragen. Anfänglich widmete sich PETA noch der Bekämpfung von ernsthaften Fällen der Tierquälerei. So führten die Untersuchungen des Vereins Anfang der Achtzigerjahre über die Haltungsbedingungen im „Institute of Behavioral Research“ in Silver Spring zu einem Strafverfahren gegen den leitenden Forscher Edward Traub, das mit dessen Verurteilung endete, eine Entscheidung, die allerdings durch eine übergeordnete Instanz wieder aufgehoben wurde. Im Endeffekt waren die Bemühungen von PETA allerdings insofern von Erfolg gekrönt, als sie eines der ersten Tierschutzgesetze in den USA nach sich zogen.

In der Folgezeit widmete sich PETA allerdings zunehmend tierschutzpolitischen, öffentlichkeitswirksamen Aktionen, um das Umdenken der Menschen im Hinblick auf die Tiernutzung zu beeinflussen. Mittlerweile wird die ganz überwiegende Summe der Spendenerträge für derartige Aktionen ausgegeben. Allerdings betreibt PETA in den USA außerdem noch eigene Tierheime, muss sich allerdings den Vorwurf gefallen lassen, dass die Tötungsquote dort deutlich höher ist, als in den Einrichtungen anderer Tierschutzorganisationen.

Einer breiten Öffentlichkeit wurde PETA durch Werbemaßnahmen bekannt, die die Pelzzucht und das Tragen von Pelzen brandmarken sollten. Unter dem Slogan „Rather Go Naked Than Wear Fur – lieber nackt als im Pelz“ ließen sich Topmodels und Prominente nackt fotografieren, eine Maßnahme, die für breite Wahrnehmung sorgte. Pikant wurde es allerdings, als Teilnehmerinnen an dieser Aktion, zum Beispiel Naomi Campbell und Kate Moss, bei Pelzmodenschauen oder privat mit den entsprechenden Kleidungsstücken „ertappt“ wurden.

Nachdem ein Schuss Erotik für öffentliche Aufmerksamkeit gesorgt hatte, hoffte PETA im Jahr 2003 mit Schockeffekten zum gleichen Ergebnis zu kommen und startete die bereits erwähnten Aktionen zum Holocaust und zur Sklaverei.

Seit sich der Verein zweimal hintereinander die Finger am Leid ehemaliger gesellschaftlicher Randgruppen verbrannt hat, arbeitet er mit spaßig anmutenden Alternativkampagnen. 2006 versuchte PETA, die britischen Coldstream Guards zu überzeugen, auf ihre Bärenfellmützen zu verzichten.

2009 sollte die Band „Pet Shop Boys“ ihren Namen ändern und seit 2006 behängt PETA jedes Jahr hübsche Mädchen mit Kohlblättern und kürt sie zum „Sexiest Vegetarian“. Derartige Aktionen wirken stets ein wenig peinlich bemüht, ähnlich wie der Versuch, die Stadt „Hamburg“ in „Veggieburg“ umbenennen zu lassen oder die Gemeinde „Fischen“ in „Wandern“.

Mit der Erkenntnis, dass nur der unappetitliche Schock echten Erfolg verspricht, versuchte es PETA aktuell wieder mit dem Konzentrationslager. In der Kampagne gegen Tiertransporte zeigt der Verein Bilder von Schweinen, die den Eindruck erwecken, in einem Waggon Richtung Auschwitz zu sitzen. Die Erregung gegen eine solche Form der Tierschutzpolitik war enorm. Oskar-Preisträger Dustin Hoffman äußerte sich deutlich:

> *„Für mich ist PETA eine radikale, faschistische Organisation. Sie braucht populäre Ziele, um sich von Spenden manipulierbarer Tierfreunde zu finanzieren.“*

Auf einem Bild von einem Schweinetransport wird Martin Luther King mit den Worten zitiert:

> *„Vergesst niemals, dass alles, was Hitler in Deutschland getan hat, legal war."*

Über einem im Käfig gehaltenen Hund findet sich der Satz:

> *„Unser Leben beginnt an dem Tag zu enden, an dem wir Schweigen über Dinge, die wichtig sind."*

Ein weiteres Zitat steht unter einer Frau, die ein Schwein streichelt:

> *„Die beständigste und wichtigste Frage im Leben lautet: Was tust Du für andere?"*

Und schließlich unter einer Frau, die ein Schaf küsst:

> *„Es kommt die Zeit, wenn man eine Position einnehmen muss, die weder sicher noch politisch korrekt oder populär ist. Aber man muss sie einnehmen, weil einem das Gewissen sagt, was richtig ist."*

Sämtliche Zitate hat PETA der legendären Rede von Martin Luther King entnommen, die dieser am 28. August 1953 unter dem Titel „I have a dream" gehalten hat. Darin bezieht sich das Idol der schwarzen Bürgerrechtsbewegung jedoch mit keinem Wort auf Tiere oder Tierleid, sondern widmet sich ausschließlich dem Problem schwarzer Menschen in den USA, ihren Bürgerrechten und ihrer quälenden Behandlung durch die weiße Mehrheit des Landes. Es ist zu hoffen, dass sich sowohl die Menschenrechtsorganisationen in den USA als auch der Zentralrat der Juden in Deutschland gegen diesen neuen Versuch wehren, erlittenes Unrecht der Menschen ins Verhältnis zu einem halben Hähnchen zu setzen.

Überhaupt ist es die Maßlosigkeit im Vergleich von Mensch und Tier, die bei PETA Teil der Kampagnenphilosophie ist. So schreibt der Verein über die in den USA als kriminelle Vereinigung eingestufte Animal Liberation Front, sie sei ein wichtiger Teil der Tierrechtsbewegung und vergleicht ihre Aktionen mit dem Wirken der Weißen Rose und der Resistance. Wer sich aber zum Helden des Widerstands stilisiert, der diffamiert seine Gegner als Nazis, gegen die jedes Mittel erlaubt ist.

Und so brennen in Niedersachsen Hühnermastanlagen und Schweineställe. Die Scheiben von Lederwarengeschäften werden zerschlagen und Buttersäure wird in Pelzhandlungen versprüht. In den vergangenen 10 Jahren wurden in Deutschland ungefähr 2000 Straftaten aus der extremen Tierrechtsszene heraus begangen.

Insbesondere Tierversuche gelten in der Tierrechtsszene als menschliche Entartung, die unbedingt beendet werden muss. Ingrid Newkirk meint dazu:

„Es gibt zwei Probleme mit Tierversuchen – sie sind unethisch und unwissenschaftlich. Ich habe kein Recht, an ihrem Kind zu experimentieren, um mein Kind zu heilen."

Newkirk wäre deshalb von Hitlers Versprechen aus dem Jahr 1929 begeistert gewesen:

„Im kommenden Deutschen Reich wird es keine Tierversuche geben."

Da Hitler sein Wort jedoch nie eingelöst hat, fühlen sich jetzt die Tierrechtsorganisationen dazu aufgerufen, ein Ende der Tierversuche zu erzwingen. Tatsächlich ist der Schaden, den PETA, Animal Liberation und andere in der Wissenschaft anrichten, gigantisch. Die Zucht von Forschungstieren wird gestört. So gruben in England Tierrechtler die Leiche der Schwiegermutter eines Züchters aus und verstreuten die Knochen im Wald. Unter einer Flut von Drohungen stellte die Familie die Zucht ein. Forschungsinstitute, die von Tierrechtsorganisationen mit langwierigen Prozessen überzogen werden, können noch von Glück reden. Viele Einrichtungen und ihr Personal werden durch Brandstiftungen und Einbrüche in die Laboratorien terrorisiert. Versuche, z. B. des Max-Planck-Instituts, auf alle wichtigen Therapieformen zu verweisen, die ohne Tierversuche gar nicht existierten, stoßen auf taube Ohren.

Forscher wie Nicos Logothetis werden stattdessen in der Öffentlichkeit verleumdet, als ethische Feindbilder dargestellt, mit E-Mails und Anrufen bedroht. Dem Bremer Hochschullehrer Kreiter wurde in Großanzeigen abgesprochen, ein Mensch zu sein. Sein Kollege Wolf Singer erhielt zeitweise bis zu sechs anonyme Anrufe pro Nacht. Er musste seine Pakete zur Polizei tragen, um sie von Spürhunden nach Sprengstoff durchsuchen zu lassen. Auf Plakaten an der allmonatlichen „Mahnwache" vor seinem Institut wird er als Mörder beschimpft.

Da wundert es nicht, dass die Bereitschaft, sich der mühsamen und langwierigen Gewinnung von Erkenntnissen zu widmen, immer mehr schwindet. Dadurch wird natürlich kein Tier gerettet, die Institute wandern lediglich in Länder ab, die ihre Forscher besser vor der tierischen „Resistance" schützen.

Auch im Umgang mit Kindern ist PETA wenig zimperlich. So wird in der Welt der Ingrid Newkirk zwangsläufig eine Scheibe Wurst, die man seinem Kind aufs Schulbrot gibt, zum Kindesmissbrauch. Unter dem Slogan:

„Dein Papa tötet Tiere"

veröffentlicht der Verein Bilder, mit denen er Kinder gegen ihre Eltern aufbringen und zu einer veganen Lebensweise bekehren möchte.

Es ist das Totalitäre im Denken von PETA und anderen, das den Schritt zu Hitlers Gedankenwelt so furchtbar klein macht. Es ist die Inanspruchnahme einer absoluten Wahrheit, unter der die Interessen der Mitmenschen begraben werden sollen. Deren Ablehnung geht so weit, dass sogar der Tod eines einfachen Landwirts zum Fanal des „Kampfes um Gerechtigkeit" wird. So stilisierte die Organisation

Animal Peace den Unfall, bei dem ein Bayrischer Landwirt von seinem Bullen erdrückt wurde, zu einem Racheakt der gequälten Kreatur und hoffte auf ihrer Website:

„Mögen ihm viele Rinder in den Aufstand der Geknechteten folgen.“

Auf diese Weise wird auch der größte Ochs zum Revolutionär.

Das Missverständnis der Tierrechtler, sich quasi als Widerstandskämpfer dem „Pesthauch der Welt“ in den Weg zu stellen, malt ein Selbstbild der Organisationen als edle Streiter für das Recht der Tiere, die über das Leben der Menschen entscheiden dürfen. Mit anderen Worten: Die Freiheit des Menschen bleibt auf der Strecke.

Rückenwind erhält ein solcher Radikalismus durch eine Gesellschaft hysterischer Tierfreunde, in der auch Fleischesser glauben, es „könne nicht mehr so weitergehen“, weil sie in ihrem übersättigten Wohlstandsbauch das Rumoren der Zivilisationsneurose spüren. Derartige Carnivoren des schlechten Gewissens sind bereit, durch Spenden und Wählerstimmen zugunsten der veganen „Weißen Rose“ für ihr ethisches Versagen Ablass zu zahlen.

Um diese Gesellschaft zu verstehen, werfen wir jetzt einen Blick auf den ganz normalen Wahnsinn des Alltags.

Tierisch hysterisch

Zart raschelt das Laub der Bäume und eine sanfte Brise treibt Schäfchenwolken über den lichtblauen Himmel. Im Gezweig zwitschern die Vögel. Es ist ein wunderschöner Frühsommertag, an dem Rainer und Bernd zum Grab schlendern. Heute hat die Friedhofsverwaltung den Stein gesetzt, den sie sich anschauen wollen. Er ist aus Granit und ganz glatt poliert. Schön sieht er aus. Und schön ist auch die Inschrift geworden: „Die Liebe hört niemals auf. 1. Kor. 13;8". Die beiden sind zufrieden. Sie stehen da und betrachten abwechseln das Grab und sich selbst. „Schön hat es Otto hier." „Ja, Du hast Recht. Einen besseren Platz gibt es nicht." „Findest Du, dass wir beten sollten?" „Wenn Du meinst." Sie falten die Hände und sprechen das Vaterunser. Rainer laufen einige Tränen über die Wangen. „Komm, es wird Zeit." Sie drehen sich um und gehen zum Parkplatz. Bernd schaut noch einmal zum Grab zurück.

In dem Grab liegt eine zwölfjährige französische Bulldogge, übergewichtig, mit Zahnfehler. In wenigen Jahren wird von ihr nur noch das künstliche Hüftgelenk übrig sein. Die OP haben Rainer und Bernd bei Endo-Dog machen lassen. 3.000 Euro hat sie gekostet. Damals war Otto zehn.

Sabine und Volker haben ihre Tina noch. Sie ist eine muntere ungarische Vorstehhündin, die über das Projekt „Viszla in Not!" zu dem kinderlosen Paar gekommen ist. Was war das für ein Glück, nicht einfach einen anonymen Welpen zu kaufen, sondern wirklich Gutes zu tun, ein Tier zu retten. Nun hat sich Tina eingelebt. Ohne die Therapiestunden bei Happy-Pet wäre das niemals möglich gewesen, da ist sich Sabine sicher. Der Ortswechsel ist für diese Rasse besonders schwierig zu verkraften, gerade im Alter zwischen zwei und vier Jahren. Doch mittlerweile ist das Gröbste überstanden. Allerdings frisst sie nicht gut. Dabei ist alles erstklassige Ware von „Poodlewohl", dem Bioladen, auch die vegane Linsensuppe. Nun hat Sabine Tina wieder bei Happy-Pet angemeldet. Die Therapeutin rät zu einer Familienaufstellung. 1.980 Euro, zuzüglich Umsatzsteuer. Sabine nickt. „Haben Sie denn bald einen Termin? Sie sehen doch, wie Tina leidet."

Hamburg-Eppendorf. Kinder haben ein Eichhörnchen gefunden, das in einem Gullydeckel stecken geblieben ist. Mit einem Schneidbrenner wird das Tierchen herausgesägt. Es stirbt kurz nach seiner Befreiung. Stress.

Lisas Laden für Hundegadgets läuft prima. Am besten gehen die Halsbänder mit den Swarovskisteinen. Aber auch das Hundebier und die Pediküre für die Katze werden gern genommen. Der Laden ist einfach zu finden, um die Ecke vom Asylbewerberheim.

Keines dieser Beispiele ist seinem Kern nach erfunden. Sie stehen im Einklang mit einer Gesellschaft, die an der Grenze zum Zivilisationskollaps angekommen ist.

Was ist mit uns geschehen? Warum geben wir den Hunden keine Hundenamen mehr? Fifi, Waldi und Bello gehören der tiefsten Vergangenheit an. Stattdessen begleiten uns Rüdiger, Otto, Tina und Mia. Kinderersatz. Diesen Kinderersatz behandeln wir wie einen von uns. Die Schranken zwischen Mensch und Tier fallen und auch die Tiere bekommen ihre Probleme damit:

- Nicht nur die Hälfte der Deutschen ist übergewichtig, sondern auch die Hälfte ihrer Haustiere.
- Über zwei Millionen Hunde schlafen in den Betten ihrer Besitzer.
- 4 Millionen Hunde bekommen etwas zu Weihnachten.
- Hunde und Katzen tauchen als Personen auf Türschildern und Anrufbeantwortern auf.

Woran liegt's? Eine mögliche Erklärung liefert ein Blick auf die Entwicklung unserer Gesellschaft mit all ihren kleinen und großen Problemen.

Innerhalb der vergangenen zehntausend Jahre ist die Weltbevölkerung von ungefähr einer Million auf über sieben Milliarden Menschen angewachsen. Noch niemals in der Geschichte unseres Planeten war die Natur weltweit so in der Hand einer einzigen Spezies wie heute. Selbst zu Zeiten der Dinosaurier gab es keine vergleichbare Gestaltung der Landschaft, der Pflanzen und Flüsse, der Berge und Küsten, die sich ausschließlich an den Bedürfnissen eines einzigen Wesens, einer einzigen Art, ausgerichtet hätte. Die enorme zahlenmäßige Ausdehnung des Menschen in einer erdhistorisch unglaublich kurzen Zeit war nicht denkbar ohne eine extreme Veränderung unseres Verhaltens.

Dieser Prozess begann mit der Sprache. Mit der Sprache traten wir aus dem Reich der Natur heraus, konnten Informationen und Gefühle weitergeben, speichern und fortentwickeln. Schließlich war es uns möglich, nicht nur das Greifbare, Tatsächliche in Worte zu kleiden, sondern auch das Unsichtbare, Abstrakte und Konstruierte. Diese Gabe führte uns erst zu Sitten und Gebräuchen, dann zu Sagen und Mythen und schließlich zum Gesetz. Mit der Entwicklung der Sprache entstand Raum für Verhandlungen, für Konflikte und Entspannung.

Stellen wir uns einen Kontakt zwischen Gruppen früher Menschen vor, so lassen sich zwei Formen des Wirtschaftsaustausches denken. In der einen strebt eine Gruppe nach dem Eigentum der anderen. Das können Tierfelle sein, Fleisch, Speere oder Faustkeile. Ohne Sprache wird es schwierig, sich so zu äußern, dass nicht nur klar wird, was die eine Gruppe will, sondern auch, was sie dafür zu geben bereit ist. Gelingt dann kein Austausch wechselseitiger Angebote, so kommt es zum Raub, zum Kampf, zum Tod. Durch die Sprache hingegen steht die Tür offen für Verhandlungen, für Angebote und Gegenangebote und am Schluss für einen Tausch, also einen Vertrag. Es kommt dabei nicht von ungefähr, dass das Wort „Vertrag" von „sich vertragen" abgeleitet wird. Der Handel ist also eine Form der Gesellschaftsbefriedung durch Sprache.

Dazu war es jedoch notwendig, erst zu denken, dann zu sprechen, den anderen anzuhören, das Gehörte aufs Neue zu bedenken und schließlich wieder zu reagieren. Wir dürfen uns das nicht so einfach vorstellen. Keinesfalls durfte die Gier nach dem erhofften Gut sich vor die Fähigkeit zur Absprache stellen. Derartige Leistungen nötigten den frühen Menschen eine Kontrolle ihrer Erwerbstriebe ab, die außergewöhnliche Anstrengungen verlangte. Reden und Verhandeln, während man den anderen am liebsten erschlagen und beraubt hätte, ebneten den Weg zur Zivilisationsgesellschaft.

Dieses System der Triebkontrolle hat der Soziologe Norbert Elias (1897–1990) in seinem Buch „Über den Prozess der Zivilisation" beschrieben. Er fand in den Dreißigerjahren sogenannte „Manierenbücher" des Mittelalters und analysierte deren Inhalt. Während sich am Beginn der modernen Gesellschaft die Tischsitten noch auf grobe Verhaltensmuster beschränkten („Spucke deinem Nachbar nicht ins Gesicht!", „Stich nicht das Messer in die Tischplatte!" und „Wirf nicht mit Knochen um dich!") verfeinerte sich über Jahrhunderte hinweg diese Form sozialer Interaktion bei Tisch. Das Essen mit den Fingern verschwand, die Gabel tauchte auf, es entstanden unterschiedliche Bestecke, mehrere Gläser für unterschiedliche Getränke, das Schnupftuch etablierte sich und es entwickelte sich eine Vielzahl von Ge- und Verboten im gesellschaftlichen Miteinander. Die Folge war eine soziale Selbstkontrolle, die uns heute zur zweiten Natur geworden ist. Ebenso differenziert entwickelte sich die sozioökonomische Interaktion. Der Wille zum wirtschaftlichen Erfolg verband sich dabei mit dem Wunsch nach gleichzeitig größtmöglicher Sicherheit. Der Räuber, der am Anfang der Zivilisation seine Beute einfach nahm, musste riskieren, selbst zum Opfer zu werden. Der Kaufmann musste zwar ausgedehnte Verhandlungen auf sich nehmen, sicherte sich dafür aber einen langfristigen Erfolg. Die damit notwendigerweise verbundene Selbstkontrolle lässt aber immer weniger Raum für das Ausleben eigener Triebe, Wünsche, Leidenschaften und Begierden.

Dieses Triebbeherrschungsmodell zur sozialen Interaktion hat sich immer mehr ausdifferenziert. Heute ist der Mensch in die organisatorischen Abläufe einer hochkomplexen Wirtschafts- und Informationsgesellschaft eingebunden, die den Ausgleich zwischen dem persönlichen Triebleben und der gesellschaftlichen Akzeptanz immer schwieriger macht. Unsere alternde Gesellschaft zeigt dabei alle

Zeichen des neurotischen, alternden Menschen, den Shakespeare im Monolog des Jaques in „Wie es euch gefällt" beschreibt:

> *„Die ganze Welt ist Bühne und*
> *alle Frauen und Männer bloße Spieler.*
> *Sie treten auf und gehen wieder ab,*
> *Sein Leben lang spielt einer manche Rolle,*
> *durch sieben Akte hin.*
>
> *Zuerst das Kind, das in der Wärt'rin Armen*
> *greint und sprudelt;*
>
> *[…]*
>
> *Der letzte Akt, mit dem*
> *die seltsam wechselnde Geschichte schließt,*
> *ist zweite Kindheit, gänzliches Vergessen*
> *ohn' Augen, ohne Zahn, Geschmack und alles."*

Immer ängstlicher werden wir beispielsweise, wenn es um unsere Gesundheit und unser Leben geht, ängstlich wie alte Menschen, die peinlich genau ihre Tabletten nehmen und auf ihre Ernährung achten. Gleichzeitig zeigt unsere Gesellschaft eine noch nie gekannte Weichheit im Umgang mit Jüngeren. Ähnlich wie die Großeltern, die ihr Enkelkind in Spielzeug und Süßigkeiten baden, wird in unserer modernen Gesellschaft das Kind zum Maßstab erklärt.

Und ähnlich, wie Menschen mit grauen Haaren sich geradezu peinlich sorgsam um ihr Kätzchen oder ihren Dackel kümmern, so geht auch unsere Gesellschaft mit dem Tier um.

Die moderne Altersgesellschaft verwischt die Grenzen zwischen Mensch und Tier, alle haben sich lieb, alle fühlen miteinander, alle sind eine große Familie. Zugleich jedoch nimmt das Verständnis des modernen Menschen für Natur und natürliche Zusammenhänge, wie den Tod, immer mehr ab.

Noch vor einhundert Jahren waren selbst städtische Gesellschaften noch sehr ländlich geprägt. Auf jedem Hinterhof gab es ein paar Hühner- oder Karnickelställe. Selbst die Einwohner von Städten hatten als sogenannte „Ackerbürger" vor den Toren Grund und Boden, den sie bewirtschafteten. Da es keine Kühlschränke und Tiefkühltruhen gab, wurde auch in der Stadt noch geschlachtet. Landwirtschaftliche Erzeugnisse wurden nicht anonym geliefert, sondern von den Bauern gebracht, die ihre Höfe unmittelbar vor den Stadttoren hatten. Noch heute zeugen die Kranhaken an den Frontgiebeln vieler Bürgerhäuser davon, dass dort auf dem Speicher Getreidesäcke gelagert wurden, als habe ein Bauer ein Stadthaus.

In der modernen Gesellschaft der Bundesrepublik Deutschland leben mittlerweile 80 % aller Staatsbürger in Städten. Ihre Beziehung zu anderen Wesen erstreckt sich nahezu ausschließlich auf Mitmenschen. Eine derartige Verdichtung des Bestandes einer Spezies geht allerdings nicht ohne erheblichen Stress für das einzelne Individuum vonstatten. Während ein solcher Stress jedoch früher durch Mord, Totschlag, Krieg, Fehde, Prügelei und andere Formen des Konfliktes entschieden wurde, gebietet es das Triebbeherrschungsgeflecht einer modernen Gesellschaft, die eigenen Emotionen im Zaum zu halten. Die Folge ist ein erhebliches Ansteigen der Neurosen.

Der Begriff der Neurose leitet sich vom griechischen *neuro* für Nerv ab und bezeichnet seit Sigmund Freud alle seelisch bedingten Störungen, die ohne organische Ursache entstehen. Damit stellte Freud die Neurosen den Psychosen gegenüber, die von ihm als tatsächliche Krankheiten bewertet wurden. Eine derart strikte Trennung ist heute aufgegeben, dennoch besteht Einigkeit darüber, dass die Neurose grundsätzlich das „normalere", gesündere seelische Problem darstellt.

Und tatsächlich erkranken heute so viele Menschen an psychischen Problemen wie noch nie in der Geschichte der Menschheit.

Blicken wir dazu auf einige Beispiele:

Unter Erwachsenen in modernen Gesellschaften ist die Abkürzung ADHS Eintrittskarte für alle mitfühlenden und spannenden Diskussionen im überforderten Elternkreis geworden. „Ihr Sohn hat

ADHS? Meiner auch!" Hinter den vier Buchstaben verbergen sich Kinder, die nicht konzentrationsfähig sind, die andauernd von ihrem Platz aufspringen, keiner Geschichte zuhören können, keine komplizierten Aufgaben lösen, schlicht zum zappelphilippartigen Terrorsubjekt ihrer Eltern werden. Das Wundermittel für die Behandlung von kleinen ADHS-Patienten heißt Ritalin. Vor gerade einmal zehn Jahren wurden deutschlandweit lediglich 34 Kilogramm dieses Medikaments verschrieben. 34 Kilogramm kleine weiße Pillen für eine gesamte Nation. Ganz offensichtlich war der Begriff des Zappelphilipps weniger schlimm als das Horrorszenario von ADHS. Heutzutage erreicht die jährliche Ritalingabe allerdings 1,7 Tonnen pro Jahr. Doch dies ist nur eines von vielen psychischen Problemfeldern der modernen Gesellschaft.

- Nach einer Studie der AOK hat die Anzahl psychisch kranker Arbeitnehmer von 1996 bis 2010 um 80 % zugenommen.
- Die Krankenfehlzeit aufgrund von Burn-Out-Syndromen ist von 2004–2010 um 900 % angestiegen.
- Die Anzahl der Depressionsdiagnosen und Angstneurosen hat sich in den vergangenen zehn Jahren verdoppelt.
- Eine knappe Million Menschen leidet in Deutschland an Essstörungen wie Magersucht oder Bulimie.
- Über eine halbe Million Menschen werden jährlich wegen autoaggressiver Verhaltensstörungen behandelt.

Ganz offensichtlich ist die Neurose eines der typischen Kennzeichen der modernen Zivilisationsgesellschaft. Wenn wir uns an Norbert Elias erinnern, ist das eigentlich nicht verwunderlich. Es bedarf eines gigantischen Kraftaufwandes, sich in einer unglaublich engen Gesellschaft zurechtzufinden und Tag für Tag Bindung und Freiheit, Trieb und Triebbeherrschung auszutarieren. Da das Ausleben unserer Wünsche und Begierden verboten ist, muss der Konflikt im Inneren ausgetragen werden und das führt zu der Vielzahl neurotischer Zustände innerhalb unserer Gesellschaft. Es bedarf keiner besonderen

Fantasie, dieser Entwicklung eine große Zukunft vorherzusagen. Die informationelle Verflechtung durch soziale Netzwerke führt gleichsam zu einer weiteren Verdichtung der Spezies und zu einer übergeschalteten zusätzlichen Ebene des allwissenden Auges der Allgemeinheit, das uns beobachtet und kontrolliert.

Nicht umsonst steigen auch die Neurosen im Zusammenhang mit modernen Kommunikationsmitteln laufend an. In einer Studie der Baylor University gaben 80 % der Probanden an, unruhig zu werden, wenn sie ihr Handy nicht sahen. 60 % bezeichneten sich selbst als suchtgefährdet. Die panische Angst, etwas zu verpassen, führt dazu, dass die junge Generation kaum mehr miteinander kommuniziert, sondern bei ihren Treffen lediglich laufend irgendwelche Nachrichten checkt. Jeder kennt die Bilder von 15-jährigen, die schweigend im Kreis sitzen und andauernd auf ihren Smartphones herumknibbeln. Reale Kommunikation weicht einer virtuellen, die als unsichtbarer Dritter unser Leben zusätzlich belastet. Doch was haben diese kultursozialen Phänomene mit übersteigerter Tierliebe zu tun?

Stellen wir als erstes fest, dass die Neurose ein Phänomen zivilisierter, reicher, technisierter Gesellschaften ist. Allen diesen Gesellschaften ist gemein, dass ihre Mitglieder vornehmlich in Städten und damit in einer naturfremden Umgebung leben. Daraus folgt zwingend die Frage, was gerade naturfremde Menschen zu einer derart überhöhten Form des Tierbildes bringt. Die Antwort liegt im simplen Phänomen der Projektion.

Was ist Projektion?

Um diese Frage zu beantworten, ist man mit dem Begriff des Filmprojektors gar nicht so schlecht bedient. Der Projektor wirft ein Bild aus der Filmrolle an die Wand, er projiziert es. Ähnlich funktioniert ein psychischer Abwehrmechanismus in der neurotischen Seele zivilisierter Menschen, der zuerst von Sigmund Freud (1856–1939) beschrieben wurde. Kommen wir mit unseren eigenen Defiziten, Wünschen oder Begierden nicht klar, dann neigt die neurotische Seele dazu, sie auf andere Situationen, Personen, Sachen oder Tiere zu übertragen, sie also zu projizieren.

Freuds Trieblehre wird heute gern angezweifelt und für veraltet erklärt. Dies gilt hingegen nicht für seine Neurosenlehre, als deren Teil sich die Projektion darstellt. Neurosen sind – anders als Psychosen – grundsätzlich gesunde Mechanismen zur Abwehr von Angst und vergleichbaren psychischen Stresssituationen. Insofern ist die Projektion dazu geeignet, Ängsten oder Wünschen, die in ihrem eigentlichen Ausdruck gesellschaftlich sanktioniert wären, zu einer sozial adäquaten Umsetzung zu verhelfen. Freud schreibt insofern:

„Projektion ist das Verfolgen eigener Wünsche in anderen."

Allen Projektionen ist ein Dreiecksverhältnis gemein. Auf der einen Seite steht der Projektor, also die Person, die Wünsche, Triebe, Ablehnung oder Angst empfindet. Ihr gegenüber steht der Beobachter. Dabei kann es sich um eine Einzelperson oder um die Öffentlichkeit schlechthin handeln. In jedem Fall handelt es sich um eine psychische Instanz, deren Reaktion als nicht unwesentlich vom Projektor empfunden wird und die das Ausleben oder gar nur das Kommunizieren der Wünsche und Triebe sanktionieren könnte. Würde sich der Projektor offen zu seinen Wünschen und Trieben bekennen, so könnte das zu Nachteilen beim Beobachter führen, zumindest im Hinblick auf das Vorverständnis des Projektors. Dieses Problem löst er deshalb dadurch, dass er dem Beobachter eine Projektionsfläche anbietet, auf die der Projektor seine eigenen Wünsche und Triebe überträgt.

Illustrieren wir diese Struktur mit einigen Beispielen:

Eine Mutter meldet ihr unmusikalisches Kind zum Klavierunterricht an. Sie selbst hat sich immer gewünscht, dieses Instrument zu beherrschen. Nun sieht sie ihre eigenen Interessen im Unterricht des Kindes umgesetzt. Würde sie sich ihrem Wunsch gemäß selbst zum Klavierunterricht anmelden, so müsste sie damit rechnen, auf Unverständnis zu stoßen. „Du bist ja schon zu alt", „Als Erwachsener lernt man so etwas nicht mehr" usw.

Oder:

Ein Liebespärchen sitzt auf einer Parkbank und sie schaut ihn vorwurfsvoll an. „Wenn Du mich nicht willst“, so sagt sie, „dann verpasst Du die schönsten Jahre Deines Lebens!“ Hier ist es natürlich der Projektor, der fürchtet, die schönsten Jahre seines Lebens zu verpassen und diese Wunschvorstellung in einen sorgenvollen Rat an den Beobachter kleidet. Projektionsfläche und Beobachter fallen in diesem Beispiel zusammen.

Ebenso wie Wünsche und Begierden können allerdings auch Hass und Ablehnung projiziert werden. Ein weiteres Beispiel:

Ein Schulkind zeigt einer Kunstlehrerin sein Bild. Aus irgendwelchen Gründen mag die Pädagogin den kleinen Maler nicht. Ihre Ablehnung kann sie jedoch kaum zum Ausdruck bringen, ohne von der Klasse oder den Eltern sanktioniert zu werden. Aus diesem Grund überträgt sie ihre negativen Gefühle auf das Kunstwerk und kritisiert fehlende Perspektive, schlechte Schattengebung, schlampige Ausführung usw. Mit dem besten Gefühl der Welt vergibt sie eine 4-.

Projektionen sind psychische Stellvertreterkriege, um emotionale Konflikte nicht an den Stellen austragen zu müssen, an denen sie eigentlich zu verorten wären. Unter neuronalen Gesichtspunkten darf die Projektion als fein abgestimmtes Verhältnis zwischen dem intellektuellen Zentrum des Neocortex und dem Emotionssystem, dem sogenannten limbischen System im Zentrum unseres Gehirns, begriffen werden. Unser emotionales Zentrum lässt uns starke Anziehung oder Ablehnung spüren. Zugleich hindert uns unser intellektueller und ethischer Überbau daran, diese Emotionen nach außen hin zuzulassen. Das intellektuelle Zentrum setzt sie vielmehr in Stellvertreterkriege um, die unsere Psyche entlasten, jedoch sozial nicht sanktioniert werden können.

In der Mensch-Tier-Beziehung spielen Projektionen eine unendlich wichtige Rolle. Dafür gibt es kein besseres Beispiel als das Bild vom „edlen Löwen“. Ein winziges Stückchen daran ist Realität. Der Löwe ist mit über 200 Kilogramm Lebendgewicht tatsächlich ein imponierendes Raubtier. Doch damit hat es sich schon im Hinblick auf seinen Edelmut erledigt. Tatsache ist, dass Löwen meistens faul in der Gegend herumliegen (faul ist natürlich auch schon wieder eine Projektion!), den größten Teil des Tages verschlafen und auch durchaus bereit sind, sich gegenseitig aufzufressen. Als edel kann man so etwas nicht unbedingt bezeichnen. Dennoch gehört der Löwe zu den am meisten glorifizierten Tierarten auf unserem Planeten.

Umgekehrt ist die Tüpfelhyäne das unsympathischste Tier, das Afrikas Savannen besiedelt. Sie hat ein ekeliges heiseres Lachen, frisst Aas, hat einen widerwärtig hinkenden Gang und einen plumpen Kopf. Was für ein grausiges Unrecht geschieht hier diesem Tier? Tatsächlich ist die Hyäne ein gut organisierter, intelligenter Jäger mit einem ausgeprägten Familienleben, der im Rudel sogar in der Lage ist, dem edlen Löwen gefährlich zu werden. Unsere Ablehnung ist ebenso wie unsere Zustimmung und Liebe reine Projektion.

Doch diese Formen der Projektion stören niemanden. Ärgerlicher wird es, wenn die Übertragung zum Teil eines Wertesystems erklärt wird, das eigentlich nur für den Menschen typisch ist. Der Film „Bambi" von Walt Disney ist voll von derartigen Projektionen über Recht und Gerechtigkeit, Liebe, Freundschaft, Angst, Vertrauen und Zuneigung. Keine einzige dieser Tierdarstellung entspricht den Realitäten in der Natur. Weder die Tapferkeit des kleinen Hirsches oder die Freundschaft mit dem Kaninchen. Man soll solche Entfremdungen allerdings auch nicht überbewerten, denn die Projektion ist in der Mensch-Tier-Geschichte schon früh ein typisches Mittel zur Geschichtenentwicklung gewesen.

Schon Aesops Fabeln führen uns in das Miteinander von Tieren, die nichts anderes darstellen sollen als Menschen, ihre Probleme, Wünsche und Begierden. Um die Wesenszüge zu vereinfachen, um den einzelnen Charakteren gleichsam Rollen zuzuschreiben, erhalten sie Tiernamen und Tierbilder. Es ist von vornherein klar, dass der Fuchs dabei der listige Schelm und der große, brutale Wolf der Dummkopf ist. Diese Mittel der Projektion sind kulturimmanent und müssen nicht generell zum Problem gemacht werden, wenn man sie als das erkennt, was sie wirklich sind, als menschlich literarisches Kultur- und Stilmittel.

Von Aesop geht die Geschichte der Mensch-Tier-Projektion weiter zu Reineke Fuchs, Doktor Doolittle und dem Schweinchen namens Babe. Das Problem unserer heutigen Zeit ist, dass diese medialen Projektionsmodule so starken Einfluss auf das Naturempfinden von Kindern und Jugendlichen haben, dass für eigenständige Beobachtungen im Tierreich und ein selbst erfahrenes Naturbild gar kein Raum mehr ist. Wenn sich die biologischen Kenntnisse des Zivilisationsmenschen auf das Schweinchen namens Babe beschränken, dann ist wenig zu erwarten, wenn es um eine neutrale Betrachtung der Schweinehaltung geht.

Blicken wir auf die Geschichte der Tierrechtsdiskussion zurück, dann schauen wir auf eine Aneinanderreihung von Projektionen:

Montaigne projizierte sein eigenes Bild vom denkenden Tier auf den „durch seine Tränen um Gnade flehenden Hirsch".

Schopenhauer projizierte seine Vorstellung von der Gerechtigkeit auf die Welt der Kreaturen, die keine Gerechtigkeit kennen.

Singer projizierte sein Bild von Unfreiheit und Sklaverei auf Hunde und Schweine.

Himmler projizierte seinen Wunsch nach Reinheit auf den Umgang mit den Tieren.

Hilal Sezgin projiziert ihren persönlichen Traum vom Glück auf die umherfliegenden Schwalben.

Es sind Projektionen, die Tierrechtler dazu bringen, ihre eigene Angst vor dem Tod auf das Tier zu übertragen. Es sind Projektionen, die ihren eigenen Wunsch nach Gerechtigkeit und nach einem Leben ohne Schuld in der Welt der Tiere abbilden.

Doch Projektionen sind nicht geeignet, um das reale Leben zu gestalten. Wie will ein Umweltpolitiker ein Gesetz über das Angeln machen, wenn er glaubt, der Fisch leide wie ein Mensch am Haken? Welche Tierhaltungsverordnung ist von einem Minister zu erwarten, der sich selbst auf der Schlachtstraße sieht? Wie soll ein Parlament ein Gesetz über Hühnerhaltung beschließen, wenn die Abgeordneten glauben, ein Huhn verspüre den menschlichen Drang nach Freiheit?

Wirklich problematisch wird die Projektion im Mensch-Tier-Verhältnis, wenn sie Ängste, Hass und Ablehnung der eigenen Person zum Gegenstand hat. Das ist dann der Fall, wenn sich die Neurose derart vor die Wahrnehmung des Einzelnen stellt, dass er unfähig wird, die Bedürfnisse, Wünsche und Triebe anderer noch in seinem Verhalten einzukalkulieren. Der PETAismus leidet genau an diesem Problem. Aufgrund eines traumatischen Erlebnisses mit der Massentierhaltung entwickelt sich bei ihm gleichermaßen ein Verfolgungswahn im Hinblick auf die Tiernutzung, verbunden mit einer Art Reinheitszwang, dass nur ein tierfreies Leben zur wirklichen Seligkeit verhilft. Dieser Angsttyp projiziert ein menschliches Verständnis von Tod, Qual, Ausbeutung, Sklaverei und Konzentrationslagersystem auf die Welt der Tiere, denen derartige Strukturen nicht nur völlig unbekannt, sondern auch gar nicht mental oder intellektuell erfassbar sind.

Das führt bei extremen Tierrechtlern dazu, dass sie sich selbst sehen, wie sie geschlachtet, gemolken, in engen Tierbuchten oder auf Spaltenböden gehalten werden. Unter diesem Eindruck werden sie in ihren eigenen Augen zu Widerständlern gegen ein radikales System der Tierausbeutung, quasi zur Weißen Rose. Gerade weil sie sich jedoch als ethisch untadelig empfinden, führt das dazu, dass sie alles von ihren Mitmenschen fordern dürfen und auch gegen deren Willen und gegen alle Rechtsnormen durchsetzen. Die Ikone der Tierrechtsbewegung Helmut Kaplan stellt nicht umsonst die Gewalt gegen Sachen und gegebenenfalls auch gegen Menschen als gangbaren Weg der Tierbefreiung dar. Für die Animal Liberation Front sind brennende Pelzgeschäfte oder zerstörte Forschungslabore kein Problem. Ingrid Newkirk, die PETA-Gründerin, fordert die Todesstrafe für Menschen, die rechtswidrig Tiere töten.

Wir befinden uns am Vorabend einer extremen Auseinandersetzung innerhalb der neurotischen Gesellschaft, die sich nicht darüber klar ist, wie sie mit sich und dem Tier umgehen soll. Das wird besonders deutlich, wenn es um einen der neurotischsten Begriffe im Tierschutz geht, um die Vernunft.

Vernunft als Kampfmittel der Neurotiker

Udo di Fabio versteht etwas von der Freiheit, von unserer Verfassung und von der Vernunft. Er ist Professor in Bonn. Viele Jahre lang war er Richter des Bundesverfassungsgerichts. In dieser Funktion urteilte er über Gesetze und Verordnungen oder politische Maßnahmen und schützte so die Rechte der Bürger gegen Übergriffe des Staates. Er war ein Verfassungshüter. Nun sitzt er einem Redakteur des Nachrichtenmagazins „Der Spiegel" (15/2015) gegenüber und spricht über Vernunft. Hintergrund ist der Versuch der Bundesregierung, durch psychologische Maßnahmen, das sogenannte „Nudging", die Bürger zu einem verbesserten Verhalten zu motivieren, z. B. zur verbesserten Wärmedämmung.

SPIEGEL: *„Eine Wärmedämmung spart Heizenergie und Geld. Der Staat weiß hier womöglich besser als Sie, was gut für Sie ist."*

Di Fabio: *„Was gut für die Umwelt ist, darf die Mehrheit als bautechnische Regel vorschreiben. Was gut für mich ist, möchte ich eigentlich selbst beurteilen. Es kann viele Gründe geben, seinen Speicher nicht aufzuräumen. Der Staat aber versucht, von einem überlegenen wissenschaftlichen Bild auf angebliche Irrationalitäten in unserem menschlichen Verhalten zu schließen und diese sanft zu beseitigen. Mein Menschenbild hingegen sieht so aus, dass der Mensch in seiner Urteilskraft anzusprechen ist, obwohl zu seinem Wesen auch das Irrationale und Eigensinnige gehört."*

SPIEGEL: *„Wollen Sie behaupten, es sei vernünftig, unvernünftig zu sein?"*

Di Fabio: *„Wer jede Unvernunft ausmerzen will, handelt unvernünftig. Mich stört die Hybris, jedes Verhalten rational steuern zu wollen. Es liegt Weisheit darin, Inseln des rational nicht*

Zugänglichen zu respektieren: Religion, Gefühle, Alltagserfahrungen, Heuristiken, die wir nicht erklären können, aber bei denen wir ahnen, dass sie uns zu einer richtigen Entscheidung verhelfen.“

Wer jede Unvernunft ausmerzen will, handelt unvernünftig. Merken wir uns diesen Satz eines erfahrenen Richters, denn er ist der Schlüssel zu dem Problem, dem wir uns jetzt widmen wollen.

Im vorangegangenen Kapitel haben wir einen Blick auf die neurotische Zivilisationsgesellschaft geworfen, der ein natürliches Verhältnis zum Tier abhandengekommen ist. Dessen Vermenschlichung hat ein noch nie gekanntes Maß angenommen. Interessant ist, dass dieser neurotische Zustand, in dem sich die Zivilisationsgesellschaft befindet, am deutlichsten wird, wenn es um den Begriff der Vernunft geht. Die Vernunft ist nämlich der Maßstab, mit dem unsere rechtlichen Normen das Verhältnis der Menschen zum Tier regeln wollen. Werfen wir dazu einen Blick in das Gesetz.

Wenn wir in Deutschland über das Töten von Wirbeltieren sprechen, dann reden wir automatisch über Vernunft. Gemäß § 17 Tierschutzgesetz ist nämlich das Töten von Wirbeltieren ohne einen „vernünftigen Grund“ verboten und wird als Straftat verfolgt. Wörtlich heißt es dort:

„Mit Freiheitsstrafe bis zu drei Jahren oder mit Geldstrafe wird bestraft, wer

1. *ein Wirbeltier ohne vernünftigen Grund tötet oder*
2. *einem Wirbeltier*
    a. *aus Rohheit erhebliche Schmerzen oder Leiden oder*
    b. *länger anhaltende oder sich wiederholende erhebliche Schmerzen oder Leiden zufügt.“*

Diese Vorschrift war nicht immer im Tierschutzgesetz enthalten. Der Gesetzgeber fügte sie erst im Jahr 1972 in den Gesetzestext ein. Zuvor war lediglich das grundlose Quälen von Tieren unter Strafe gestellt. Nun aber sollte es das Ziel des Gesetzes sein, einen

„ethisch verankerten Tierschutzgedanken und damit eine artübergreifende Humanität auszudrücken“.

So formulierte es der damalige Abgeordnete Löffler in der Bundestagsdebatte vom 21. Juni 1972.

Man darf also Wirbeltiere nur aus einem „vernünftigen Grund“ töten. Doch was ist Vernunft?

Damit wir jetzt nicht ins Blaue hinein diskutieren, werfen wir einen Blick auf den Umgang mit Tieren, wie er uns an jedem Tag begegnet: Oma sitzt auf dem Sofa und streichelt ihren Dackel. Max ist ziemlich übergewichtig. 13 Jahre ist er jetzt alt. Letzten Herbst hatte er einen Bandscheibenvorfall, manche sagen dazu Dackellähme. Seitdem kann er nicht mehr so richtig laufen. Beim Tierarzt hat Oma für ihn aber ein kleines Radgerüst bekommen, mit dem er sich fortbewegen kann. Oma muss ihn nur mit dem Bauch draufschnallen und einen Gurt festziehen, dann schleppt Max sich mit den Vorderbeinen voran.

Oma sieht fern. Es läuft eine Reportage über den Stierkampf in Spanien. Die Kamera schwenkt über die Arena, in der es zu brodeln scheint. Applaus, Schreie und Gesänge wechseln sich ab. Der Stier steht in der Mitte der Kampfbahn. Das Blut läuft ihm breit den Rücken herab, in dem die bunt bebänderten Spieße der Banderilleros stecken. Der Matador steht hoch aufgerichtet vor ihm und lässt die rote Muleta tanzen. Immer wieder stößt der Stier danach. Schließlich hebt der Matador den Degen und zielt. Die Menge wird still. Der Stierkämpfer tänzelt auf der Stelle und setzt schließlich den Stich zwischen die Schulterblätter. Zehntausend Menschen rasen vor Begeisterung. Oma schüttelt angewidert den Kopf, schaltet weiter und krault Max.

- Währenddessen werden ein paar Kilometer weiter zehn Kühe in einem Ökobetrieb zwangsgeschlachtet. Sie haben nicht die richtige Zuchtnummer im Ohr, die von der EU vorgeschrieben ist.
- Zur gleichen Zeit schleudert eine Maschine in einem Geflügelmastbetrieb 20.000 Küken in einen Schredder. Sie werden zu Tiermehl verarbeitet, denn es sind männliche, die keine Eier

legen und auch nicht zur Hähnchenmast taugen, da sie zu wenig Fleisch ansetzen.

- Am selben Tag werden 200.000 Masthähnchen in einem Nachbarbetrieb geschlachtet und an eine Schnellimbisskette geliefert.
- Im gleichen Jahr fressen sieben Millionen Hauskatzen in Deutschland 200 Millionen Kleintiere.
- Hilal Sezgin hält auf einer Veganermesse einen Vortrag über Tierrechte. Sie preist die Vorteile veganer Ernährung und das gute Gefühl, zu essen, ohne Tiere zu töten. Während sie das sagt, mäht in einem Weizenacker ein Traktor einige hundert Kleinsäuger zu Tode.
- Bernd ist stark übergewichtig. Er bestellt sich im Restaurant Lorenz Adlon in Berlin eine „Canard à la rouennaise", eine Ente, deren Rezept seit dem Meisterkoch Auguste Escoffier zu den Klassikern der französischen Küche gehört.
- Der Angelverein Schönwalde hält sein jährliches Wettfischen ab. Seit 105 Jahren treffen sich die Mitglieder und haben drei Stunden Zeit, an einem großen See die meisten Fische zu angeln. Die Beute wird dem örtlichen Kindergarten gespendet.
- Ein Dutzend Jäger treffen sich zu einer Treibjagd. Sie schießen 35 Fasane, 2 Enten und 5 Hasen. Abends sitzen sie zusammen in der Gaststätte und feiern.
- Jäger stellen an der Ostseeküste Fallen auf, um bedrohte Brutkolonien der Trauerseeschwalbe zu retten.
- Der Direktor des Zoos in Leopoldsruh lässt eine überzählige Elenantilope schlachten und an die Löwen verfüttern. Nachdem die Presse gegen derartige „Perversionen" erbitterte Artikel publiziert, stellt der Zoo weitere Schlachtungen eigener Tiere ein. Er kauft stattdessen 20 Schafe, die verfüttert werden.

Diese Gesichter trägt der Tod von Tieren.
Ist der Tod vernünftig?
Das Gesetz selbst erklärt den Begriff der Vernunft nicht.

Der Jurist schaut deshalb in die Kommentare, die von Hochschullehrern, Richtern oder Rechtsanwälten zum jeweiligen Thema verfasst werden und in denen gerichtliche Urteile und rechtswissenschaftliche Erklärungen den Gesetzestext erläutern. Der bedeutendste Kommentar zum Tierschutzgesetz ist der „Hirt/Maisack/Moritz“, der von drei ausgewiesenen Spezialisten verfasst wurde. Almuth Hirt war ehemals Vorsitzende Richterin am Bayerischen Obersten Landesgericht und ist Mitglied der „Deutschen Juristischen Gesellschaft für Tierschutzrecht e.V.“, einer Juristenvereinigung von Tierrechtlern. Christoph Maisack, Richter am Landgericht Waldshut, ist deren Präsident. Veterinärfachlich werden die beiden Juristen durch Johanna Moritz unterstützt, eine Veterinärdirektorin. Was ist nach Auffassung dieses Kommentars ein „vernünftiger Grund“, um ein Wirbeltier zu töten?

Juristen verweisen gern auf andere Juristen und deshalb bezieht sich auch dieser Kommentar auf einen anderen. Da heißt es:

> „*Vernünftig ist ein Grund, wenn er als triftig, einsichtig und von einem schutzwürdigen Interesse getragen anzuerkennen ist und wenn er unter den konkreten Umständen schwerer wiegt als das Interesse des Tieres an seiner Unversehrtheit und an seinem Wohlbefinden* (Lorz-Metzger, TierSchG § 1 Rn 62).“

Wie bitte? „Vernünftig“ heißt also „triftig“ und „einsichtig“?

Zu Recht dichtet Goethe in seinem Faust „da steh' ich nun, ich armer Thor, und bin so klug als wie zuvor“. Denn hier wird ein Begriff ganz offensichtlich durch einen anderen ersetzt und das hilft uns nicht weiter. Ergiebiger ist hingegen der Verweis auf die Abwägung schutzwürdiger Güter, nämlich einerseits das Tierinteresse, andererseits das Menscheninteresse. Dass es mit dem Willen des Tieres jedoch nicht allzu weit her ist, haben wir bereits in den vorangegangenen Kapiteln erfahren. Dessen ungeachtet sieht auch unser höchstes Gericht, das Bundesverfassungsgericht, eine Notwendigkeit, Interessen im Rahmen des Tierschutzes abzuwägen:

„Das Tierschutzgesetz wird beherrscht von der dem Verhältnismäßigkeitsprinzip entsprechenden Forderung, Tieren nicht ohne vernünftigen Grund […] Schmerzen, Leiden oder Schäden zuzufügen."

Doch auf welcher Basis wägt man die Interessen von Mensch und Tier ab?

Dazu hatte der Jurist Schultze-Petzold, der Autor des Tierschutzgesetzes von 1972, eine Idee:

„Der vernünftige Grund dient dazu, im Umgang mit dem Tier eine spezifische Verantwortungs- und Arbeitsethik zu realisieren, die sich am Grad der moralischen Sensibilisierung der Gesellschaft ausrichtet."

Daraus leitet der Kommentar von Hirth/Maisack/Moritz ab, dass es für die Frage, ob ein Tier aus vernünftigem Grund getötet werden darf, auf die Anschauungen der Allgemeinheit, also auf die in der Gemeinschaft vorherrschenden sozialethischen Überzeugungen ankomme. Der Kommentar bezeichnet das als die *„herrschenden Gerechtigkeitsvorstellungen"* bzw. die *„mehrheitlich konsensfähigen Wert- und Gerechtigkeitsvorstellungen"*.

Es mag zynisch klingen, doch als 1933 das erste Deutsche Tierschutzgesetz erlassen wurde, entsprach es auch der „konsensfähigen Wert- und Gerechtigkeitsvorstellung", dass Juden als Volksschädlinge aus der Volksgemeinschaft ausgeschlossen und am besten gleich aus der gesamten Zivilisationsgemeinschaft der Menschen „ausgemerzt" werden sollten. Man nannte das damals „gesundes deutsches Volksempfinden". Es entsprach auch den Wertvorstellungen dieser Zeit, dass die Demokratie für die Deutschen als Staatssystem ungeeignet war. Schließlich bedurfte es der vereinten Armeen der Alliierten, um die Deutschen von ihren „konsensfähigen Gerechtigkeitsvorstellungen" abzubringen. Wenn es um Recht und Gerechtigkeit geht, dann ist das Gefühl der Mehrheit ein schlechter Ratgeber im Zusammenhang mit der Freiheit des Einzelnen.

Die Frage, was ein vernünftiger Grund für die Tötung eines Tieres ist, kann nicht leichter beantwortet werden, wenn man sich den Einzelfall ansieht. Dazu schauen wir mit Oma noch einmal in den Fernseher. Spanien ist weit weg und aus der Distanz ist der Blick mitunter schärfer als aus der Nähe. Würde man in Deutschland einen Stierkampf ausrichten, dann wäre die Hölle los. Die überwiegende Anzahl der Deutschen wäre erschüttert über so viel Rohheit, mit der ein wehrloses Tier abgeschlachtet wird. Angewidert blicken wir auf Spanien und fragen uns mit der typisch deutschen Selbstgerechtigkeit, wie es in einem zivilisierten Land möglich sein kann, so einem barbarischen Vergnügen zu huldigen.

Ist es wirklich so barbarisch?

In Spanien finden jährlich ungefähr 2.000 Corridas statt. Auf jeder Corrida kämpfen drei bis sechs Stiere. Im Jahr kostet der Stierkampf also ungefähr 10.000 Tiere das Leben. Denken wir in diesem Zusammenhang daran, dass allein die Katzenfreunde in Deutschland mit dem besten Gewissen der Welt im Jahr 200 Millionen Singvögel und Kleintiere durch ihre Lieblinge fressen lassen. Diese Kleintiere werden auch nicht tierschutzgerecht betäubt und dann fachgerecht getötet, sondern katzengerecht totgespielt. Jeden Tag veranstalten unsere Lieblinge in Hof und Garten ihre eigenen kleinen Stierkämpfe. Es fehlt nur das Publikum.

Worin aber liegt der Unterschied zwischen dem Leben eines Kampfstieres und dem eines von Katzi totgespielten Vogels? Ebenso interessant ist der Vergleich zwischen einem Kampfstier und einem Mastbullen, der zu Burgern verarbeitet wird:

Ein Kampfstier wird bis zu sechs Jahre alt. Bis dahin wächst er im Freiland auf. Jahraus, jahrein steht er auf grünen Wiesen und lebt dort, wie man es sich von einem Stier vorstellt. Menschen bekommt er fast nie zu sehen, damit er sich nicht an deren Anblick gewöhnt. Ein Kampfstier kennt keine Anbindehaltung, keine Wachstumsbeschleuniger und keine Stallgitter. Alle Jahre vor dem Kampftag gehören dem Kampfstier, erst vom letzten Tag gehören zwanzig Minuten dem Publikum.

Die Rinder, die in Deutschland zu Burgerpattys verarbeitet werden, von denen unsere Mitmenschen Milliarden konsumieren, haben ein anderes Leben …

Was ist der Nutzen eines Kampfstieres und was ist der Nutzen eines Burgerrindes? Aus einem Mastrind werden bei 500 kg Schlachtgewicht abzüglich der Edelteile ungefähr 1.000 Burgerpattys gemacht. An einem Burger isst der Fastfood-Kunde höchstens fünf Minuten. Dick wird er auch noch davon, während er gedankenlos das Fleisch mit Brötchen, Pommes und Ketchup in sich hineinmampft.

Einem Kampfstier sehen 10.000 Menschen zu. Ein Kampfstier ist mehr als ein Burger, er ist ein Sinnbild Spaniens. Was wäre die spanische Kunst ohne ihn, die Malerei, die Literatur, das Lebensgefühl der Menschen? Wollen wir eine Welt ohne Fiesta, ohne Pamplona und den Lauf vor den Stieren?

Ernest Hemingway schreibt in „Fiesta" von einem jungen Mann, der in Pamplona von einem der Stiere zu Tode getrampelt wurde:

> *„Im Laufe des Tages erfuhren wir, dass der getötete Mann Vinceno Cirone hieß und aus der Nähe von Tafalla stammte. Am nächsten Tag lasen wir in der Zeitung, dass er 28 Jahre alt war, ein Stück Land, eine Frau und zwei Kinder besaß. Auch nach seiner Verheiratung war er noch jedes Jahr zur Fiesta gekommen. Am nächsten Tag kam seine Frau aus Taffala, um bei der Leiche zu wachen und einen Tag darauf wurde in der Kapelle von St. Vermin ein Trauergottesdienst abgehalten, und der Sarg wurde von einigen Mitgliedern der Tanz- und Trinkvereine von Tafalla zum Bahnhof getragen. Die Trommler marschierten an der Spitze, dann kamen die Pfeifenbläser mit Musik und hinter den Männern, die den Sarg trugen, ging die Frau mit zwei Kindern […] Hinter ihnen marschierten alle Mitglieder der Tanz- und Trinkvereine von Pamplona, Estella und Tafalla und St. Vermin, die über die Zeit des Begräbnisses hatten dableiben können. Der Sarg wurde in den Gepäckwagen des Zuges geladen und die Witwe fuhr mit ihren zwei Kindern zusammen in einem offenen Wagen dritter Klasse. Der Zug setzte sich mit einem*

Ruck in Bewegung und lief dann glatt herunter, um das Plateau herum, zwischen den Getreidefeldern hindurch, die im Winde hin- und herschwankten, durch die Ebene auf den Weg nach Tafalla.“

Ein einfacher Mann war damit eine Tagesberühmtheit, weil er zum Teil eines Nationalsymbols wurde. Was hätte uns Picasso gesagt, wenn wir seiner Welt den Stier genommen hätten? Soll der Kampfstier aus dem Bild Guernica herausretuschiert werden? Noch heute leben in Spanien über 200.000 Menschen vom Stierkampf. Über 1.200 Zuchtbetriebe widmen sich der Erhaltung eines Nationalsymbols, das mehr ist als ein Bulettenlieferant.

Ein Kampfstier, sein Leben und sein Tod, all das stellt uns keine Fragen der Vernunft. Sie dürfen jetzt die Augen verdrehen und sich fragen, was die spanische Kulturidentität mit dem Deutschen Tierschutzrecht zu tun hat. Auf den ersten Blick nichts. Doch wenn wir in uns hineinsehen, dann macht der Stier nur besonders deutlich, was auch in unserem Leben eine Rolle spielt, dass nämlich Tod und Töten ein Teil unserer Kultur sind, der mit Vernunft nichts zu tun hat.

Begeben wir uns dazu in das Restaurant Lorenz Adlon, Unter den Linden 1 in Berlin. Dort bestellt der übergewichtige Bernd ja gerade seine „Canard à la rouennaise“. Das ist eine Ente, die seit mehr als hundert Jahren auf die gleiche Art zubereitet wird. Man schlachtet sie nicht, sondern erstickt sie in einem Vakuumkasten (früher drehte man ihr den Hals um), damit Blut und Körperflüssigkeiten in der Ente verbleiben. Der Leichnam wandert dann in den Backofen und wird nach kurzer Garzeit, noch ziemlich blutig, tranchiert. Knochen und Fleischreste wandern in eine Entenpresse. Allein deren Anblick ist ein Besuch in den großen Restaurants wert. Silbern glänzend steht sie da, ein Luxusgegenstand der Haute Cuisine, mit großen Flügelschrauben, die aus der Karkasse des Vogels den Fleischsaft und das Blut pressen, woraus mit Gewürzen, pürierter Leber und Rotwein eine Sauce montiert wird. Alfred Walterspiel (1881–1960), Chef des Vier Jahreszeiten in München und zu seiner Zeit der Doyen der deutschen Köche, meinte zu diesem Rezept:

„Ein wahrer Kenner wird diese Zubereitung aus Neugierde versuchen, sie sich jedoch nicht zur Gewohnheit machen, denn zu wenig schmeichelhaft ist die Zubereitung der Sauce."

Die Wiege des Rezeptes findet sich im Restaurant „La Tour d'Argent" in Paris, das seit über einhundert Jahren Enten nicht nur derart zubereitet und verkauft, sondern sie auch noch nummeriert, damit der Kenner für sich notieren kann: „Ich aß die Ente Nr. 460 785", so wie es schon Wolfram Siebeck, der geniale Kolumnist guter Küche, getan hat. Eine solche Ente ist mehr als ein toter Vogel. Sie ist ein Teil der Küchengeschichte, Landeskultur und Geschmacksschule. Was hat ihr Tod dann mit Vernunft zu tun?

Wieder werfen wir einen Blick in den Kommentar von Hirt/Maisack/Moritz. Da heißt es, leicht angesäuert von Moralin, dass die Tötung von Tieren für Ernährungszwecke für zulässig gehalten wird. Die Autoren schreiben nicht etwa, dass sie selbst so denken, sie attestieren vielmehr widerwillig, dass es die Mehrheit tut.

Doch ist Ernährung eine Frage der Vernunft? Ein leidenschaftlicher Veganer wird dagegen einwenden, dass eine fleischfreie Ernährung viel vernünftiger sei:

- Keine schlechten Fette,
- größere ökologische Nachhaltigkeit,
- mehr Ballaststoffe usw.

Doch ist das so? Ist die Ausdehnung der Acker- und Gemüsekultur ein ökologischer Vorteil?

Wenn ich ein Brot esse, dann weiß ich, dass es von Flächen stammt, die der Natur entzogen werden. Wenn ich mit dem Auto fahre, dann muss ich akzeptieren, dass unser Straßennetz die Natur verdrängt. Wenn ich ein Haus baue, dann versiegele ich damit den Boden und nehme der Natur Raum. Man könnte die Beispiele beliebig fortsetzen, doch die Grundregel bleibt, dass überall dort, wo der Mensch ist, sich kein anderes Sein voll entwickeln kann. Dennoch haben die selbst ernannten

Umweltexperten eine geradezu kindliche Freude daran, den Veganismus als die einzige Möglichkeit zur Rettung unseres Planeten auszurufen.

Für ein Kilogramm Rindfleisch, so die Berechnung, benötige man 15.000 Liter Wasser, während für ein Kilo Getreide nur 500 Liter Wasser notwendig seien. Derartige Gleichungen sind jedoch schon deshalb unsinnig, da sie mit absoluten Zahlen arbeiten und nicht Bezug nehmen auf den Ort und den Boden der landwirtschaftlichen Produktion. So ist es an Berghängen von vornherein nicht möglich, Ackerbau zu betreiben. Zugleich regnen sich dort die Wolken ab und Wasser steht in größeren Mengen zur Verfügung. Warum soll man solche Gegenden nicht zur Tierzucht und Weidehaltung nutzen? Sowohl die Böden der Pampa als auch große Teile Afrikas sind schlicht nicht dafür geschaffen, um dort Ackerflächen zu bepflanzen. Für eine schonende Weidehaltung eignen sie sich hingegen durchaus.

Geradezu unerträglich wird der Argumentationsstrang des Veganismus, wenn es um die Ernährung der Weltbevölkerung geht. Regelmäßig propagieren selbst ernannte Experten, die Erde könne viel mehr Menschen tragen, wenn sich alle auf eine vegane Ernährung umstellen. Doch ist das „mehr an Menschen" aus sich selbst heraus ein Vorteil? Mehr Menschen bedeuten mehr verbrauchter Lebensraum, mehr Verdrängung von Natur, noch weniger Platz für Tiere. Denkt man eine solche Ernährungsökologie zu Ende, dann leben im „Idealfall" 15 Milliarden Menschen auf einem riesigen Mais- und Sojaacker namens Erde, dessen Böden devastieren. Welcher Vorteil soll in diesem Zahlenspiel liegen?

Dass Veganismus keinesfalls die Ernährungsform ist, mit der man den Planeten rettet, wird schon am Problemthema der weltweiten vegetarischen Speiseölproduktion deutlich. Sowohl aus Sojabohnen als auch aus Ölpalmen wird dieser Rohstoff gewonnen.

Dabei beträgt die Anbaufläche von Soja mittlerweile 6 % der gesamten Anbaufläche der Welt. Von 1960 bis heute hat sich die Jahresernte versiebenfacht und beträgt nun ca. 253 Millionen Tonnen, von denen 80 % in Nord- und Südamerika angebaut werden. Damit gehen Brandrodungen gigantischen Ausmaßes einher, vor allem in Brasilien und Argentinien. Aus der Veganerszene wird regelmäßig eingewandt, dass der Hauptteil dieser Ernte für die Massentierhaltung eingesetzt wird, doch das ist nur die halbe Wahrheit, denn bei diesem Futter handelt es sich um Pressrückstände, die bei der Ölproduktion ohnehin anfallen.

Ähnlich katastrophal ist die ökologische Bilanz von Palmöl. Ein Großteil der veganen Lebensmittel enthält diesen Energiespender. Insgesamt werden 70 % der jährlichen Palmölproduktion für die Herstellung von Nahrungsmitteln, also für Bratfette, Salatöle und Margarine, verwendet.

Palmölprodukte sind jedoch der Grund für eine noch nie gekannte Umweltzerstörung. So wurden die teilweise bis 8.000 Jahre alten Wälder Indonesiens abgebrannt, um dort Ölpalmenplantagen anzulegen. Allein diese Brandrodungen setzten in Indonesien im Jahr 2006 so viel CO_2 frei wie ganz Deutschland in einem Jahr. Von knapp 6 Millionen Hektar Urwald auf Borneo sind 3 Millionen Hektar unwiederbringlich zerstört. In Malaysia wurden knapp 2 Millionen Hektar Urwald vernichtet.

Hinter diesem gigantischen Flächenverbrauch steht eine unendliche Zahl von Wildtieren, die diesen Brandrodungen zum Opfer gefallen sind. Hinter diesen Flächen steht auch die großräumige Verwendung des Herbizids „Paraquat“, das in der EU verboten ist und mit dem Tausende von landwirtschaftlichen Hilfsarbeitern jährlich vergiftet werden. Durch die Palmölproduktion Indonesiens wird der Ausstoß von Klimagasen in diesem Land um ⅓ pro Jahr gesteigert.

Doch all das ändert nichts daran, dass jeder Veganer mit dem besten Gewissen der Welt seine Ersatznahrung mit Palmölprodukten kauft. Es wird ja kein Tier dafür getötet. Im Gegenteil, die Völker Ostasiens werden regelmäßig als ethische Vorbilder herangezogen, wenn es um eine pflanzliche Ernährung geht. Kein Wort gilt den ökologischen Verlusten durch die gnadenlose Ausbeutung der Landschaft. Doch es wäre allen geholfen, wenn an die Stelle des Glaubens an den absoluten ethischen Vorrang des Veganismus endlich ein gesundes Verständnis treten würde, dass Leben ohne Tod nun einmal nicht möglich ist.

Die Ökologin Lierre Keith befasst sich in ihrer Streitschrift „Ethisch essen mit Fleisch“ vor allem mit den ökologischen Auswirkungen veganer und vegetarischer Ernährung, mit der Devastierung von Ackerflächen, dem Ausstoß von Kohlendioxid und der Entwicklung von Mutterböden. Sie stellt fest, dass der Mutterbodenaufbau in Regionen, die nachhaltig Vieh auf Weiden halten, mehr als doppelt so groß ist und verweist auf den Farmer und Agrarwissenschaftler Joel Salatin. Salatin betreibt in Virginia einen Hof, der vornehmlich auf Wiesen- und Weidenutzung basiert. Lediglich geringer Futterbestand für die Hühner wird zugekauft, ansonsten erfolgt die Ernährung des Tierbestandes über Graswuchs der eigenen Böden.

Beispiele wie Salatins Farm oder die gemischte Rinder-, Schaf- und Rotwildnutzung in den schottischen Highlands zeigen, dass auf den entsprechenden Böden eine Produktion von Fleisch nicht nur möglich und angemessen, sondern geradezu notwendig ist, um den Landschaftscharakter zu erhalten. Man denke in Deutschland auch an die Lüneburger Heide, die nur durch Schafe als Offenlandschaft fortbestehen kann.

Der australische Wissenschaftler Michael Archer lehrt am Institut für die Evolution von Erd- und Lebenssystemen der University of New South Wales (UNSW) in Sydney. Seine Untersuchungen über das Verhältnis zwischen dem Tötungsquotienten durch vegane und durch gemischte Ernährung führt zu einem eindeutigen Ergebnis:

> *„Durch eine vegetarische oder gar vegane Ernährung sterben mehr Tiere als bei einer Ergänzung durch Tiernutzung auf Weidehaltung.“*

Archer lässt sich von folgenden Überlegungen leiten: Nahezu alle australischen Rinder grasen auf Weideflächen, die für eine Ackernutzung nicht geeignet sind und die 70 % des Kontinents ausmachen. Wolle man diese Naturressource durch Ackerbau kompensieren, so führte das dazu, dass ein weit größeres Aufkommen an Kleintieren durch die Mahd und das Spritzen getötet würde. Archer kalkuliert beispielsweise mit ca. 100 Mäusen pro Hektar. Unberücksichtigt bleibt dagegen der Landverlust durch Monokulturen, die für die Natur nicht nutzbar sind.

Bei einem Flächennutzungsgrad von zwei Rindern pro Hektar ist diese Form der Fleischgewinnung 4900 % lebensschonender als die Ackerwirtschaft.

Es lässt sich also nicht begründen, dass eine vegetarische Ernährung, unabhängig vom landwirtschaftlichen Standort, ökologischer sein soll als eine Form der Mischernährung. Wie soll beispielsweise eine Existenz von Ureinwohnern in Landstrichen gesichert werden, die für eine Agrarnutzung nicht geeignet sind? Das gilt nicht nur für die Inuit am Polarkreis, die Indianer des Regenwaldes oder die San in der Namib, sondern auch für alle Bergvölker des Planeten, die Vieh halten.

Wenn also der Veganismus nicht per se ökologischer als eine nachhaltige Fleischwirtschaft ist, dann soll er nach Auffassung von PETA wenigstens gesünder sein. Beginnen wir auch dazu mit einer Geschichte:

Eine liebe Freundin von mir arbeitet für die Zigarettenindustrie. Vor einiger Zeit stritten wir uns über Süchte und ich meinte, dass der Alkohol, wenn man ihn in Maßen zu sich nimmt, wenigstens gut für das Kreislaufsystem sei. Zumindest Experten meinten, dass bei mäßigem Weingenuss Erkrankungen von Herz und Kreislauf deutlich abnehmen. So etwas gäbe es doch nicht bei Zigaretten. Verschmitzt guckte sie mich an und entgegnete: „Oh doch! Zigaretten haben durchaus auch einen positiven Aspekt. Raucher erkranken deutlich seltener an Alzheimer.“ Und tatsächlich geben die Statistiken meiner Freundin Recht. Der Grund dafür ist allerdings weniger angenehm. Raucher sterben einfach zu früh, als dass sie dement werden könnten.

Dieses Beispiel zeigt, dass Statistiken, insbesondere im Hinblick auf gesunde Ernährung, wenig aussagekräftig sind. Richtig ist, dass Vegetarier und Veganer grundsätzlich länger und gesünder leben. Doch liegt das am Fleischverzicht?

Zutreffend ist in diesem Zusammenhang, dass Vegetarier und Veganer grundsätzlich mehr auf ihre Ernährung und ihren Körper achten. Sie rauchen in der Regel weniger und trinken auch deutlich weniger Alkohol. Sie neigen weniger zum Medikamentenmissbrauch und treiben häufiger Sport. Nimmt man all diese Vorteile zusammen und macht die gleiche Erhebung bei Menschen mit einer Ernährungsgewohnheit, die auch Fleisch einschließt, so ergibt sich bei diesen genau das gleiche Bild.

Vegetarismus als solcher ist folglich für sich genommen nicht gesünder als eine Mischernährung mit Fleischanteil. Umgekehrt besteht mittlerweile völlige Einigkeit der Ernährungsmediziner, dass eine vegetarische, insbesondere aber eine vegane Ernährung, für Kinder und Heranwachsende außerordentlich gefährlich sein kann. Das erste Zauberwort lautet Vitamin B12. Dieses Vitamin ist ein Produkt aus der Magen-Darm-Flora von Wiederkäuern. Es findet sich folglich vor allem im Fleisch, jedoch auch in Milch. Gespeichert wird es in der Leber und kann nach der Umstellung der Ernährung durchaus noch für fünf bis zehn Jahre zur Verfügung stehen. Ist der Vitamin-B12-Speicher allerdings leer, so kann ein B12-Mangel zu einer Reduktion von Cobalamin führen und dadurch das Risiko von Herz-Kreislauf-Erkrankungen und Arteriosklerose steigern.

Bei Kleinkindern gilt es als gesichert, dass sie ohne Vitamin B12 erhebliche neurologische Schäden, eine stark verzögerte Entwicklung und eine unzureichende Hirnbildung erleiden, wenn stillende Mütter sich rein vegan ernähren und diesen Mangel nicht durch zusätzliche Vitamin-B12-Gaben ausgleichen. Das Katastrophale an einer solchen Mangelerkrankung ist, dass sie, wenn erst einmal eingetreten, nicht durch zusätzliche Medikamentierung oder Vitamingabe ausgeglichen werden kann. Ersatzprodukte für Säuglinge, die beispielsweise aus Soja gefertigt werden, enthalten kein Vitamin B12. Nicht umsonst warnt beispielsweise das Schweizer Bundesgesundheitsamt:

> *„Säuglingsnahrungen auf Sojabasis sollten nur verwendet werden, wenn es eine klare medizinische Indikation dafür gibt. Sie sollten niemals aus ökologischen oder ideologischen Gründen, wie etwa striktem Vegetarismus, zum Einsatz kommen."*

Doch auch für Erwachsene ist eine rein vegane Ernährung nicht unbedingt zuträglich. Da sie geringere Kalziumbestandteile enthält, führt dies nach einschlägigen Studien zu einem 30 % höheren Risiko für Knochenbrüche.

Die Deutsche Gesellschaft für Ernährung empfiehlt deshalb eine vegane Ernährung weder für Kinder noch für Erwachsene. Dadurch

„besteht das Risiko einer defizitären Zufuhr von Protein, langkettigen n-3-Fettsäuren, Eisen, Calcium, Jod, Zink, Riboflavin, Vitamin B12 und Vitamin D.“

Interessant ist die Verbindung veganer Ernährung mit psychischen Defekten. In den USA, die eigentlich das Mekka der Fleischkonsumenten sind, stellen Vegetarier/Veganer zwischen 30 und 50 % der Patienten in therapeutischen Einrichtungen für Ess-Störungen, z. B. für Magersucht und Bulimie.

Zu beobachten ist außerdem ein höherer Anteil Depressionskranker bei Veganern. Keith schiebt das auf eine unzureichende Versorgung mit Tryptophan. Dabei handelt sich um eine Aminosäure, die ein wichtiger Baustein des Neurotransmitters Serotonin ist, ein Wohlfühlhormon, das einen wesentlichen physiologischen Beitrag für Ruhe, mentale Ausgewogenheit und das Selbstwertgefühl liefert. Doch auch Omega-3-Fettsäuren gelten als wichtiges Mittel, um Depressionen vorzubeugen.

Sojanahrung enthält außerdem einen besonders hohen Anteil an Phytoöstrogen, einem Stoff, der die Fertilität herabsetzen und zu Krankheiten wie Menstruationsbeschwerden und Gebärmutterkrebs führen soll.

Demgegenüber verweisen Veganer gern auf ihre günstigen Cholesterinwerte und schließen daraus auf Gesundheitsvorteile veganer Ernährung. Doch ist die Korrelation von Cholesterin und Herzerkrankungen nicht ohne Weiteres zu belegen. In Dänemark beispielsweise ist der Cholesterinwert der Bevölkerung durchschnittlich deutlich höher als in der Schweiz, die Anzahl an tödlichen Herzerkrankungen steht dazu jedoch in keinem statistischen Verhältnis.

Wir stellen also fest, dass eine vegane Ernährung gegenüber der Nutzung von Fleisch weder gesünder noch ökologischer ist.

Doch was hat dann das Töten von Tieren mit der Vernunft zu tun? Blicken wir in den Kopf des übergewichtigen Gastes Bernd. Wenn er von seiner Karte hochblickt und den Kellner freundlich anlächelt, dann denkt er vielleicht, dass statt der fetten Ente eine Platte mit gedünstetem Gemüse viel gesünder wäre. Auf keinen Fall denkt er aber, dass eine Blutente jetzt ein „vernünftiges" Essen sein könnte. Er bestellt ausschließlich aus einem einzigen Grund: Weil er Lust auf Ente hat.

Was aber unterscheidet die Lust des Gastes an einer erstickten Ente an der Lust eines Zuschauers an der großen Tragödie des Stierkampfes? Für beide Lüste sterben Tiere. Ist die eine besser oder schlechter? Das Zuschauen beim Stierkampf macht wenigstens nicht dick.

Und doch meinen wir, das Töten eines Tieres dadurch begründen zu können, dass wir es danach aufessen. Doch entspricht das heutige Essen von Fleisch einem „Erhaltungsinteresse"? Nach Ansicht unserer Tierschutzkommentatoren dient das Töten von Tieren nur dann diesem Zweck, wenn es den

> *„vitalen Interessen des Menschen dient, nicht jedoch, wenn es erfolgt, um weniger wichtigen Belangen zu dienen."*

Weniger wichtige Belange sind Lust und Genuss. Denken wir diesen Maßstab zu Ende, dann wird uns klar, dass der gaumenverwöhnte Bernd seine Ente – zumindest nach Auffassung unserer Tierschutzjuristen – eigentlich strafwürdig verspeist hat, nämlich aus reiner Freude am Genuss.

Wenn es um den Braten auf unserem Teller geht, dann kommt es schon seit Langem nicht mehr darauf an, ob wir uns dadurch ernähren, uns erhalten, am Leben bleiben. All das können wir auch – mehr oder weniger gut – ohne Fleisch. Die Frage ist, ob wir es wollen und diese Frage bringt uns zur Frage der Freiheit. Die Freiheit ist die Möglichkeit des Menschen, sein eigenes Wesen, seine Wünsche, Triebe und Begierden zum Ausdruck zu bringen und in die Tat umzusetzen. Es ist die Freiheit, die unser wahres Wesen, unser Ich, erst zur Geltung bringt.

Wenn ich in der Küche stehe und einen Braten würze, dann bin ich frei. Wenn ich Schinken pökele, dann entscheide nur ich das. Wenn ich eine Leberpastete mache, dann bestimme ich das Rezept. Kochen und das dazugehörige Töten sind Ausdruck von Kultur und Freiheit, nicht von Vernunft.

Die Freiheit des Menschen spielt für den Tierrechtler jedoch keine besondere Rolle, wenn er sie gegen das „Lebensrecht" unserer Mitgeschöpfe abwägt. Das wird besonders deutlich, wenn es um freiheitsgeprägte Arten der Tiernutzung geht, zum Beispiel um das Angeln oder das Jagen.

Beim Angeln geht es nicht nur um den Fisch auf dem Tisch, sondern um das ganze Erleben bis dahin. Besuchen wir an dieser Stelle den Anglerverein Schönwalde bei seinem Wettfischen. Man muss sich so einen Tag wie ein kleines Volksfest vorstellen. Die Angelfreunde versammeln sich. Es gibt Kaffee und Brötchen. An einigen Tischen sitzt der Vorstand mit seinen Anmeldelisten, vielleicht muss man auch Startgeld bezahlen. Schließlich hält die Turnierleitung eine kleine Rede und begrüßt die Teilnehmer mit einem warmen Gedenken an „Ede Schwintowski, der heute 80 Jahre alt geworden wäre und nach dem unser Wettfischen benannt ist." Ein paar weise Belehrungen gibt es noch auf den Weg und los geht es an den See. Jeder Teilnehmer hofft und harrt, sucht nach dem besten Köder, wirft die Angel aus und alles immer im Gedanken an den großen Fang des Lebens.

Zeitsprung. Ein paar Stunden später sitzen die Vereinsmitglieder bei der Siegerehrung zusammen. Es gibt Bier und Brötchen, jemand steht am Grill. Das Ergebnis sind 34 tote Fische, die dem örtlichen Kindergarten gespendet werden. Dort führt man sie in der Küche dem „vitalen Erhaltungsinteresse" der Menschen zu. Sie werden von zufriedenen Kindern aufgegessen. Glauben Sie jetzt aber bloß nicht, dass hier Tiere aus einem „vernünftigen Grund" heraus getötet worden sind! Sie sind auf dem Holzweg! Sobald nämlich neben den eigentlich vernünftigen Grund der Ernährung weitere abseitige Gründe hinzutreten, ist nach Auffassung unserer Tierschutzkommentatoren jede Tiertötung strafbar.

Und tatsächlich geht es den Anglern an diesem Tag nicht allein darum, irgendeinen Fisch aus dem See zu ziehen, auszunehmen, zu kochen und auf den Teller zu legen. Es geht ihnen um Geselligkeit, um das Lachen, die Freude am Leben, Bier, Brötchen und um die Möglichkeit des großen Preises. Das Leben ist ein Gesamtkunstwerk. Doch unter dem moralinsauren Blick des Tierrechts können all diese Wünsche nicht bestehen. Es ist die Freude am Angeln, die Tierrechtler anwidert. Sie verstehen schon das Töten als solches nicht. Das Töten als Ausdruck von Lebensfreude ist ihnen erst recht nicht zu erklären.

Ebenso geht es mit der Jagd. Eigentlich akzeptieren Tierrechtler nicht, dass sie zur Vermeidung von Schäden an Wald und Feldern notwendig ist. Das Naturbild des Veganismus ist so verfremdet, dass er glaubt, auch in einer reinen Kulturlandschaft würden sich Wildbestände von selbst einpendeln, ohne auf dem Weg dahin die Getreidefelder aufzufressen. Wenn allerdings eine Reduzierung der Bestände notwendig sein sollte, dann wäre sie natürlich viel humaner durch die „Pille für das Wildschwein" durchzusetzen. Tatsächlich könnte man durch spezielle Medikamentenköder schadensintensive Wildarten zeitlich begrenzt unfruchtbar machen. Denkbar wäre auch der großflächige Anbau fruchtbarkeitsreduzierender Feldfrüchte. Der Sojabohne wird bereits diese Fähigkeit attestiert. Bei hinreichender Zucht oder kleineren genetischen Manipulationen wäre es kein Hexenwerk, weite Landschaften ohne überbordende Wildbestände zu zaubern. Doch so weit scheint die Gesellschaft noch nicht zu sein. Zum gegenwärtigen Zeitpunkt ist die Ablehnung gegen Medikamente in der Natur noch so groß, dass die Familienplanung unter Wildschweinen und Rehen Zukunftsmusik ist. Wo jetzt aber die Schäden zu groß werden, hilft eben nur das Gewehr oder die Falle. Das gilt auch für den Artenschutz. Wenn beispielsweise eine Kolonie von seltenen Bodenbrütern unter dem Druck von Füchsen und Waschbären steht, dann ist die Jagd ein wesentliches Mittel, um diese bedrohten Arten zu sichern.

Dem Veganismus fällt es schwer, diese Mechanik der Natur zu ertragen. So ist beispielsweise Hilal Sezgin der Auffassung, man könne nicht die Leben von Tieren gegeneinander abwägen. Man solle Arten lieber aussterben lassen, als zu ihrer Sicherung deren Fressfeinde zu töten. Die Freude an der Vielfalt des Lebens auf dieser Erde ist für den Tierrechtler kein vernünftiger Grund, um Tiere zu töten. Weshalb aber betreiben wir sonst Artenschutz, wenn es nicht um die Freude an der Vielfalt des Lebens geht?

Unter den etwas realistischeren Tierschützern gelten deshalb die Schadensverhütung und der Artenschutz noch als vernünftige Gründe für die Jagd. Wenn es aber schon sein muss, dass gejagt wird, dann soll die Freude daran wenigstens so gering wie möglich ausfallen. In den moralinsauren Worten unseres Tierschutzkommentars heißt das:

> *„Das Hinzutreten weiterer Gründe, wie beispielsweise gesellschaftliche Veranstaltungen, schließt den vernünftigen Grund insgesamt aus."*

Unsere Hasen- und Fasanenjäger, die einen ganzen Tag durch Feld und Flur gestapft sind, haben keine Wildschäden bekämpft. Sie haben das biologische Gleichgewicht nicht hergestellt und den Wildbestand auch nicht gegen Seuchen geschützt. Hasen, Enten und Fasane sind eben keine „Problemtiere" der Land- und Forstwirtschaft. Die Jägerschar hat deshalb an diesem Tag ausschließlich Wild „geerntet". Die Grünröcke haben sich am schönen Herbstwetter erfreut, am goldgelben Laub, an den Hunden, die die Hecken durchsuchen, und am aufsteigenden Fasan, der mit einem „Purrrr!" in die Sonne fliegt. Und sie haben Beute gemacht. Beute, die man essen kann.

Es sind ganz einfache, geradezu archaische Strukturen, die durch das Jagen und Angeln befriedigt werden. „Kill it, cook it, eat it." Die Steinzeit ruft. Doch gerade diese Einfachheit, die Abkehr von Tiefkühltruhen und Handelsmarken, das Beschmutzen der Hände mit dem Blut der Tiere und die Freude an diesem Selbermachen, sie sind es, die den modernen Zivilisationsmenschen abstoßen.

Dabei hat der Tod der Wildtiere unter zwei Aspekten einen echten Vorteil, z. B. gegenüber den geschredderten Küken. Zunächst ist der Tod des Wildtieres, ebenso wie der des Fisches, ohnehin nicht zu vermeiden. Wir haben schon festgestellt, dass es in der Natur keine Palliativmedizin gibt. Außerdem bringt dieser Tod dem Jäger einen Genuss, der den beim Verzehr eines Hähnchen-Nuggets deutlich übersteigt: Es ist das Bewusstsein, der Natur selbst etwas abzujagen, das Wissen um die Seltenheit und die Unsicherheit dieses Erlebnisses, die Aufregung, die Leidenschaft, der Hörnerklang und das Hundegebell. All das ist mehr als ein Bissen Fleisch.

Mit Vernunft hat das nichts zu tun. Der Vernünftige nimmt ein wenig Brot zu sich und glaubt, dass dafür keine Tiere sterben. Der Vernünftige trägt keinen Pelz, da auch Kunstfasern wärmen. Der Vernünftige sieht, dass Fleischessen, Angeln und Jagen absolut überflüssige und deshalb unvernünftige Dinge sind.

Tatsächlich ist alles, was unser Leben lebenswert macht, keine Frage der Vernunft. Lesen wir dazu noch einmal Udo di Fabio:

> *„Es liegt Weisheit darin, Inseln des rational nicht Zugänglichen zu respektieren: Religion, Gefühle, Alltagserfahrungen, Heuristiken, die wir nicht erklären können, aber bei denen wir ahnen, dass sie uns zu einer richtigen Entscheidung verhelfen."*

Wenn wir dieses Unerklärliche nicht mehr haben, weil wir uns von einem neurotischen Tierschutz bevormunden lassen, dann kommt uns das abhanden, was im Leben der Menschen am wichtigsten ist: die Freiheit. Wollen wir uns diese Freiheit nehmen lassen?

Tiere nutzen als Teil unserer Kultur – Wollen wir darauf verzichten?

Es ist der 1. Juni 2115 in Wandern, einer Kleinstadt im Allgäu. Früher hieß sie „Fischen", doch nach der Verfügung des ökologischen Großrates wurden Stadtbezeichnungen, die an Tiermord erinnern, vor zwanzig Jahren abgeändert.

Li wacht auf und dreht sich im Bett herum. Nichts knarrt, denn der Rahmen ist nicht aus Holz, sondern aus einer Kunststoff-Metallverbindung. Vor einigen Jahrzehnten hat der ökologische Großrat sämtliche Holzprodukte verboten, da sie nur im Freiland wachsen und eine unverzichtbare Heimstatt für sämtliche tierischen Mitgeschöpfe darstellen. Lange hatte PETA für dieses Ergebnis gekämpft, doch nun ist es Realität geworden. Die wenigen Holzprodukte, die es noch gibt, sind hochbegehrte Antiquitäten.

Li wäscht sich und zieht den Kunstfaserpullover an. Schafwolle wurde schon vor dreißig Jahren verboten, da es undenkbar war, nichtmenschlichen Mitbürgern die Haare abzuschneiden. Li setzt sich an den Frühstückstisch und gießt sich das Frühstück ein. Li heißt deshalb Li, weil die sprachpflegerische Hochkommission nach zähem Ringen die Diktatur der persönlichen Geschlechtszuweisung in Namen abgeschafft hat. Seit 30 Jahren werden nur noch freigeschlechtliche Namen von den Personenstandsämtern eingetragen. Auch diskriminierende Pronomen wie „er", „sie" oder „es" gehören der Vergangenheit an, wenn sie sich auf Personen beziehen. Sie wurden durch das sprachkorrekte „siers" ersetzt.

Doch zurück zum Frühstück. Li gibt ein paar Löffel von Soylent VII in ein Glas und füllt es mit Wasser und einem Messbecher Rapsöl auf. Das Ergebnis ist eine dickflüssige Masse, die absolut geschmacksneutral ist. Eine Portion Soylent VII ergibt eine vollwertige Mahlzeit, die genau auf Lis persönliche Körperbedürfnisse abgestimmt ist. Soylent bekommt man für insgesamt 271 unterschiedliche Ernährungstypen, je nach Klima, Stoffwechsel, Blutgruppe, genetischer Disposition und Arbeitsbelastung. Es sorgt für pure Energie über genau fünf Stunden, ohne zu belasten oder gar müde zu machen. Ein ganz klein wenig schleimig gleitet das Frühstück über die Zunge, doch die tägliche Ernährung dauert so nur 6–10 Minuten. Die gewonnene Zeit kann man weit vernünftiger auf andere Art verbringen. Li hat gelesen, dass schon die Vorbereitung eines ganz einfachen Mahls die archaischen Menschen vor 100 Jahren Stunden kostete. Sie mussten zum Frühstück kleine Brote kaufen, die dann mit Butter (einem Produkt aus Milch, die Kuhmüttern abgezapft wurde) bestrichen und mit Wurst belegt wurden. Wurst war eine besonders widerwärtige Verwendung von Tierleichen. Sie wurden zermahlen, gesalzen und mit Gewürzen versetzt. Li wird schlecht, wenn siers daran denkt.

Geschmackserlebnisse erhält Li von einer Vielzahl unterschiedlicher Aromakaugummis, die es in allen denkbaren Geschmacksrichtungen gibt. Sie sind auch notwendig, denn sie pflegen und trainieren die Zähne, die ansonsten aufgrund der flüssigen Nahrung verfrüht ausfallen würden. Allerdings sind Zähne als Schönheitsideal immer mehr in der Kritik. Sie gelten bei einer starken Fraktion im ökologischen Großrat als Relikt des Carnivoren. Der Mensch sieht damit wie ein Raubtier aus, ein Status, den er schon lange überwunden hat.

Für besondere Festanlässe gibt es auch feste Nahrung, z. B. Brot oder Betabraten. Nun gut, richtiges Brot ist das nicht mehr. Das Mehl wird in einem 3D-Druck/Gar-Verfahren aus Kohlehydraten und Soja-Proteinen gewonnen. Der Braten stammt ebenfalls aus einem 3D-Bio-Druck-Verfahren. Es gibt ihn nur als Bulette, denn aus irgendwelchen technischen Gründen war das Ergebnis nicht weiter zu verbessern. Muskeln, so fanden Nahrungsdesigner heraus, entwickeln sich immer nur unter Bewegungen, die man bei der reinen Proteinsynthese in Nährlösungen nicht imitieren kann. Doch was ist das schon gegen eine Welt ohne Töten.

Li macht sich auf den Weg und fährt im Aufzug nach unten. Auf Weisung des ökologischen Großrates werden Häuser mittlerweile nur noch in der Stelzen-Hochbauweise errichtet, um Wildtieren den freien Zug über die Flächen zu ermöglichen, die ihnen der Mensch streitig macht. Zerschneidungen der Landschaft sind ebenso verboten wie sonstige Eingriffe in die persönliche Selbstbestimmung des Einzeltiers. Manches wurde am Anfang ein wenig belächelt, z. B. das Verbot, Tierbezeichnungen zum Fluchen einzusetzen. „Schwein", „Esel", „blöde Kuh" waren ja Teil der allgemeinen Gedankenwelt. Als allerdings der ökologische Großrat darauf hinwies, dass die Würde der Tiere unteilbar sei und Beschimpfungen auf dieser Ebene den persönlichen Wert des tierischen Mitindividuums untergraben würden, setzte langsam aber sicher ein Umdenken ein. Li ruft den Nachrichtensender auf. Gestern gab es wieder einige Strafverfahren wegen Tiermorden in den schlechteren Stadtteilen. Man hatte drei TäterInnen in einer miesen Kaschemme im Hinterzimmer aufspürt, als siers sich um ein Brathähnchen versammelten. Wie die Steinzeitmenschen hatten siers es über dem offenen Feuer gegrillt. Die Verteidigung ist in solchen Fällen immer die gleiche: „Freiheit", „ein Leben wie früher", „eigene Rechte", immer das gleiche Geschwätz. Mit solchen Typen muss endlich aufgeräumt werden. Li schaudert. Doch die Gerichte ziehen jetzt an, wenn es um das Strafmaß geht. Endlich.

Am Abend ist Li mit Mo auf einer Literaturpräsentation verabredet. Man kommt nur noch sehr schwer an die entsprechenden Karten heran. Gelesen werden ausgewählte Stücke aus „Fiesta" und „Der alte Mann und das Meer" von Ernest Hemingway. Diese Bücher sind natürlich verboten. Sie dürfen nur noch in einer kommentierten Fassung vor ausgewähltem Publikum gelesen werden. Es wäre einfach zu verantwortungslos, die Stellen vom Tierleid im lang überwundenen Stierkampf oder das Töten eines Fisches ohne wissenschaftliche Ergänzung zur Entwicklung der Tierrechte im zivilisierten Zeitalter vorzustellen. Auch sogenannte „Kochbucher" von Escoffier und Witzigmann (Eigennamen bleiben bei historischen Personen auch in maskuliner Form erhalten) befinden sich zwar noch im Handel, allerdings ebenfalls nur in kommentierten, antiquarischen Fassungen. Man kann in der modernen Zivilisation schließlich niemandem die Bilder von nackten, ausgeschlachteten Tierleichen, die als „Haute Cuisine“ angepriesen werden, zumuten.

Am nächsten Tag geht Li mit Mo und den Kindern in den Virtu-Zoo. Die Gefangenschaft von tierlichen Mitbürgern wurde vor 50 Jahren abgeschafft. Es hatte viel zu lange gedauert, dass sich die Öffentlichkeit mit Artenschutz, Bildung und Forschung betrügen ließ. Heute gehen die Gäste durch einen Animationspfad in einem Park und sehen die Tiere durch dreidimensionale Einspielungen viel besser, als es in der Natur der Fall wäre. Durch sensorale Reizhandschuhe kann man die Tiere sogar streicheln. Eigentlich sind sie fast besser als die echten.

Die echten Tiere kann Li nur noch sehen, wenn siers beim ökologischen Großrat einen Zugangspass zu den „Freiheitszonen“ beantragt. Das sind die Reservate, in denen menschliche Existenz vollständig verboten wurde. Nur sehr selten kann man hier noch eine Karte ergattern. Doch eigentlich macht das nichts, denn der Virtu-Zoo hat auch die frühere heimische Tierwelt im Programm. Wildschweine und Hirsche können jetzt endlich leben, ohne die Bedrohung durch den Menschen fürchten zu müssen. Li blättert in einem Buch aus dem archaischen 21. Jahrhundert und kämpft im Angesicht der vielen Leichen gegen die Übelkeit an. Der Blutsport Jagd ist längst Vergangenheit. Nachdem Soja und Mais genetisch mit Ovulationshemmern ausgestattet wurden, ist genug Platz für Menschen und Tiere in unserer gemeinsamen Welt. Man musste nur Schluss machen mit dem dauernden Herrschaftsanspruch der menschlichen Tiere. Das war nicht ganz einfach. Am meisten Probleme bereitete es, die Haustierhaltung abzuschaffen. Irgendwann passte es aber nicht mehr ins Bild, dass tierliche Mitbürger an Stricken um den Hals spazieren geführt wurden. Es gibt jetzt Virtu-Haustiere für alle. Li hat ein Pudelprogramm. Es hilft gegen die Angst und die Depressionen, wenn siers zu lange allein ist. Das Fell fühlt sich mit dem Senso-Handschuh unglaublich flauschig an. Im Urlaub kann siers das Programm abschalten.

Viele liebgewordene alte Gewohnheiten mussten eingestellt werden. Am schwierigsten war das bei den alten „religiösen“ Festen, z. B. Ostern. Das Verstecken von Hühnergeburten als fröhliche Eiersuche war derart fest in den Köpfen verankert, dass es erst erhebliche Geldbußen brauchte, um so einen Unsinn zu unterbinden. Auch die große Kampagne „Würdest Du Dein eigenes Kind ins Gras legen?“ fruchtete nicht. Das Umdenken in den Köpfen dauert eben seine Zeit, wenn man einen jahrtausendealten Irrweg hinter sich hat. Eigentlich funktionierte die Abschaffung der alten Rituale erst, nachdem die Menschheit auch das Christentum völlig reformiert hatte. Der tote Jesus am Kreuz war den GläubigInnen schon seit langer Zeit nicht mehr zuzumuten. Auch das sogenannte Abendmahl mit „dem neuen Testament in meinem Blut“ und „meinem Leib“ war ja völlig unerträglich geworden. Dass anderes Leben überhaupt gegessen und getrunken werden kann, das bedurfte einer dringenden Korrektur. Heute finden sich die Kreuzabbildungen nur noch in Museen und in den Andachtsräumen sehen die Menschen virtuelle Darstellungen vom lebenden Jesus im Kreis aller lebenden MitbewohnerInnen unseres schönen Planeten.

Es war ein herrlicher Tag im Virtu-Zoo. Li geht mit Mo nach Hause. Beide schauen sich um und blinzeln in die untergehende Sonne. Li sagt: „Es ist wie im Paradies!“

Werden wir so leben wie Li und Mo oder zumindest so ähnlich?

Vieles spricht dafür, dass die technische Revolution unserer Zeit das Wesen des Menschen als Kind der Natur, als Allesfresser und Trockennasenprimat grundlegend verändern wird. Der Mensch in 100 Jahren wird von uns weiter entfernt sein, als wir es vom Neanderthaler sind.

Es ist mittlerweile zwischen den Wissenschaftlern auf der Erde völlig unbestritten, dass eine Fusion zwischen menschlichem Bewusstsein und weltweiter Datenverarbeitung durchaus möglich ist. Weltweit beschäftigen sich Forschungscluster mit der Verbindung von Gefühl und künstlicher Intelligenz. Was heute noch als „Siri“ ein elektronisches Sprachkennungs- und Assistenzprogramm ist, wird in der Zukunft eine Kopie unserer Gefühlswelt sein. Diese Entwicklung wird zwar noch einige Jahrzehnte dauern, gemessen an welthistorischen Dimensionen steht sie uns jedoch unmittelbar bevor. Eine Kombination zwischen elektronischer Intelligenz, menschlicher Gefühlswelt, biochemischen Prozessleitern und Nanotechnologie wird den Menschen in ein völlig neues Umfeld von Fähigkeiten und Grenzen versetzen. Unser Lebensalter wird steigen, ebenso wie der allgemeine Gesundheitszustand sich verbessern wird. Die Achtziger des Menschen werden seine neuen Fünfziger. Durch Googlebrillen und ihre technischen Nachfolger werden wir alle intellektuell miteinander vernetzt sein. Jeder sieht alles und zu jeder Zeit. Jeder weiß alles und zu jeder Zeit. Sprachen werden uns nicht mehr trennen, sondern durch Übersetzungssoftware für jeden verständlich.

Eine nanotechnologisch gestützte Medizin wird Verletzungen und Krankheiten ohne Arztbesuche und Klinik heilen können. Die Grenzen zwischen Gott und den Menschen werden verschwimmen.

„Der letzte Mensch lebt am längsten",

so lässt Friedrich Nietzsche seinen Zarathustra sprechen und tatsächlich wirkt es, als habe der halbblinde Philosoph einen besonders scharfen Blick in die Zukunft geworfen. Gut hundert Jahre nach seinem Tod schicken sich Gentechnikunternehmen an, die Tür zum ewigen Leben aufzustoßen. Martine Rothblatt, die Eigentümerin von United Therapeutics, einem amerikanischen Pharmaunternehmen, plant die genetische Manipulation von Schweinezellen, um verpflanzungsfähige Lungenapparate gewinnen zu können. Durch eine Verbindung von Stammzellen und 3D-Druckverfahren könnten so alle menschlichen Zellstrukturen unbegrenzt reproduziert und verpflanzt werden, der erste Schritt zur Unsterblichkeit. Doch Unsterblichkeit und Omnipräsenz sind nicht jedermanns Sache, zumindest nicht die des Menschen.

Seinem Blick in die Kristallkugel schließt Nietzsche deshalb die Frage an, wofür sich dieses lange Leben noch lohnt.

„Wehe, es kommt die Zeit, wo der Mensch nicht mehr den Pfeil seiner Sehnsucht über den Menschen hinauswirft, und die Sehne seines Bogens verlernt hat, zu schwirren! […]

Wehe! Es kommt die Zeit, wo der Mensch keinen Stern mehr gebären wird.

Wehe! Es kommt die Zeit des verächtlichsten Menschen, der sich selber nicht mehr verachten kann. Seht, ich zeige euch den letzten Menschen.

‚Was ist Liebe? Was ist Schöpfung? Was ist Sehnsucht? Was ist Stern?', so fragt der letzte Mensch und blinzelt.

Die Erde ist dann klein geworden und auf ihr hüpft der letzte Mensch, der alles klein macht. […] ‚Wir haben das Glück erfunden', sagen die letzten Menschen und blinzeln."

Li und Mo, unsere Freunde aus der Zukunft, haben diese Welt der gespannten Bogen hinter sich gelassen. Sie leben jenseits der Tiere in einer virtuellen urbanen Gesellschaft, die keine reale Beziehung zum Tier mehr hat. Sie haben sich ihr virtuelles Glück erschaffen.

Doch wollen wir so leben? Wollen wir diese Kultur der Tier-Mensch-Beziehung aufgeben? Diese Frage muss man sich immer wieder stellen, bevor man leichtfertig jede Tiernutzung verurteilt.

Natürlich braucht man keinen Pelz zu tragen oder ein Steak zu essen. Man muss nicht angeln und auch keine Burger grillen, die aus Fleisch gemacht sind. Man muss auch keinen Artenschutz betreiben, denn es geht auf diesem Planeten auch ohne Rohrdommel und Trauerseeschwalbe. Die Jagd ist in den Augen der Vernünftigen ein blutiges Vergnügen und die Angelei eine quälende Spielerei mit dem Tier. All das ist nicht notwendig, um sich zu kleiden oder zu ernähren. Synthetische Stoffe sind ebenso warm und dauerhaft. Ein Teller Pasta mit Gemüse und Tomatenrisotto ist genauso wohlschmeckend wie ein Schweinebraten. Wer braucht schon Pferderennen oder Springreiten? Notwendig ist das alles nicht und so denken die Veganer: Warum nicht verzichten im Sinne der Tiere? Es ist, so glauben sie, ein Gebot der Vernunft. Aus diesem Grund häufen sich auch die Strafanzeigen gegen Jäger und Angler mit der Begründung, die einzelne Jagd oder das jeweilige Fischen habe keinen vernünftigen Grund.

Dass die Beziehung des Menschen zum Tier nichts mit Vernunft zu tun hat, haben wir bereits mehrfach erprobt. Streng genommen ist das Halten von Tieren natürlich überflüssig. Doch der Reichtum an Überflüssigem hat in unserer Gesellschaft noch einen anderen Namen und der lautet Kultur. Unsere Kultur ist überreich mit dem Verhältnis von Tier und Mensch gestaltet, das aber ohne den Tod nicht zu haben ist. Nirgendwo wird das deutlicher als in der Verbindung von Tier und Literatur.

So schreibt Christian Friedrich Daniel Schubart beispielsweise über das Angeln:

In einem Bächlein helle,
Da schoß in froher Eil
Die launische Forelle
Vorüber wie ein Pfeil.

Ich stand an dem Gestade
Und sah in süßer Ruh
Des muntern Fischleins Bade
Im klaren Bächlein zu.

Ein Fischer mit der Rute
Wohl an dem Ufer stand,
Und sah's mit kaltem Blute,
Wie sich das Fischlein wand.

So lang dem Wasser Helle,
So dacht ich, nicht gebricht,
So fängt er die Forelle
Mit seiner Angel nicht.

Doch endlich ward dem Diebe
Die Zeit zu lang. Er macht

Das Bächlein tückisch trübe,
Und eh ich es gedacht,

So zuckte seine Rute,
Das Fischlein zappelt dran,
Und ich mit regem Blute
Sah die Betrogene an.

Die ihr am goldenen Quelle
Der sicheren Jugend weilt,
Denkt doch an die Forelle,
Seht ihr Gefahr, so eilt!

Meist fehlt ihr nur aus Mangel
Der Klugheit, Mädchen, seht
Verführer mit der Angel!
Sonst blutet ihr zu spät!

Wo wäre das Verständnis für die große Literatur? Für „Moby Dick" von Hermann Melville, „Fiesta" von Hemingway, „Der alte Mann und das Meer" oder Karen Blixen und ihr „Afrika"?

Welche Mythen sollen wir pflegen ohne Rotkäppchen, den Jäger und den Wolf?

Wer wird später die Jagdkonzerte von Mozart und Bach verstehen oder etwas bei den Signalen einer Trompe de Chasse empfinden?

Verständnislosigkeit wird uns bei den Bildern eines Max Liebermann aus dem Zoo oder von zwei Reitern am Meer entgegenschlagen.

Man kann ein Volk verstehen, das einen großen Teil seiner Todeskultur um den Stierkampf herum aufbaut. Wenn ein Stier sein Leben lang königlich gehalten und gepflegt wird, um dann an seinem letzten Tag einer ganzen Nation Mythen und Träume zu schenken, dann sollte man nicht geringschätzig den Mund verziehen.

Ebenso ist es mit dem Fischen. Es ist viel mehr, als eine Kreatur aus dem Wasser zu ziehen. Es ist eine Kultur von Vätern und Kindern, vom Hinausfahren am Wochenende, vom Zusammensitzen, Schweigen, Hoffen und Ausharren. Es ist eine Kultur vom Scheitern, vom Fehlfang oder von ereignislosen Nachmittagen, an denen gefroren und sich gelangweilt wird. Es ist eine Kultur von Regen und Kälte, frühem Aufstehen und Müdigkeit, vom Dampfen des Fisches in der Pfanne und von der Freude am gemeinsamen Essen.

Das alles ist ebenso schützenswert wie die Gemeinschaft, einer alten Frau und einer Katze als Mittel gegen die Einsamkeit auch wenn dafür viele Singvögel sterben müssen. Diese Wünsche sind ebenso wenig durch Vernunft zu greifen wie die des Feinschmeckers, des Fischers oder des Jägers. Sie sind Ausdruck von Kultur, Leidenschaft, Liebe, Wärme und Lust, nicht jedoch ein Reservat der Vernunft.

Überlassen wir dazu Bert Brecht das letzte Wort:

„Fröhlich vom Fleisch zu essen,
das saftige Lendenstück
und mit dem Roggenbrot, dem Ausgebackenen,
duftenden Käse vom runden Laib
und aus dem Krug das kalte Bier zu trinken,
das wird niedrig gescholten,
aber ich meine,
in die Grube gelegt werden
ohne einen Mund
voll guten Fleisches genossen zu haben
ist unmenschlich,
dass sage ich, der ich ein schlechter Esser bin."

Das ist kein Literaturverzeichnis

Schließlich ist dieses Buch auch keine wissenschaftliche Monografie. Um jedoch eine Hilfe für die vertiefte Auseinandersetzung mit dem Tier in der Ethik zu liefern, möchte ich einige Werke aufzählen, die mir bei diesem Essay von besonderer Hilfe waren.

Aurelius Augustinus: Vom Gottesstaat, 4. Auflage, München 1997.

Betz, Gregor: Descartes „Meditationen", Stuttgart 2011.

Birnbacher, Dieter: Der Utilitarismus, Stuttgart 2006.

Brederack, Jan: Vegan für alle, Zürich 2014.

Brensing, Karsten: Persönlichkeitsrechte für Tiere, Freiburg 2013.

Creszenzo, Luciano de: Geschichte der griechischen Philosophie, Zürich 1990.

Dahlke, Ruediger: Peace Food, München 2011.

Deutsche Bischofskonferenz: Katechismus der Katholischen Kirche, 2007.

Dirscherl, Stefan: Tier und Naturschutz im Nationalsozialismus, Gesetzgebung, Ideologie und Praxis, Göttingen 2012.

Duve, Karen: Anständig essen, 2. Auflage, München 2012.

EKDTexte: Zur Verantwortung des Menschen für das Tier als Mitgeschöpf, Hannover 1991.

Fischer, Julia: Affengesellschaft, Berlin 2012.

Foer, Jonathan Safran: Tiere essen, 2. Auflage, Köln 2009.

Freud, Sigmund: Gesammelte Werke, Frankfurt 1999.

Goetschel, Antoine: Tiere klagen an, Frankfurt 2013.

Hegel, Georg Wilhelm Friedrich: Grundlinien der Philosophie des Rechts, Frankfurt 1970.

Ders.: Die Naturphilosophie, Frankfurt 1978.

Heidegger, Martin: Die Grundbegriffe der Metaphysik, 3. Auflage, Frankfurt 2004.

Hirt, Almuth/Maisack, Christoph/Moritz, Johanna: Kommentar zum Tierschutzgesetz, 2. Auflage, München 2007.

Kant, Immanuel: Metaphysik der Sitten, Zweiter Teil, Werke, Band III, Berlin und Frankfurt o.D.

Kaplan, Helmut: Tierrechte, Norderstedt 2012.

Kaspar, Johannes: Der klassische Utilitarismus nach Jeremy Bentham und John Stuart Mill, München 2007.

Keith, Lierre/Gonder, Ulrike: Ethisch essen mit Fleisch, Lünen 2013.

Keown, Damien: Der Buddhismus, Stuttgart 2014.

Klemperer, Victor: Tagebücher, 6. Auflage, Berlin 1996.

Montaigne, Michel de: Von der Kunst, das Leben zu lieben, Berlin 2005.

Mylius, Klaus: Die vier edlen Wahrheiten: Texte des ursprünglichen Buddhismus, Stuttgart 1998.

Perler, Dominik/Wild, Markus (Hrsg.): Der Geist der Tiere, Philosophische Texte zu einer aktuellen Diskussion, Frankfurt am Main 2005.

Picker, Henry: Hitlers Tischgespräche im Führerhauptquartier, Stuttgart 1976.

Poser, Hans: René Descartes. Eine Einführung, Stuttgart 2003.

Prinz, Alois: Jesus von Nazarth, Stuttgart/Wien 2013.

Regan, Tom: Wie man Rechte für Tiere begründet. In: Texte zur Tierethik, Stuttgart 2008.

Schocke, Sarah: Kleine Veganer-Bibel, 2. Auflage, München 2014.

Schopenhauer, Arthur: Die Welt als Wille und Vorstellung, Parerga und Paralipomena, Zürcher Ausgabe 1977.

Sezgin, Hilal: Artgerecht ist nur die Freiheit, München 2014.

Singer, Peter: Die Befreiung der Tiere, Reinbek 1996.

Trimondi, Victor und Vctoria: Hitler-Buddha-Krishna – Eine unheilige Allianz vom Dritten Reich bis heute, Berlin 2002.

Dies.: Der Schatten des Dalai Lama, Ostfildern 1999.

Wild, Markus: Tierphilosophie, Hamburg 2008.

Wolf, Jean-Claude: Tierethik, 2. Auflage, Erlangen 2005.

Wolf, Ursula: Texte zur Tierethik, Stuttgart 2008.

BEI NEUMANN-NEUDAMM

Zum Inhalt:
Warum zahlen 350.000 Grünröcke in Deutschland jedes Jahr 500 Mio. Euro an Jagdpacht? Um Wildschäden zu vermeiden? Um das ökologische Gleichgewicht herzustellen? Um zu hegen?
Obwohl die Jagd zunehmend ökologisch gerechtfertigt wird, geht es im Wesentlichen um eines: Beute machen! Jagd ist Ausdruck von Trieb und Leidenschaft. Wenn Sie jedoch einen Jäger fragen, warum er Tiere tötet, wird er das garantiert mit Naturschutz und Biotoppflege begründen. Mit der gleichen Konsequenz könnten wir jemandem glauben, der, auf sein illustres Sexualleben hin angesprochen, sagt: „Ich habe Sex, um den Fortbestand der Menschheit zu sichern … um mehr Liebe in die Welt zu bringen." Der Autor hält sich nicht mit lauwarmen ökologischen Ausreden auf. Er führt den Leser mitten in das Leben eines ganzheitlichen Lustprinzips. Sind Jagd und Sex das Gleiche? Welche Rolle spielt der Tod bei der Liebe? Gibt es auch auf der Jagd Prostitution, Pornografie und Sextoys? Dieses Buch deckt anhand schonungsloser Beispiele die uralten Parallelen zwischen Bordell und Pirsch, Bett und Hochsitz, Potenz und Rohrkrepierer auf und beweist: Eine gute Jagd macht Spaß, wie guter Sex befriedigt und ein Steak einen hungrigen Magen wohlig satt macht. Alle drei haben dabei eins gemeinsam: Mann will es immer wieder tun – Frau auch! Es ist Zeit, endlich zur Wahrheit zu stehen. Dieses Buch tut es und ist deshalb politisch herrlich unkorrekt!

Florian Asche / Brigitte Leuchtenberger

Kannst du mal die Leber halten?

Mein erster Tag auf der Jagd

Hardcover, 32 Seiten
zahlr. farb. Abb.
Format: 29,7 x 21 cm
ISBN 978-3-7888-1617-9
Preis: € 12,95

Dieses Buch schließt endlich die Lücke in der Reihe hübscher Kinderbücher, die doch immer dann versagen, wenn es zum Kern der Sache mit der Jagd kommt. Der alte Mann und das kleine Mädchen gehen zum ersten Mal zusammen hinaus ins Revier. Sie lauschen gemeinsam in die Natur und erleben ihre wunderschönen Bilder. Sie machen Beute. Am erlegten Rehbock sprechen sie über das Entscheidende in der Welt, über Werden und Vergehen, über Leben und Sterben. Der alte Mann, selbst an der Schwelle zum Tod, erklärt seiner jungen Begleiterin, dass der Tod nicht unser Feind ist, sondern der Schlüssel zu einer immerwährenden Erneuerung, ein Weltprinzip.